U0473877

访读中国：
武大政治学类本科生调研报告选
（2021）

主编◎刘　伟　陈　刚

光明日报出版社

图书在版编目（CIP）数据

访读中国：武大政治学类本科生调研报告选：2021 / 刘伟，陈刚主编．-- 北京：光明日报出版社，2021.9

ISBN 978-7-5194-6256-7

Ⅰ.①访… Ⅱ.①刘… ②陈… Ⅲ.①武汉大学—大学生—社会实践—调查报告—2021 Ⅳ.①G642.45

中国版本图书馆 CIP 数据核字（2021）第 164675 号

访读中国：武大政治学类本科生调研报告选（2021）

FANGDU ZHONGGUO：WUDA ZHENGZHI XUELEI BENKESHENG DIAOYAN BAOGAO XUAN（2021）

主　　编：刘　伟　陈　刚

责任编辑：李月娥　　　　责任校对：慧　眼

封面设计：中联华文　　　　责任印制：曹　诤

出版发行：光明日报出版社

地　　址：北京市西城区永安路 106 号，100050

电　　话：010-63169890（咨询），010-63131930（邮购）

传　　真：010-63131930

网　　址：http://book.gmw.cn

E - mail：gmrbcbs@gmw.cn

法律顾问：北京市兰台律师事务所龚柳方律师

印　　刷：三河市华东印刷有限公司

装　　订：三河市华东印刷有限公司

本书如有破损、缺页、装订错误，请与本社联系调换，电话：010-63131930

开　　本：170mm×240mm

字　　数：225 千字　　　　印　　张：16

版　　次：2021 年 9 月第 1 版　　　　印　　次：2021 年 9 月第 1 次印刷

书　　号：ISBN 978-7-5194-6256-7

定　　价：68.00 元

《访读中国》序

刘伟

当下的中国，正经历着前所未有的巨变。这一巨变，对国内现有的社会科学研究提出了挑战，也为社会科学研究的创新提供了机遇。对社会科学学者和教师来说，直面中国的经验，深入中国的经验，是他们的研究和教学得以成立的基础。对社会科学的学生来说，关注中国的问题，调查中国的实际，则是他们的学习得以有效的必要条件，更是他们成长成才的必经之途。

在中国正在经历的这一巨变中，中国的国家治理实践尤其值得关注。中国特有的政治精神、政治制度和政治运行过程，都是政治学研究和教学所应观照的核心内容。对当代中国大学生而言，从小学到中学再到大学，主要的生活空间基本都在学校，虽然也在日常生活中部分接触到政治与治理场景，但毕竟是非常有限的，而且往往不会过于留意，更不会深入探究。即使是政治学类的本科生，所学习的课程虽然大都围绕政治议题展开，但更多的是理论或学术意义上的，或是思想与制度层面的，课堂并不能直接、充分而鲜活地呈现中国的政治与治理经验。

也因如此，在政治学类本科生的人才培养中，就像社会科学其他学科的人才培养一样，向来就有两大课堂，一个是教室意义上的，另一个则是田野意义上的。两个课堂的结合，不仅是“知行合一”的必须，更是基于田野经验反思课本所学的契机。在国内的大学教育中，田野意义上的课堂形式主要有暑期社会实践、大学生创新创业项目、“挑战杯”、南风窗大学生调研项目、自主调研和毕业实习等，这实际上是社会科学训练的实操环节。所有这些田野工作的主要内容，除了实地观察、访谈和调查，便是基于调查资料形成研究报告。

武汉大学向来有重视大学生社会实践和社会调查的传统。政治与公共管理学院因为学科和专业的属性，在推动学生深入国家治理相关调查方面更是不遗余力。学院的政治学类本科生主要分布在政治学与行政学和外交学两个专业，在低年级阶段实行的是大类培养，所学的主干课程都是一致的。即使到了高年级阶段，分专业培养的色彩有所加重，但在从事社会调查这一点上，又是高度一致的。也因此，在四个年级的学生中，大都参加了不同形式的社会调查，其中的部分调查形成了相应的调查报告。经初步的汇集和比较，我们发现，在学院近年来的各类社会调查中，涌现出一批调研扎实、分析深入且具有专业性的调研报告。我们进一步从这些报告中遴选出有代表性的 9 篇编辑成书。

对政治学类本科生而言，所能到达的田野往往在地方政府与基层政权层面，所调查的议题也多是地方治理与基层治理。本书所选择的调查报告，也大都集中在这些方面，包括教育扶贫、乡村振兴、校政企协同育人、革命遗址保护利用、红色宣传、基层公务员晋升、人才新政、乡镇食品安全治理、城市安全建设等。这些调查报告的共同特点是材料比较充实，分析相对合理，且都具有政治学的公共关怀和思考视角，虽然多少都存在某种不足，但毕竟是值得肯定的。学院之所以决定将它们结集出版，既是为了总结，也是为了集中呈现，同时也是为了激励学生，形成示范。因为这次结集出版只是一个开始，后面新积累的优质调查报告，学院仍计划持续结集出版。

最后，感谢学院对出版此调查报告集的大力支持，感谢为这些调查提供指导并对调查报告做出把关的各位老师，感谢对调查报告做出初步校订的硕士生李佳琪、刘林涵、乐冰馨、周剑飞和博士生翁俊芳。当然，最应感谢的还是责任编辑，正是因为她的精心编辑，书稿才最终呈现出这样的质量。

2021 年 5 月 26 日珞珈山

目　录

CONTENTS

第一篇章

01

教育扶贫与人才培养

教育扶贫的困境和出路

——以河南省L市教育扶贫实践为例

杨濡伊　冯川

摘要： 党的十八大以来，党中央高度重视扶贫开发工作，将扶贫开发纳入“四个全面”战略布局。其中，教育脱贫在精准扶贫、精准脱贫中具有基础性、先导性和持续性的作用。2021年2月25日，全国脱贫攻坚总结表彰大会的举行，标志着我国脱贫攻坚战取得了全面胜利，区域性整体贫困得到解决，消除了绝对贫困。本文结合河南省一个普通县级市L市教育扶贫实践的调查研究成果，总结我国教育扶贫的经验和教训，探讨教育扶贫的困境和出路，从而更好地巩固教育扶贫的成果，衔接乡村振兴事业。

关键词： 精准扶贫，教育扶贫，贫困代际传递

一、导论

（一）调研背景

党的十八大以来，党中央高度重视扶贫开发工作，着重提出了“精准扶贫”的理念。治贫先治愚，扶贫先扶智。教育在精准扶贫中具有基础性的作用，是扶贫开发的根本大计，也是阻断贫困代际传递的关键举措。因此“发展教育脱贫一批”被党中央列为精准扶贫的重要途径之一，国家出台了一系列的政策方针着力提升贫困地区的教育水平，希望通过教育促进

贫困地区脱贫。8年来，党中央始终把脱贫攻坚摆在治国理政的突出位置，教育也作为扶贫的重要手段积极发挥着自身的作用。2021年2月25日，全国脱贫攻坚总结表彰大会举行，标志着我国脱贫攻坚战取得了全面胜利，区域性整体贫困得到解决，消除了绝对贫困。然而在庆祝胜利的同时，我们也应该总结脱贫攻坚的经验和教训，继续巩固脱贫攻坚成果，做好同乡村振兴战略有效衔接的各项工作。本文选择从教育扶贫切入，深入探讨教育扶贫的经验和教训、困境和出路，力图更好地发挥教育在巩固脱贫攻坚成果、衔接乡村振兴战略中的作用。

（二）调研意义

有关教育扶贫困境和出路的探讨具有深刻的理论意义。其一，我们可以借助教育扶贫实践更加深入地认识贫困的发生机制，丰富贫困理论。其二，我们可以更加真切地认识到教育和贫困之间的辩证关系，拓展教育扶贫的理论。其三，有关教育扶贫的理论研究虽已有很多，但结合教育扶贫实践的实例进行探讨的较少，本文结合实例的分析、思考仍有其价值。

有关教育扶贫困境和出路的探讨具有紧迫的现实意义。其一，脱贫攻坚战虽已胜利，但脱贫攻坚的成果仍待巩固，教育仍需在扶贫工作中发挥重要作用，有关教育扶贫的困境和出路的探讨可以为现实提供指导和启发。其二，教育扶贫在现实中仍然面临着不少问题，这些问题不会自动解决，教育和贫困的关系、教育扶贫的困境和出路等问题有待进一步探索。

（三）调研方法

此次调研我们主要采取了文献法、访谈法、个案研究法和比较研究法。在调研之初，我们首先采用了文献法，对教育、贫困、扶贫、教育扶贫的相关文献进行了搜集和整理，通过研读文献对这些基本问题有了一个大概的认识。在调研的过程中，我们主要采取的方法为访谈法，与L市的贫困户、村干部、教育局工作人员进行了大量的访谈，收集到了许多珍贵的第一手资料。此外，针对走访的每一户贫困户，我们会采取个案研究法对其教育扶贫的具体情况展开深入分析；在个案研究的基础上，我们会对不同贫困户之间的调研情况进行比较分析，尝试归纳提炼出具有一般性的经验和规律。

二、实地调研

（一）调研地介绍

L市为河南省一个普通县级市，总人口116万，下辖16个镇、4个街道办事处和1个国家级经济技术开发区，共计542个行政村、1747个自然村、42个社区。和同级别的县级市相比，L市经济发展水平处于中等水平，但近几年借助于旅游资源、红色文化资源进行旅游开发建设，目前来看经济发展的态势比较好。

L市地处晋冀豫三省交界地带，总面积2046平方千米，其中86%是山地和坡地，生态环境比较脆弱。在山地、坡地还存在着一些经济状况比较差的村落，这些村落受制于交通不便等因素，相对而言比较闭塞，缺乏与外界的经济、文化交流。L市全市建档立卡人口共计5964户14606人，有一定规模的贫困群体。近年来，L市按照“政府主导、部门联动、社会参与”的要求，广泛动员民营企业、社会组织主动参与精准扶贫，形成了专项扶贫、行业扶贫、社会扶贫互为支撑的大扶贫格局。

就L市来看，市区与乡村之间、各个乡村之间的经济状况、教育状况存在较大差异，教育扶贫的案例比较丰富，其教育脱贫攻坚实践具有一定代表性。在教育观念上，整体而言L市对教育非常重视，大家普遍认为孩子只有读书才有出路，因此愿意为教育投资，也会督促子女认真学习，考取好大学。但是L市的教育资源分配不够均衡，好的教育资源大都集中在市区，因而乡村学子纷纷向市区集中，乡村学校的学生流失情况比较严重。

（二）L市教育扶贫机制

L市以政府部门为主导，社会力量共同参与，形成了政府部门、慈善总会、社会贤达人士、社会组织共同构成的教育扶贫机制，全力阻断贫困的代际传递。其中，政府部门在教育扶贫中占主导地位，其相关政策和措施构成了教育扶贫的主要内容；社会参与力量比较弱，其潜力有待开发，但相较于政府部门更具有灵活性，有助于形成全社会团结互助、扶贫济困的良好氛围。

在调研过程中我们发现，对于贫困户而言，最为重要、最为切实的教育扶贫措施就是政府主导的建档立卡贫困家庭学生资助政策。① 经了解，这些资助政策都有非常清楚的明文规定，也有相应的机构专门负责资助工作，同时政府也会定期展开宣传，确保民众对政策的知晓。

在调研的过程中，我们还关注到了L市在教育扶贫上做出一定贡献的社会力量。L市的慈善总会在教育上累计投入善款5700余万元，先后捐建了7所慈善学校，每年都会对贫困户家庭学生，尤其是建档立卡贫困大学生进行救助。同时，L市民众自发组成了“爱心妈妈”团队，这一团队成立于2014年3月，从最初的46人已发展到现在的近200人。她们和贫困儿童结对帮扶，不仅为受助孩子提供物质帮助，更让他们在精神上感受到了爱和温暖。目前，“爱心妈妈”和来自各乡镇的近200名孤困儿童认了亲、结了对，建立了长期联系，并根据年龄大小每月给他们发放生活补贴。截至2020年9月，“爱心妈妈”帮扶的孩子中已有8人考上了大学。这些社会力量虽然比较微弱，但可以更加灵活地参与教育扶贫事业，也有助于整个社会更加关注贫困学生群体的学业问题、健康问题乃至心理问题，自发地对他们伸出援手。

---

① 目前L市的资助标准为：学前教育阶段生活费每生每学期200元，保教费每生每学期300元；义务教育阶段生活补助小学寄宿生每生每学期500元，非寄宿生每生每学期250元；初中寄宿生每生每学期625元，非寄宿生每生每学期312.5元，营养餐每生每学期400元；普通高中阶段助学金每生每学期1250元，享受免学费和免住宿费；职业高中阶段助学金每生每学期1000元，享受免学费。同时，建档立卡贫困家庭普通高中应届毕业生考入大学可以获得路费资助，资助标准为省外高校每人1000元，省内高校每人500元；还可以申请生源地信用助学贷款，最高标准可达每人每年8000元。

（三）L 市教育扶贫进展情况

在调研走访中我们了解到，负责教育扶贫工作的教育体育局近年来主要采取了义务教育控辍保学、送教上门、落实建档立卡贫困家庭学生资助政策等手段，在教育脱贫攻坚方面取得了一定的成效，具体来讲主要有以下四方面。

首先，保障建档立卡贫困家庭学生义务教育。

目前 L 市义务教育阶段的学生入学率为 100%，高中阶段学生毛入学率 91.85%。L 市 708 名残疾学生（建档立卡贫困家庭学生 78 人）的义务教育主要通过三种形式得到了保障：随班就读（429 人，其中建档立卡贫困家庭学生 43 人）、特殊教育学校就学（56 人，其中建档立卡贫困家庭学生 5 人）、送教上门（223 人，其中建档立卡贫困家庭残疾学生 30 名）。从统计数据上看，义务教育基本已覆盖到建档立卡贫困家庭学生。

其次，开展建档立卡贫困家庭学生救助。

在学生资助方面，通过链接北京青爱基金会、腾讯基金会等社会资源，实施 2019 年中央专项彩票公益金教育助学项目，在生源地办理信用助学贷款，资助大学新生入学路费和短期生活费，2019 年共资助建档立卡贫困家庭学生 5178 人次，资助金额 478.2675 万元。

再次，改善贫困地区办学条件。

在硬件建设上，2016 年以来，全市投资 34.1 亿元，新建、改扩建各类学校 110 所。2019 年投资 13.7 亿元，新建、改扩建各类学校 46 所。在软件建设上，推进教育信息化工程，全市中小学宽带网络接入率为 100%，多媒体教室共 3420 间，占教室总数的 94%。

最后，落实乡村教师支持计划。

主要从加大乡村教师招聘力度、不断提高乡村教师待遇、完善乡村教师职称评聘方法、落实农村支教工作、加强乡村教师培训力度五方面展开工作。2019 年，L 市已完成省教育厅下达的小学教育全科教师定向免费计划；各镇教师按任教学校地理位置分为镇区、村小、教学点，分别给予每月 200 元、300 元、500 元补贴，有效提高了乡村教师工资待遇；在职称晋升上加大对乡村教师的倾斜力度；市区学校、优质学校每学年教师到乡村教学点交流轮岗支教的比例不低于符合交流条件教师总数的 10%，各镇中心校每年也根据实际情况按一定比例选派优秀教师到村小、教学点支教一年，考核与教师晋职晋级挂钩。

（四）走访实践

此次实地调研我们选取了 L 市的村庄 A、村庄 B 和教育体育局。在村庄 A、B，我们重点走访了家中有学生的贫困户，就其家庭经济状况、教育观念、享受的教育扶贫政策、对已享受政策的态度等方面展开访谈，同时和负责扶贫工作的村干部也进行了深入的交流。在 L 市教育体育局，我们从负责教育扶贫工作的相关工作人员那里了解了教育扶贫的详细政策，同时也就其工作感受，工作中遇到的困难，对教育扶贫的看法、态度和建议进行了深入的访谈。同时，由于当时正处于大学生办理生源地信用助学贷款时期，我们对正在教育体育局办理手续的大学生进行了随机采访，以了解其对教育扶贫相关政策的理解和态度。

1. 村庄 A

（1）A 村整体情况。村庄 A 是 L 市比较有代表性的贫困村，长久以来一直比较贫瘠破败。A 村共有 22 户 38 人建档立卡贫困户，其中近 1/3 的家庭中有残疾人或者学生，“脱贫不解困”的问题十分突出。近几年随着脱贫工作的顺利开展，A 村摆脱了贫困村的称号，并被评为“河南最美乡村”。在走访中我们了解到，A 村近几年完善了各项基础设施，并且瞄准光伏产业、乡村旅游业、特色农业和苗木培育业，不断壮大集体经济、丰富增收渠道，同时坚持因户施策，确保稳定脱贫。村干部介绍，他们的脱贫措施主要有以下五方面：一是产业开发带动脱贫。在某次生态旅游开发项目征地补偿和村集体土地流转中，18 户贫困户共获得一次性流转金 100 余万元，加速了 A 村贫困户脱贫进度。二是扶贫贷款入股脱贫。A 村贫困户有 6 户享受扶贫贷款返利，每户每年受益 2000 元；14 户享受重点企业带贫受益，每户每年受益 1000 元。三是光伏收益再兜底脱贫。除社会保障等政策外，A 村将光伏收益集中使用，对贫困户实行再兜底补贴，每人每年补贴 1000 元。四是就业扶贫。为全村 11 户贫困户提供公益性岗位，每人每月 550 元。五是自主创业、自主脱贫。A 村有贫困户利用本村旅游发展摆摊经营，每年人均纯收入超过一万元，顺利实现脱贫。

（2）A 村教育扶贫案例。通过大范围的走访，我们选取了 A 村具有代表性的两例教育扶贫案例。第一个案例生动阐释了国家教育扶贫政策对于维持贫困学生接受教育具有十分重要的意义，孩子可以依靠国家教育扶贫政策接受教育，最终收获教育的果实；第二个案例则体现了国家教育扶贫政策在维护孩子最基本的接受教育的权利的同时，也有它力所不及之处。

第一个案例中，父亲患有较为严重的疾病，只能打一些对身体素质要求比较低的零工，收入也相应的非常微薄；母亲由于身体瘦弱，基本没有劳动能力。我们前去走访时，只有母亲一人在家，父亲已经外出打工，唯一的孩子此时已前往学校开展科研工作。一番交谈后我们了解到，孩子此时正在某 985 高校攻读工科类硕士学位，由于担心自己的科研任务，提前返校学习。就 A 村的整体情况及此贫困户的条件来看，能够考取 985 高校的硕士实属不易，可以想象其背后的努力和艰辛。对于这样的家庭来说，大学的学费和生活费实在是难以承受。好在，他们申请了国家生源地助学贷款以及贫困生补助，孩子也十分懂事地在学校申请了勤工俭学的岗位，目前学费、生活费基本可以覆盖。在交谈中，母亲频频提到对于国家教育扶贫政策的感谢，她对接受的政策帮扶的规章制度也都很清楚。谈起孩子之后的发展，她直言："国家给了我们这么多帮助，虽然我们以后也做不了什么大贡献，但至少可以做国家的一颗螺丝钉。"同时，她还提到，穷苦人家的孩子读书真不容易，希望国家能够继续维持这样的好政策，让穷苦人家的孩子也可以有书读。她自己对于孩子接受教育的态度是宁可砸锅卖铁也要让孩子读书，只有读书才有出路。虽然她不懂孩子学习上具体的事情，但她时常会教育、督促孩子努力学习。在访谈的过程中，我们感到这位母亲虽然只有小学学历，但十分明事理，并且能够正确地引导孩子、鼓励孩子。我们认为或许正是这位母亲的用心培养，孩子才能在如此艰辛的条件下取得优异的成绩。对于未来，我们相信掌握了知识和技能，同时又十分懂事的孩子一定能够接过家庭的重担，带领这个家庭脱贫致富。

第二个案例中，孩子的父亲已经过世，母亲智力有些问题，对于孩子的抚养非常无力，正在读初中的孩子长期住在舅舅家中。我们前去走访时，孩子并不在家中，而是和同学们一起利用暑假在外勤工俭学，希望可以为家中分担一些经济压力。谈起享受到的教育扶贫政策，孩子的舅舅了解得并不是很清楚，但知道每年有2050元的助学补贴，这一补贴基本可以满足小孩的学习、生活需求。虽然舅舅对外甥女十分关心，但谈起她的学习状况却有些无从下手。他直言外甥女虽然“十分懂事”，但“不太喜欢学习”。平时他最头疼的就是外甥女总是拿着手机上网，“根本管不住”。由于对学习缺乏兴趣，再加上不够自律，外甥女的成绩在班级里为“中等偏下”，舅舅感觉“她不是读书的那块料子”。在访谈的过程中，我们可以感受到舅舅对于外甥女的关爱，但也发现了舅舅在外甥女学业问题上深深的无奈；同时正是出于无奈，舅舅似乎对外甥女未来的学业发展并不抱有太大的希望。

（3）思考总结。对比两个案例，我们可以发现国家的教育扶贫政策确实具有非常重要的兜底意义。虽然补助金额看上去并不多，但没有这笔钱，贫困家庭将无力支持孩子完成学业。因此，教育扶贫补助作为为教育兜底的“安全网”，需要不断强化、完善，增强对贫困学生的支持力度。

同时我们也可以发现，在两个家庭都具备支持孩子读书的物质条件的情况下，父母对孩子的引导、与孩子的沟通、帮助孩子树立努力学习的信念也发挥着非常关键的作用。第一个案例中的母亲和孩子的沟通比较多，会经常教育孩子努力学习，并且会表现出对孩子学习的大力支持、鼓励孩子追求自己的事业，因而孩子会更加清楚地认识到学习的重要性、自觉养成良好的学习习惯。第二个案例中的舅舅和外甥女的沟通进展不太顺利，舅舅虽然也知道教育的重要性，但缺少对孩子的正确引导，表现出了对孩子的放任态度，使得孩子由于缺乏引导和约束在学习上显得有些力不从心。因此，教育扶贫也应该关注父母在教育观念、教育方式上的“贫困”，弥补父母由于自身文化水平较低而在子女学习上的缺位，从物质和观念上展开双重扶贫。

2. 村庄B

（1）B村整体情况。在走访中我们了解到，B村有1200户、共计4456口人，面积5.44平方千米，耕地面积6000亩，属于规模比较大的村落。B村生态环境较好，土地肥沃，树木茂盛，自从公路修缮、交通便利起来后，村中的农业、商业逐渐发展起来。村中共有76户建档立卡贫困户，大多因病、因残致贫，目前在现行贫困标准下已经全部脱贫。在村中走访时，我们参观了村里唯一的学校，目前只招收小学生，每个年级有1到2个班级，每班50人左右。班里的老师基本上是全科教师，语文、数学、英语三科都要教授，音乐、美术、体育等课程则缺少专业教师。

（2）B村教育扶贫案例。通过在B村的广泛走访，我们主要选取了B村比较有代表性的三个案例。这三个案例集中体现了当下乡村学校发展所面临的问题和困境。

第一个案例中，父亲由于脑梗后遗症干不了重活；母亲原本无业，后被安排在村中的公益岗位上班，有一定的工资收入但非常微薄；家中尚有一位八十岁的老人需要赡养；此外还有两个孩子，一个正在上大学，另一个正在读六年级。我们前去走访时，读六年级的妹妹正在家中学习《新概念英语》，书上工工整整地写着笔记。小小的屋子里最引人注目的是墙上密密麻麻贴着的妹妹的奖状，据了解妹妹学习成绩优异，在班级中一直是前几名。在交流的过程中，妹妹总是习惯性低着头，看上去有些胆怯。我们了解到妹妹是在村中读的小学，平常班里一般都是由一位老师教授三门主课；上了六年级之后，学校更换了老师，妹妹有些不适应，成绩也因此有所下滑；同时由于村中没有初中，妹妹还面临着要去外村读初中的抉择，这些问题都令她十分苦恼。可以看出来，妹妹学习非常刻苦努力，学习态度端正，学习习惯也很好，但教育资源不足带来的更换学校、老师等问题还是给她带来了不少苦恼。这些问题她似乎很少跟父母说，也是在我们的不断开导下才向我们吐露了心声。我们鼓励她要多跟老师、家长交流自己的问题，还为她解答了一些具体的学习疑惑。临走时她鼓起勇气告诉我们她一定会考上市一中，稚嫩的眼神此时十分坚定。

第二个案例中，父亲腿部残疾，母亲一只眼睛失明，家中有刚出生的婴儿和正在读四年级的哥哥。我们一进门哥哥就带着我们参观家里，显得自信而乐观。哥哥的成绩在班级里属于中等偏上，母亲直言他“脑子很好使”，但就是“不太努力”。当时已经是暑假的末端，他的暑假作业却基本没有开动。我们从母亲那里了解到，哥哥也是在村里的小学读书，平时上学的时候母亲基本上不用管他学习上的事情，但发愁的就是自己文化水平低，放学之后和假期没人能够辅导孩子写作业。母亲介绍道，之前村子里有老师办了补习班，家长都会把孩子送去那里补习，价格不高，既可以弥补家长由于文化水平低辅导不了孩子的缺位，又可以为家长腾出时间来处理农活。然而后来全市统一禁止学校教师办补习班营利，村里仅有的补习班也被关闭，这本来是出于好心，但反倒让父母们因为没人辅导孩子作业而发愁。这种情况也是我们之前从未考虑到的，对这些文化水平比较低的贫困户父母而言，辅导孩子的作业也是一大难题，如果学校可以组织类似的补习班的机制，那么可以为这些父母解决不少问题。

第三个案例中，父亲已经去世，母亲一人维持家庭开支，家中唯一的孩子刚刚考上市里最好的高中。我们前去走访时，一家人都因为这个好消息而十分喜悦。在和母亲的交谈中我们了解到，孩子小学也是在村子里读的，但母亲觉得村子里的师资还是比不上市里，因此咬咬牙带着孩子到了市里读初中，希望他能够接触更好的教育资源。虽然在市里读书开支更大，生活很拮据，母亲需要更加辛苦地工作，但是母亲认为这是非常值得的，孩子能够考入这个高中也证明了她的选择是正确的。母亲直言，村子里的师资、硬件设施虽然比以往已经改善了很多，但相比市里还是要差一些，因而村里的父母只要稍微有些条件都会选择支持孩子去市里读书。同时，当越来越多的学生流入市里时，村中的学校也就不可避免地衰败，很多学校因此关闭，这也反过来迫使一些村里的孩子前往市里读书。可以发现，乡村和城市教育资源的差异之大已经使得乡村家庭纷纷主动或被动地前往城市求学。相比在本村读书，去市里读书增加了乡村家庭的教育开支，而无力负担的贫困户家庭即使想要获得更好的教育资源，也只能因为无力负担而作罢。

（3）思考总结。这三个案例为我们集中展现了乡村教育目前面临的问题和困境。首先，教师资源匮乏、硬件设施较差依然现实地存在着，制约着乡村教育的质量和水平的提升。全科教师对于有些科目并不擅长，这主要体现在英语科目上；同时由于需要教授的科目较多，他们往往时间和精力都不够，时常处于超负荷运转状态。而对于美术、音乐、体育这些课程，乡村基本上没有专业的师资力量可以支持这些课程的开授。艺术熏陶、体育锻炼对于一个人的成长也是十分重要的，在缺少相关教育资源的情况下，乡村教育的质量很难保证。其次，城乡教育资源的差距迫使乡村家庭主动或被动地前往城市求学，无形中为乡村家庭增加了教育开支，也将无力负担这笔开支的贫困家庭继续困在乡村中。这使得贫困家庭无法接触良好的教育资源，陷入贫困的恶性循环、代际传递中。此外，一些教育政策没有考虑到乡村教育的实际情况，政策本身虽然出于好意，但是实际上不仅没有改善乡村教育的局面，反而拉大了城乡教育资源的差距。

3. L 市教育体育局

（1）访谈教育体育局工作人员。L 市教育体育局是主管全市教育扶贫工作的政府机关。在和工作人员的交流中我们了解到义务教育控辍保学、送教上门、落实建档立卡贫困家庭学生资助政策这三方面是 L 市教育扶贫工作的主要抓手，也是国家教育扶贫政策的主要内容。

工作人员直言，在控辍保学这项工作上的问题并不大，因为大家普遍还是“很重视教育”，父母对于孩子接受教育都会非常支持。而送教上门服务的对象为不能坚持到学校接受教育、具有一定接受教育能力的义务教育阶段 6～14 周岁重度残疾儿童少年，包括在康复机构接受康复治疗和在儿童福利机构集中供养的残疾儿童少年。他们遵循的是家庭自愿、定期入户、免费教育的原则，以送教上门服务为主，以远程教育为辅。教学内容主要结合残疾儿童少年的自身情况，目的在于提高这些孩子的认知能力和适应生活、适应社会的能力。我们阅读了教育体育局中保存的送教上门服务对象的相关记录，每一次上门都会有照片、教案、家长反馈等内容，非常详细。教学内容大多非常基础，比如讲卫生、交通规则等。在建档立卡贫困家庭学生资助政策上，工作人员认为目前信息化的网络平台对其工作助益非常大，学生的信息在网上有清楚的记录，资助金额可以借助网络平台非常便捷、准确地发放，杜绝了挪用、私吞等违法情况的发生。

（2）采访申请生源地信用助学贷款的大学生。生源地信用助学贷款是建档立卡贫困家庭学生资助政策的一项重要内容。我们前去教育体育局走访时，有不少大学生正在办理生源地信用助学贷款的手续。我们了解到，大学生最高可以办理每年 8000 元的生源地助学贷款，这笔金额基本可以覆盖学费。我们共计采访了 26 名办理助学贷款的大学生，其中 18 名都在大学申请了助学金，15 名申请了学校的勤工俭学岗位。受访学生普遍反映助学贷款的金额是比较适宜的，给自己的家庭减轻了不少负担。也有同学表示，助学贷款在某种程度上可以督促自己好好学习，希望可以在毕业后凭借自己的能力独立偿还贷款。还有同学表示，自己的一些贫困同学对于生源地信用助学贷款并不了解，因此没有办理助学贷款，希望政府可以加大宣传力度，让每一个贫困学子都能够从中受益。

三、教育扶贫的困境

从总体上看，教育扶贫一方面确保了建档立卡贫困家庭学生接受义务教育的权利，他们所接收到的各项资助基本上能够涵盖其学费和生活费，解决了其最根本的上学问题。另一方面，教育扶贫从硬件和软件两方面同时发力，在进行乡村学校硬件建设的同时，也在逐步加强乡村教师的师资力量，力图全面改善贫困地区的办学条件。这些成绩在我们的调研走访中得到了充分的验证，我们可以明显地看到乡村教育的提升以及贫困学子受教育权的落实。然而通过对 L 市的调研走访，我们发现当前教育扶贫工作仍然存在着一些薄弱环节，形成了 L 市教育扶贫的困境。具体来说主要有以下六方面。

其一，教育扶贫的保障水平比较低，基本上只能保证学生有学上。

教育扶贫所提供的资助基本可以覆盖贫困学生的学费和生活费，但这种保障是低水平的，仅仅能够保证贫困学生有学上。实际上，学生在学费和生活费之外还存在着不少开支，如购买辅导资料、课外阅读书目、体育用具等，这些开支对于贫困家庭来讲都是不小的开支。

其二，教育扶贫大多强调贫困学子的物质保障，忽视了其精神需求。

当前教育扶贫主要关注如何为贫困学子提供上学的开支，在一定程度上忽视了贫困学生的精神需求。由于贫困学生的抚养者文化水平大多不高，无法给贫困学生的发展提供足够的支持和建议，贫困学生的眼界等各方面都受到了较大的限制，在升学竞争中仍然处于劣势地位。同时，经济方面的窘迫给他们带来了比较大的心理压力，大部分贫困学生都比较自卑，导致其在学习等方面的表现比较缺乏自信。这些微妙的心理对贫困学生的成长有着不容小觑的影响，需要引起教育扶贫工作者的关注。

其三，缺少对条件差距较大的贫困学生进行资助政策的差异化区分和细化。

贫困学生接收到的资助主要来自教育补贴和营养餐政策。目前这些政策的补助标准较为统一和明确，这一方面有利于对政策实施进行监督，可以为这些学生的入学兜底。但另一方面，这也带来了缺乏差异化和细化区分的政策弊端。在走访中我们发现，一些轻度贫困和重度贫困的学生享受的都是同样标准的资助，对于轻度贫困的学生来讲可能存在着资源的浪费，而对于重度贫困的学生来讲这一标准的资助则显得过于拮据。

其四，师资问题还是难以解决。

就目前来看，乡村教师被大众普遍视为苦差事，大部分乡村无法招收到足额的教师，更谈不上高水平的教师。即使一些贫困地区办学条件得到了很大的改善，硬件设施非常齐全，但由于缺乏高水平的教师，这些硬件设施并没有物尽其用，比如电脑室因为没有相应的教师并未投入使用，新媒体由于教师不懂电脑而被闲置。这也说明乡村学校教学质量提升的关键仍在于师资力量的提升，没有好的老师，乡村孩子还是会“逃离”乡村、前往城市就读，从而加剧乡村教育的困境。师资问题的解决难以一蹴而就，如何稳定地培养一批高水平、负责任的乡村教师值得我们思考、探讨。

其五，撤点并校产生历史遗留问题。

一些贫困村位置比较偏远，人口比较分散，入学适龄儿童较少。由于撤点并校和教育资源整合，这些学生数量较少的学校被撤并，造成一些贫困村没有学校的现状。这些村的孩子们只能到附近的学校上学，给家长和孩子们带来了不便。一方面，专门在这些人口较少的贫困村设立学校会造成教育资源的浪费；另一方面，学校设置空白又会增加乡村孩子受教育的难度，造成个别贫困户满意度不高。这种进退两难的局面也需要得到妥善的解决。

其六，社会力量缺少参与教育扶贫的制度化渠道。

L市慈善总会和“爱心妈妈”团体是社会力量参与教育扶贫的代表，虽然这股力量在教育扶贫中也起到了一定的作用，但比较微弱。总的来看，社会力量缺少参与教育扶贫的制度化渠道，社会力量扶贫济困的潜力没有得到有效利用。在调研中，我们了解到L市部分优秀的高校大学生曾组织过针对乡村学校的暑期支教活动，但活动仅举办了一年就被取消，其背后缘由则是当地政府部门苦于“无法可依”，缺乏相关的制度政策对此类活动进行规范，担心出了意外要担责，故而叫停。这恰恰反映了制度化渠道的缺失在很大程度上限制了社会力量参与到教育扶贫中来，社会力量的潜力没有得到有效开发。

四、教育扶贫的出路

贫困地区最大的教育矛盾在于贫困地区人口的教育成本和教育机会满足不了贫困地区人口对教育的需求。要想改变教育扶贫的现状，就得围绕贫困人口真正的需求去制定政策。针对上述教育扶贫的困境，我们认为此后教育扶贫工作应该着力于以下五方面：

其一，加大教育扶贫的资金投入。

低水平的保障无法真正地为贫困学生的发展助力，要通过加大教育扶贫的资金投入，为贫困学生的教育发展提供坚实而有力的支持，助力其尽可能全面发展。在资金的引入上，可以考虑发挥社会大众、企业的力量，充分吸收社会资金进入教育扶贫领域。同时，针对贫困学生的资助应该根据学生的家庭条件做出差异化、细致化处理，切实做到精准帮扶。对重度贫困学生的帮扶不能固守规章制度，要根据其需求进行相应的灵活处理。

其二，对师资问题要着重关注，通过相应的制度为乡村输送师资力量。

教学能力强、关心学生发展的教师对教育脱贫起到的作用是非常关键的。对于师资问题要投入更多的关注和思考，大力推进相应的政策为乡村输送师资力量。例如，可以在乡村内部培养一批骨干教师，鼓励其扎根乡村学校，真正为乡村教育注入灵魂。同时要做好整个社会价值观的引导工作，在整个社会中肯定乡村教师的价值和贡献，让乡村教师产生荣誉感、自豪感，充分认识到自身工作的重要性。此外，要切实提高乡村教师的待遇水平，用实实在在的物质条件为乡村留住一批高水平的稳定教师团队。

其三，要努力补足贫困学生家庭教育和社会教育的短板。

教育是一个系统性的工程，不能仅仅依靠学校来承担教育功能，还要充分发挥家庭所具备的教育职能。对于贫困家庭的父母，可以组织相应的学习讲座、论坛，为其普及青少年的成长教育理论，帮助其学习先进的教育观念，培养恰当的教育方式。对于贫困学生，要重点关注其心理的健康发展，对其进行心理开导，多谈心多鼓励。相关单位可为贫困学生多提供接触社会的机会，帮助他们在接触社会的过程中明确自己的生涯规划，确立自己努力学习、奋斗的目标。

其四，畅通社会力量参与教育扶贫的制度化渠道。

就目前来看，政府仍然在教育扶贫中占据主导地位，这是必要的，也是应当的。然而社会力量在教育扶贫中发挥的作用过于微弱，不合理的规章制度阻碍了社会力量的参与。国家相关部门应当制定和完善针对社会力量参与教育扶贫的制度和政策，使得各地方能够在此基础上通过制度化渠道引导社会力量参与教育扶贫事业，从而充分发挥社会力量参与教育扶贫的潜力。

其五，试行“三六”学段制，加大力度建设标准化寄宿制学校。

乡村学生就近入学和义务教育资源优化配置在某种程度上存在着矛盾和冲突。可以尝试在贫困乡村开展义务教育学制改革，试行“三六”学段制，即在家门口的教学点接受一至三年级的低年级教育，到乡镇中心学校或者县城学校寄宿，完成四至九年级的高年级教育。同时，加大力度建设标准化寄宿制学校，让贫困地区学生寄宿，解决贫困学生上学远、家庭教育薄弱等问题。

五、总结

此次调研我们采用实证的方法，借助现实案例探讨教育扶贫的困境和出路。一方面，我们看到了教育扶贫工作开展以来乡村教育的改善、贫困学生受教育权利的落实；另一方面，我们也发现了乡村教育仍然处于困境之中，存在着诸如保障水平低、师资问题难以解决、社会力量缺少制度化参与渠道、资助政策缺乏细化、撤点并校存在历史遗留问题等薄弱环节。针对这些问题，我们也提出了加大教育扶贫的资金投入、弥补家庭教育的短板、试行“三六”学段制、向乡村输送师资力量、吸纳社会力量进入教育扶贫领域等解决办法。此前国内有关“教育扶贫”的研究自 2014 年起陡然增多，并且呈现出不断增长的趋势。以往学者大多采用理论分析的方法进行研究，同时研究主题主要集中在教育扶贫的内涵、意义、措施等方面。因而在研究方法上较少采用实证的方法、借助现实案例进行研究，对教育扶贫的困境、出路等主题的研究也不够充分。此次调研在调研方法和调研主题上可以有效弥补这一缺漏。

总的来说，此次调研针对教育扶贫的内涵、意义、措施以及贫困发生机制进行了研究，并得出了以下三方面的结论。

第一，针对教育扶贫内涵的阐释，我们认识到首先必须将乡村教育发展起来，才可以通过教育摆脱贫困。

教育扶贫具有“扶教育之贫”和“依靠教育扶贫”的双重内涵，教育既是扶贫的目标也是扶贫的手段①。也就是说，首先要在教育领域加大投入，实现贫困地区的教育脱贫；然后再以教育为手段带动贫困群体脱贫致富。同时，教育扶贫的实质是“以素质换物质”，从“贫困—低素质—更加贫困”的恶性循环角度可以看出教育的反贫困作用在于它可以“斩断贫困的恶性循环链”②。因此，我们可以将教育扶贫总结为针对贫困群体“进行教育投入和教育资助服务”，“使贫困人口掌握脱贫致富的知识和技能”，从而摆脱贫困③。

第二，针对教育扶贫意义的讨论，我们更加认识到了教育对于切断贫困代际传递的意义。

教育扶贫涉及了“贫困阶层的代际再生产”和“教育机会的再分配”问题。教育扶贫可以给予贫困儿童相对公平的教育机会，从而“解构贫困家庭的代际再生产”，促进贫困家庭子女进行向上的阶层流动④。贫困问题的实质是社会的公平正义问题。教育扶贫最直接的意义是使贫困群体摆脱贫困，但更深层次的意义则是通过“起点公平”尽可能地消除社会的不平等，实现社会公平和正义的价值追求⑤。这也呼应了教育扶贫在扶贫攻坚战略布局中具有“先导性、基础性和全局性”的重要作用，可以真正激发贫困人口脱贫的“内生动力”，让贫困群体从被动受助变为主动创富⑥。

第三，在贫困的发生机制上，我们认识到教育可以通过改变贫困文

---

① 刘军豪，许锋华．教育扶贫：从“扶教育之贫”到“依靠教育扶贫”［J］．中国人民大学教育学刊，2016（2）：44—53.

② 林乘东．教育扶贫论［J］．民族研究，1997（3）：43—52.

③ 谢君君．教育扶贫研究述评［J］．复旦教育论坛，2012，10（3）：66—71.

④ 刘精明，杨江华．关注贫困儿童的教育公平问题［J］．华中师范大学学报：人文社会科学版，2007（2）：120—128.

⑤ 李兴洲．公平正义：教育扶贫的价值追求［J］．教育研究，2017，38（3）：31—37.

⑥ 代蕊华，于璇．教育精准扶贫：困境与治理路径［J］．教育发展研究，2017，37（7）：9—15，30.

化，提升贫困群体的人力资本，从根源上阻止贫困的产生。

此前国外已有研究从“文化”和“人力资本”的角度分析贫困的成因，进而提出要以教育为手段使贫困群体摆脱贫困。这些研究的理论性比较强，可以给我们一定的理论启发，但是大多并未上升到国家制度层面探讨教育扶贫的问题，较少关注教育扶贫的实施困境，因而较为缺乏现实关切性和实际操作性。代表性的理论有美国人类学家奥斯卡·刘易斯的“贫困文化”理论和美国经济学家西奥多·舒尔茨的“人力资本”理论。刘易斯认为，贫困群体在与其生存环境的互动中生成了一种贫困文化，这种贫困文化主要体现为安于现状、得过且过、不愿冒险的思维模式和行为方式。贫困产生了贫困文化，贫困文化则会反作用于贫困群体，使其陷入贫困的代际传递，难以摆脱贫困。因此，刘易斯认为必须通过让贫困群体接受教育来彻底改变其“穷人思维”“贫困文化”，使其从根本上摆脱贫困。有所不同的是，舒尔茨认为经济的发展取决于人力资本，贫困群体之所以贫困是因为他们缺乏知识和技能，人力资本不足。因此，贫困群体需要接受教育，学习更多的知识和技能，提升自我人力资本，才能最终摆脱贫困。通过此次调研，我们更加深化了对“贫困文化”和“人力资本”的认识，教育扶贫可以着力于从这两方面入手切断贫困的恶性循环。

总而言之，教育扶贫的本质是让每个贫困的家庭在社会的帮助下接受教育，从而依靠自己用知识改变命运、靠双手摆脱贫困。教育的缺乏既是导致贫困的重要原因，同时也是贫困的结果，它们之间相互影响、相互制约，形成了贫困的恶性循环以及贫困的代际传递。要实现脱贫的目标，必须从教育环节入手，打破这一恶性循环。全国脱贫攻坚总结表彰大会的举行标志着我国脱贫攻坚战取得了全面胜利，区域性整体贫困得到解决，消除了绝对贫困。在此成就之下，我们仍然应该牢记教育脱贫在精准扶贫、精准脱贫中具有的基础性、先导性和持续性作用，并且应当继续总结我国教育扶贫已有的经验和教训，探讨教育扶贫的困境和出路，从而在未来更好地巩固教育扶贫的成果，衔接乡村振兴事业。

“教”何以促“兴”：乡村振兴背景下大学生志愿服务对接乡村教育的方案研究

——基于贵州省 Y 村的调查

章瑜益　吴明铮　陈湘芸

摘要： 在全面建成小康社会、大力开展乡村振兴战略的背景之下，乡村教育被视为是阻断贫困代际传递的重要桥梁和纽带，对乡村新一轮的建设具有战略性意义，因而其发展状况备受社会关注，也吸引了一大批大学生志愿者投身其中来贡献自己的力量。但当前的乡村教育存在困境，一方面由于教育资源不足和重视程度不够而在人才生产上仍处于被动状态，另一方面外来人才又不愿流入乡村进行教育服务而对乡村教育振兴造成阻碍。对此本篇报告以贵州省 Y 村为调研对象，试图探究当前乡村教育的具体情况以及在人才生产和积累方面存在的困境，并从中寻找切入口为大学生志愿服务提供切实可行的方案参考。

关键词： 乡村振兴，教育，大学生志愿服务。

一、导论

（一）研究背景

乡村是我国地域综合体的重要组成部分，与城镇互促互进、共生共存。四十多年的改革开放使数亿乡村人口摘掉了贫困的帽子，特别是十八大以来，我国精准扶贫工作取得显著成效，攻克了一个又一个贫中之贫、坚中之坚，为全球减贫事业的发展贡献了中国力量。但决胜全面建成小康社会的最薄弱环节仍在乡村。围绕这个问题，中共中央国务院于 2018 年 2 月出台《乡村振兴战略规划（2018—2022 年）》，于 2019 年 6 月印发《关于加强和改进乡村治理的指导意见》和《关于促进乡村产业振兴的指导意见》；农业农村部于 2020 年 7 月印发《全国乡村产业发展规划》等，都明确要求统筹规划乡村建设的重大工程、计划与行动，为乡村的全面振兴夯实基础。

2021 年 2 月，习近平总书记在全国脱贫攻坚总结表彰大会上宣布中国已经完成消除绝对贫困的艰巨任务，区域性整体贫困得到解决，完成了全面建成小康社会的关键任务。但与此同时，解决发展不平衡不充分问题、实现人的全面发展和全体人民共同富裕仍然任重道远。城乡发展的不平衡和乡村发展的不充分可谓是当今中国最大的不平衡、不充分。2021 年，中央“一号文件”对新阶段的乡村振兴的各项工作进行了部署，强调需切实做好巩固拓展脱贫攻坚成果同乡村振兴有效衔接的各项工作，稳固脱贫基础。

教育是乡村振兴中的基础性工程，是拔掉穷根、稳定脱贫的前提。教育不仅立足当下，更着眼未来。党中央一直以来对乡村教育高度关注，习近平总书记多次强调“扶贫先扶智”，深刻指出要更加注重教育脱贫，着力解决教育资源均等化问题，阻断贫困代际传递。为此，教育部、国家发改委和财政部在 2019 年 7 月联合发布《关于切实做好义务教育薄弱环节改善与能力提升工作的意见》；教育部等六部门在 2020 年 9 月又联合印发《关于加强新时代乡村教师队伍建设的意见》；日前，国务院办公厅也印发《关于加快推进乡村人才振兴的意见》。以上文件表明，解决乡村教育存在的优质教育资源紧缺、教育质量亟待提高等群众普遍关注的问题正提上我国政府的“日程表”，乡村教育有望在党中央政策的关怀下获得质的提升。然而在多重政策和制度拥入乡村，甚至造成“基层体制过热”的当下，以全局思维把握政策目标、促进乡村教育在乡村振兴的框架内融合发展、整体解决将是必然趋势。

在乡村事业发展之中，志愿服务，特别是青年大学生的志愿服务有其独特而不可替代的作用，受到了党中央的充分关注。习近平总书记在致中国志愿服务联合会第二届会员代表大会贺信中提出“志愿服务是社会文明进步的重要标志”。2019 年中国志交会将“青年志愿服务助力脱贫攻坚和乡村振兴模式研究”列为 2020 年八大重点研究方向之一，要求将青年志愿服务与乡村振兴融合。

十八大以来，广大志愿者、志愿服务组织积极响应号召，深入乡村和基层，为乡村发展献出了自己的力量。其中大学生是青年志愿服务的中坚力量，更是志愿服务的排头兵、主力军，是乡村振兴事业的新鲜血液。2019 年 1 月，教育部下达关于印发《高等学校乡村振兴科技创新行动计划(2018—2022 年)》的通知，引导高等学校深入服务乡村振兴战略。然而，与受到的关注和重视相比，我国大学生乡村志愿服务的实际开展情况并不尽如人意，其实际效果、长期保障、专业素质都有充分的提升空间。所以，如何让大学生志愿服务在对接乡村振兴中真正发挥其独特作用，答案还未完全揭晓。

（二）研究问题

十九大以来，乡村发展取得显著成效的同时短板依然明显，在教育领域表现出师资总量不足、教师队伍门槛低且不稳定、家庭教育和心理关怀缺位等问题。乡村振兴是一项系统性、多维度的工程。大学生能力固然有限，不能在乡村振兴中“面面俱到”，但作为受过高等教育、富有创造力和奉献精神的群体，他们志愿服务乡村教育的行动，将使“以教促兴”的事业依旧大有可为。

基于此，本篇报告以乡村振兴为出发点，探寻大学生志愿服务与乡村教育的对接融合。报告的理论部分首先梳理乡村振兴的定义和目标，并由改革开放以来的城乡关系变化来阐述乡村在“人力资源生产”上的困境，然后从乡村振兴的定义和目标出发说明解决这一困境的必要性。由此，报告的调研部分在考证现实困境的基础上去思考当今乡村教育问题，并设计可行的大学生志愿服务方案以满足乡村实际的教育需求。

二、文献综述

（一）乡村振兴战略：为何振兴？何为振兴？

改革开放以来，党和国家一直重视乡村政策，但其侧重点在不断调整。20 世纪 80 年代的“四个现代化”中，“农业现代化”就排在首位。90 年代后期乡村经济社会矛盾日益凸显，农村、农民问题也被纳入了工作重点，合称“三农”问题。21 世纪以来党中央又提出“社会主义新农村建设”，着力改善乡村的基础设施。2017 年党的十九大则正式提出“乡村振兴”战略，具体目标是“产业兴旺、生态宜居、乡风文明、治理有效、生活富裕”，也被称为“二十字方针”。在学者看来，既往种种政策仍然是在优先发展城市的基础上“以城带乡”，而乡村振兴战略是对既有“城市偏向”或“农村偏向”论争的超越。作为脱贫攻坚的下一步衔接，该战略是对我国发展中最大的不平衡不充分——城乡不平衡和乡村发展不充分的回应，有利于巩固脱贫攻坚成果，解决我国现阶段的主要矛盾。

那么如何在理解了这一意义的基础上实施乡村振兴战略呢？部分学者从“二十字方针”来理解。持有生态主义观点的学者根据“生态宜居”指出，我国过去一直追求工业化和工业文明，而当前在乡村振兴战略下则应该大力进行乡村生态文明建设，复归田园牧歌式的生活。而另一些偏向发展主义的学者则从“产业兴旺”的角度提出乡村应三产融合发展，吸引资本下乡，促进城市人口回流。在这样的理解下，乡村被理解成了一个新的增长极，是可以涂上“生态”和“发展”两种颜色的画布。

但事实上，我们必须承认城市化、工业化是现阶段中国的发展主题。农民只有“城愁”而没有“乡愁”，乡村的生活并不令人羡慕，而是“进城”失败的无奈选择。因此，无论是生态主义还是发展主义都受到了致力于实证调研的学者的批评。在他们看来，让乡村成为增长极显然是期待过高了。一方面，“资本下乡”等措施会破坏目前“保护性的城乡二元结构”，导致进城失败的农民失去退路。另一方面，发展产业的成功条件十分苛刻，除了个例之外其他村落并没有这样的机会，在市场条件下还可能造成农民的经济损失。乡村的生态文明固然需要保护，但目前城乡关系仍处于剧烈变动中，向乡村立即投入大量资源并不明智。从实际出发，他们提出乡村振兴的目标是维持乡村基本社会秩序和公共物品供给、保障基层治理效能、为进城失败的农民提供体面的生活条件。

在本篇报告中，乡村振兴同样需要超越“生态主义”和“发展主义”的论争，实事求是，稳扎稳打。在扶贫攻坚工作中，“动员式扶贫”和“基层体制过热”的问题已经层出不穷，乡村振兴作为一项时间跨度更长、涉及面更广的战略更不可操之过急。因此，应该将维持乡村基本秩序作为乡村振兴的起点和底线。

（二）乡村振兴与乡村教育：以教促兴

即使是维持乡村的基本秩序，资源的投入也是必不可少的。而相对于教育、医疗、治理这些公共物品的供给来说，人力资源亦即有劳动能力的适龄人口的投入最为关键。改革开放以来，严格的“城乡二元体制”逐渐松动，乡村地区人力资源加速向城市流动。民政部统计年鉴显示，中国的行政村数量由 2000 年的 66 万个左右减少到 2010 年年初的 52 万余个，除一部分乡村由于城市化、工业化改为“区级”外，村落人口减少带来的撤村并村是行政村数量减少的重要原因。截至 2020 年，中国有 70.7% 的行政村为人口净流出状态，其中超过 50% 的行政村的空心化率不低于 5%。乡村“空心化”已是“完成时”。

在现代条件下，教育是人力资源生产必经的和最关键的途径，也是产生优质、精英型人力资源的唯一途径。在城市化、工业化的潮流中，乡村的优质人力资源、知识精英占了流出人口的大多数。而即使是乡村教育，其价值导向本质上也是“离农”的，是对这一潮流的推波助澜。赵树凯组织的全国范围内的调查表明，村落中外出务工的群体中 35 岁以下的年轻人占 86.3%，且外出群体素质相比留守群体普遍较高，这从实证层面印证了这一趋势。在此情况下，乡村处于需要承担人力资源的生产成本，却主要由城市享受其利好的不平衡状态。外出的村民没有将先进的技术带回，也未从根本上改变乡村的经济结构，并且不稳定已然成为犯罪的温床，乡村“有流动、无发展、无突破、无安宁”。这种困境反过来又影响了乡村教育的经济投入和实施效果。

影响经济投入的典型案例即熊春文所观察到的“文字上移”趋势。20世纪90年代末以来，乡村发展长期滞后，基层财政吃紧、开源节流，乡村学校经历了大规模的撤并，其速度甚至快于乡村人口减少带来的在校生数量的下降。从实施效果看，大量撤村并校产生了一批“巨型学校”，其路途遥远、寄宿产生的教育成本大幅增加，甚至完全抵消了财政补贴，造成一些地区的辍学率反弹。此外，乡村教师的社会地位、薪资待遇不高，职业前景欠佳，优秀教师跟随大潮流向城市，使得乡村教育资源更加匮乏、质量更加滑坡。学生家长们则辗转于城乡之间，甚至长期留在城市务工，不得不寄宿的学生就成为“留守儿童”。学生心理上缺乏关爱和陪伴，增加了他们在成长中行为失范的风险。

由此可见，在城市化、工业化导致乡村人口流出的背景下，依靠乡村自身的资源无法保障教育这种公共物品的提供，从而让乡村优质人力资源的生产面临不可持续的困境，人口素质整体下降，让乡村与城市的经济社会发展差距进一步拉大。从缓解城乡不平衡的角度看，对此的回应自然是城市中的人力资源“下乡”，以乡村教育的兴盛为维持乡村秩序打好基础，从而展望乡村振兴的未来，也就是“以教促兴”。

（三）大学生志愿服务的独特作用

目前单独研究大学生志愿服务与乡村对接的文献较少，但是如果回归“以教促兴”这一路径，我们可以将其广义理解为“知识下乡”或“文化资本下乡”。当前学者对这一领域的研究集中在经济、政治上的精英和成长于本土的“能人”，如“新乡贤”、村第一书记等，探讨的内容包括回乡支持建设的长效机制、实施效果等方面。但是这些人群并非出于公益而来，另一方面也并非主要关注教育。即使其职责范围对教育有所涉及，也多是对教育进行经济、政策方面的扶持，而不涉及教育过程本身。本篇报告研究的大学生志愿服务是一种“非精英”的活动，且深入教育的具体过程中。那么，这种志愿活动能否回应社会的期待呢?

大学生志愿服务最常见的“下乡”形式是支教。对北京、成都两地40余个支教项目的调查显示，多数项目能做到和特定的乡村长期对接，但其成员升入高年级后活跃度明显下降。支教项目的参与者以成长于乡村的大学生居多，他们和帮扶对象有共同的经历，这让他们在项目中能感同身受，甚至选择乡村教育作为职业发展的方向。熊易寒在对城市农民工子女的研究中也关注了大学生志愿者和支教团队的作用。这些志愿者长期随访城市农民工家庭，关心其子女教育去向。他指出，虽然志愿者并不能真正改变孩子的学习困境，但他们比一般老师更受欢迎，因为他们真诚的爱能打动孩子。此外，志愿者和帮扶对象也经历了“共同成长”，不少生长于城市的志愿者由此立志关注农民工子女教育。可见，大学生志愿服务虽然不一定能解决当前乡村教育的所有问题，但可以充分利用大学生群体富有爱心和创造力的特点，给予孩子必要的陪伴和鼓励，向他们传递健康向上的价值观，从而在乡村“以教促兴”中发挥独特的作用。

三、研究意义

“乡村振兴”的目标究竟是什么?怎样才算是乡村的振兴?无论是否认同学者的观点，社会都必须面对“谁的乡村振兴”这个振聋发聩的提问。当我们将对象锁定在定居乡村的人，而不是作为一个地域概念的抽象的“乡村”时，就必须承认，在当今城市化、工业化的主流趋向下，定居乡村并不是什么令人艳羡的生活方式，而是不能进城的一种替代选项。然而，这种替代选项的地位让乡村的各种要素难以进行“内循环”，其中最关键的即人的流失和人力资源再生产的困难。这不仅表现在乡村教育大量撤点并校、师资力量严重不足而产生“巨型学校”，更根本的问题则在于父母外出务工造成的家庭教育缺失和村庄整体人口素质的降低。而对此的回应必然是外界的“知识下乡”或“文化资本下乡”。但当前研究集中于利用“新乡贤”、民间组织、本地“能人”等群体，参与的领域集中在发展产业、乡村治理等，关注教育的非常少。大学生作为和学龄儿童年龄相近、经历相似且富有奉献精神和创造力的群体，理应在这一议题中发挥独特的作用。因此本篇报告试图回答这样一个问题：大学生可以通过何种方式为“乡村振兴战略”中的“知识下乡”做出何种贡献？

目前从实证层面对大学生志愿服务的探讨可谓少之又少，我们仅搜寻到了一篇《社会学研究》中刊载的对大学生支教项目的研究。然而，这些项目的实际效果、长效机制、专业水平等都是值得探讨的问题，且社会也对其提出了诸多疑问。受限于“支教”之名，这种活动在乡村中参与的广度、深度依然不够。因此本篇报告也试图探寻一条有别于甚至超越支教项目的“知识下乡”的道路，为大学生在乡村振兴中的深度参与提供参考。

志愿服务是一个共同成长的过程，大学生以这样的形式参与乡村振兴战略，不仅是为乡村的发展添砖加瓦，更是实地感受国家发展脉搏、完善自身三观、寻找自身理想与社会实际耦合点的大好机会。因此，体现着我们所见所思的这篇报告，不仅是团队自己由具体提炼为抽象、由实践转化成理论的契机，也应当会对参与乡村振兴志愿活动的同人有所启发。

四、调查走访

（一）Y 村概况

Y 村地处贵州省苗岭大山，毗邻重安江，是传统的苗族村落。该村由 6 个自然寨组成，下设 4 个村民小组，共计 379 户 1481 人，居住点之间较为分散。由于地理位置偏僻，Y 村曾是一个典型的贫困村，每 3 户中就有 1 户是贫困人口，产业薄弱、劳动力外流、生态恶化等问题十分典型，是一块难啃的硬骨头。实施精准扶贫以来，Y 村全面落实了教育资助、异地扶贫搬迁、建档立卡户动态管理、老旧危房改造、普及医疗保障等工作，贫困发生率从 2014 年的 29.08% 下降到 2019 年年底的 0%，实现了全员脱贫的目标。“十四五”开局之年，Y 村将在巩固脱贫成果、防止群众返贫的基础上，扎实推进扶贫攻坚和乡村振兴的对接工作。

与邻村相比，Y 村教育短板较为突出。该村现有义务教育阶段适龄儿童 286 名，其中含 109 名贫困学生。Y 村无村级幼儿园，学生集中就读于 L 小学和 W 初中，通过两免一补政策保证辍学学生为零。Y 村鼓励支持学生接受中等、高等教育，为学生提供专项补贴、助学金、免学费等补助政策。为解决村内学生考取大学人数少的问题，Y 村于 2019 年设立筑梦助学基金，以专门表彰村内考上大学的学生。通过这些努力，Y 村已不存在读不起书的情况。尽管如此，Y 村群众总体受教育水平仍然较低，教育对脱贫攻坚、乡村振兴的推动作用不明显。村干部反映，受教育的大学生更愿意定居城市而不愿回村建设也是造成这一问题的原因，并认为是“缺少男大学生”的原因。

（二）案例介绍

为深入了解 Y 村教育的实际状况，我们以村民小组为单位，随机走访了 17 户家庭，并根据学者宣兆凯提出的“家庭支持系统”的原理，结合 Y 村家庭特点，选取家庭经济条件、家庭教育观念、家庭教育方式这三个相关变量，将 17 户家庭划分为表 1－1 中的四类，并从中选取 3 户代表性家庭进行介绍。

表 1－1　家庭分类示意

分类	标准
第一类	家庭经济条件达到小康水平，能够认识到教育的重要性，能够积极给予子女必要的教育支持、配合与协助
第二类	家庭经济条件一般，对教育重要性的认识较为浅显，虽然能在经济上支持子女教育，但其他方面的行动消极
第三类	家庭经济条件仅能满足最低生活需求，父母角色缺位，子女教育的经济支持主要由国家补助提供，父母的支持很少
第四类	家庭经济较贫困，子女因贫辍学或被迫外出务工

1. 第一类

第一类的代表性家庭是我们访谈的倒数第二户家庭，共有三个孩子：15 岁读初二的姐姐、12 岁读六年级的哥哥以及尚且只有 1 岁的弟弟。父母带着年幼的弟弟在广东惠州打工，姐姐和哥哥在家中居住，平常由亲戚照料。我们进入家中走访时，姐弟俩都穿着暖和的羽绒服，相对而言衣服干净且时髦。环顾四周，家里的装潢比较现代化，配备了基本的电器，并且家中明亮、整洁。和村中其他家庭相比，这户家庭的居住环境明显要好了一大截，反映出这户家庭的经济条件在村中属于中等偏上水平。

走访时我们最先注意到的是家中欢快的氛围——姐姐正在跟随着电视机学习英文歌曲，这在英语教育水平整体比较落后的乡村是很少见的。姐姐在沟通中表现得大方得体，对于陌生人不卑不亢，能够清楚地表达自己的看法。我们了解到，姐姐的目标是考上大学，并且已经对大学有了一定的认识，西安交通大学等高校是姐姐心中梦想的学府。她也提到自己在短视频软件上看到过的一些美丽的大学图景，心中对此十分向往，也很渴望有机会能够亲眼见到这些吸引人的景色。我们还了解到姐弟俩都曾到过广东，去父母打工的地方看过，这和大部分尚未走出过 Y 村所在的 K 市的同龄孩子相比已经十分难得。并且姐弟俩提到，父母每年回来都会带着他们在贵州省内旅游一次，因此姐弟俩之前也已经去过不少地方。虽然父母在外打工，但姐弟俩每天都和父母视频通话，交流学习和生活情况，亲子沟通密切，双方关系很融洽。

总的来说，这户家庭的教育同时满足了经济条件、教育观念和教育方式这三个要素，使得孩子的成长轨迹得以良性发展。这进一步印证了教育三要素之间的关系：可靠的经济条件是基础——没有经济条件做后盾的教育无从谈起；现代的教育观念是关键——父母需要在有一定经济实力的基础上认识到教育的重要性，愿意为子女的教育投入时间和精力；科学的教育方式是保障——父母可以使用恰当的方式与孩子进行沟通，用科学的方式引导孩子树立远大的志向、培养对学习的兴趣、养成良好的学习习惯。

2. 第二类

第二类的代表性家庭是我们访谈的第 3 户家庭，这个家庭建有一幢较为普通的 3 层小楼房，内部装饰朴素简约却不失整洁。虽然购置的家具不算昂贵，但这户人家拥有全村为数不多的干净的独立卫生间，该家庭的经济条件在村中是中等水平。

接受我们访谈的是该家庭的男主人，这天恰逢他休息返家。他在邻近的 K 市、G 市等地及周边做消防、水电的散工，常年在外，即使回家也只停留一两天，与村里联系较少。他感慨工作不好找，虽然活计多的时候一天收入能达到 300 元左右，可一年总收入取决于接到活计的数量，并不算稳定，有时还会遇到欠薪的情况。而自家大嫂因病在家，只能靠低保维持生活。但他认为，总的来说夫妻俩的收入还能够维持一家人在 Y 村生活的基本支出。

谈到教育，这位男主人说他家共有 4 个孩子。大女儿初二时产生了弃学念头，家人劝说无效，只好任她辍学跑去广东打工。二女儿中考分数离当年普高分数线相差 1 分，男主人便为她交了职高的 6000 多元学费。可入学十多天后她就弃学，男主人反复劝说甚至跑去 K 市找她谈话均无效，不久后她也前往浙江打工。目前三女儿和小儿子分别就读于 W 初中的初三和初一。他说，三女儿的命运可能将与姐姐类似，而成绩尚可的小儿子则是唯一的希望。

我们注意到，男主人急躁的话语中带有稍许认命的无奈。他自身文化水平虽低，却能够自觉地意识到教育可以改变子女的命运，只要子女愿意读书，他一定会全力支持，因而他拥有教育之“志”。可他却缺少教育之“力”。三个女儿的辍学固然与男主人作为经济“顶梁柱”常年在外、子女缺乏父母的监督指导有关，但另一方面更是因为其自身对教育的认知存在偏差，忽视了父母教育对子女成长具有至关重要的作用，以至于男主人在访谈中说出“随他们吧，想念就念”的话。他虽然知道教育很重要，却也认为不接受教育似乎也不是多么严重的问题。而且他对教育的理解局限于学校教育，并未意识到自身家长角色的缺位对子女成长中走的“弯路”也有责任。至于家长应该如何在经济之外给孩子成长更多的支持，如何做好学校教育和家庭教育的对接这些问题，他就更没有概念了。不得不说，男主人这种教育上的“粗放投资”是其女儿遗憾辍学背后的根源。

3. 第三类

第三类的代表性家庭是我们第二天访谈的最后一户家庭，房屋坐落在Y村的主街上，看上去有些年头了，是当地传统的木结构房。随着人口外流和脱贫攻坚的推进，这一带的老房子要么已经换成了砖瓦结构的新房，要么已经废弃许久。但这一家院前打扫得还算干净，有住人的痕迹。门前的“两不愁三保障”责任牌显示，2019 年当地政府刚刚出资 2000 余元对该房屋进行整修，保证雨季不漏水透风。种种迹象表明，这户家庭的经济条件似乎有些拮据。

我们在村主任的带领下叩开了木门，一个女孩有些紧张而疑惑地望着外面。村主任介绍说这是这家两个孩子中的姐姐，今年上初三，而弟弟还在上小学。这是个父母双亡的家庭，只有奶奶照顾。我们望向四周——房子确实加固过，但屋内十分昏暗，衣服简单晾在室内的绳子上，除了地上没有清理过的垃圾，可以说是家徒四壁。看到我们的疑惑，姐姐说声抱歉打开了灯。脱离绝对贫困之后，他们也是能省则省，比如在没有客人来时就不开灯。

知道我们的来意，姐姐把弟弟领出来和我们见面，但弟弟似乎很怕生，始终一言不发，只有姐姐和我们交谈。她说，自己想上高中、大学，但进入初三后课程难度加大，特别是数学经常听不懂，这让她担心自己能不能考上高中。她指了指厨房窗户旁有些亮光的地方，姐弟俩就是在那里写作业。在一个只有老人的家里，大孩子就是某种意义上的一家之主。姐姐不仅要帮着照顾弟弟，也要替奶奶分担些家务，这势必也占用了她本就不多的学习时间。考虑到她的家庭条件，姐姐也许已经算是村里比较爱学习的一批孩子了——许多不愿上学的孩子在初二就会辍学外出打工，而她至少坚持到了初三。

上学的费用并不需要家庭担心。在“两免一补”政策下，上初中的姐姐每月能拿到600元补助，而上小学的弟弟也有300元，吃饭已经完全够用，家里只需再补贴些日用零花的钱。虽然当地初中高年级已经出现了校园霸凌，但姐姐似乎没有受到影响或卷入其中，这也是一件幸事。在父母完全缺位的情况下，学生的自律、学校的环境、国家的补助在教育上维持着脆弱的平衡，一旦任何一个环节出现问题，学生这艘航船都很容易偏航。

4. 第四类

在教育扶贫的巨额资金投入下，第四类家庭存在的可能性微乎其微，但第三类和第四类之间的界限有时并不那么明显。正如第三类案例中所展示的，国家的政策以资金保障为主，很难主动干预学生自身出现的问题。在父母缺位的情况下，钱解决不了“偏航”的问题，因而他们的结局和预设中的第四类没什么差别。而这类家庭本身也刚刚脱贫，经济基础极其脆弱，随时有可能返贫，这又是巩固脱贫成果中不可不注意的一点。

（三）Y 村社会志愿服务力量

贫困乡村普遍存在“人才进不来、留不住”的现象，因此社会志愿服务力量凭借其流动性强、组织性高等独特优势成为乡村治理的重要参与角色，有效弥补了政府与市场力量的不足。不过 Y 村对外交通闭塞，当地唯一的一支志愿服务队是由第一书记和村党支部书记共同牵头、以村干部为主体的脱贫攻坚突击队，而这支队伍时常经费不足，其服务对象有限，服务内容也比较单一。这就需要社会上更多群众性或专业性志愿力量的协助。

为增进志愿服务力量对 Y 村的助推作用，近两年，Y 村第一书记充分依托校地合作、政企共建的帮扶平台，与武汉大学、企业、商会等社会力量对接，在 Y 村成立了专门的志愿实践基地。基地成立以来，达成了一系列的志愿合作事项（如表 1 - 2 所列部分），为 Y 村发展注入了全新动能。但基地尚未建立长效合作机制，捐赠和帮扶更多属于偶发性行为，大学生也较少通过该基地真正深入乡村“以教促兴”。

表 1－2 部分捐赠项目

单位	捐赠项目
武大政管院	捐赠 L 小学教学电脑及电脑桌 32 台，图书两百余册 捐赠 Y 村 33 名贫困学生每人一件羽绒服和手套
武大政管院硕士 1503 班	捐赠 Y 村筑梦助学基金 2700 元
楚商联合会、武汉大学校友企业联谊会、贵州省湖北商会	捐赠 L 小学 1000 余册少儿图书，捐助 268 名在校生、16 位教师 284 套冲锋衣，捐助 Y 村贫困老人 34 套冲锋衣

五、问题与思考

（一）问题发现

1. 乡村家庭教育

家长角色的长期缺位是乡村家庭教育出现问题的主要原因。美国心理学家马斯洛在《动机与人格》一书中曾提出需要层次理论，他认为“个体的动力来自各种需要的满足”，并将个人需要按照从低到高分为五种——生理需要、安全需要、归属与爱的需要、尊重的需要以及自我实现的需要。由于 Y 村缺乏就业机会，大部分家长不得不外出谋生，使得进行家庭教育的重任落到了家中的祖父母身上。一方面，祖父母一辈对教育的认知比较滞后，常常停留在“给学费”“管教几句”这种层次，在孩子成长和三观塑造的关键时期无法给予引导。孩子遇到情绪和生活难题时缺少及时疏导，长此以往他们常常感到孤独无助，导致性格自卑内向，没有安全感。另一方面，隔代的老人与孩子在心理上也有代沟，文化和思想观念上也存在巨大差异，平常交流中缺少共同话题，导致孩子缺乏归属感，更加依赖同辈之间的友谊。在自我实现层次上，孩子的需要也很难满足。首先，孩子自控能力不强且极容易受外界影响，祖辈对孩子又溺爱纵容，使其很容易染上恶习；其次，祖辈亲属受制于思想观念陈旧和自身能力水平，难以发现孩子身上的潜力，亦不懂得用科学的方式加以引导。老人们教育意识的缺乏和教育方法的不当都容易使孩子错失养成良好品质的机会，使他们不能在最好的时期得到最好的发展，成就动机程度低。

家长缺乏必要的教育素养也是引发乡村家庭教育问题的因素之一。一些学者曾经指出，父母的受教育状况与子女接受教育的机会及教育成就存在相关性。Y 村家长普遍都只具有初中及以下学历，文化素质偏低，从而导致他们在对教育的认知程度、教育能力及教育方式上均存在局限。Y 村家长很多都只着力于为孩子提供必要的教育物质保障，但对于孩子的学习观念、学习方式等培养却所知甚少甚至一窍不通，在他们遇到学习方面的问题时也难以提出对症之策。另外，乡村家长普遍不重视对孩子心理状态的关注，忽略在家庭教育中给予孩子必要的精神关怀，非常容易导致孩子出现人格缺陷。

2. 乡村学校教育

近几年随着有关部门对乡村学校的财政投入力度加大，在扶贫干部和社会各界的大力支持下，L 小学的硬件设施得到大幅度改善。每间教室都安装上了电子白板，顶楼的机房里还有武大政管院捐赠的电脑。身在山村，却离这个时代最新的物质成果并不遥远。

然而，从内生增长理论的角度来分析，造成乡村贫困的根源实际上是村民知识、技能等方面的素质欠缺，尤其是对包括乡村学校教育等要素在内的乡村人力资源的投入不足。因此，相较于硬件设施的改善，乡村学校软件设施的提升才更为根本。但当前乡村学校教育的软件设施上依然存在短板问题。一方面，乡村师资相对固定且水平欠佳。虽然按照编制，L 小学应当有 13 名教职人员，但由于当地新入职的教职人员流动性较强，学校的教育主力 10 年来未有明显改变。另一方面，乡村教师的教学任务繁重。L 小学的 10 名老师要面对 500 多名学生，老师每人需负责两门主课，每周需承担 17 ~ 18 节课，其教学压力不言自明。除软件设施的问题之外，K 市城乡教育水平差距依然明显，主要表现在乡村学校在英语、美术和音乐等课程的开设方面仍存在困难，而要像城市学校那样系统生动地教学则更是一种奢望。

此外，家庭教育水平参差不齐对于学校教育也产生了较大影响。一方面，当前乡村学校教育难以弥补学生家庭教育的空白。很多家长常年不在家，孩子只得交由家中老人照管。虽然老师与家长有沟通的微信群，但更多的家长对于孩子的情况不管不问。孩子在长期“放养”的状态之下，学习全凭自控力与自觉性——好者愈好、差者愈差的态势出现。因此，K市各乡镇学校虽然教学水平相差无几，但就统考成绩来看，班级内部不同学生之间的两极分化非常明显。另一方面，相比于那些家长十分“上心”的城市学生便不难看出，城乡家长对家庭教育的重视程度的差异使城乡教育差距还在不断拉大。

总的来说，目前K市的乡村学校教育尚能涵盖人力资源生产所需的基础性教学内容，但由于乡村学校师资力量薄弱，与城市学校教育相比，其在教学经验、知识体系的建构等方面仍有差距，并不能适应乡村振兴的实践需要。而乡村家庭教育相较于学校教育，存在的问题更为严重，影响更为深远，主要暴露出父母缺位和教育不当等问题，这使教育工程的上中游环节中的生产要素供给得不到充分保障，是乡村孩子在成长过程中一辈子的遗憾。

（二）问题思考

1. 教育的人为中断

在走访时我们发现，村中读完初中或者高中之后便不再接受教育的孩子不在少数。在高等教育日渐大众化的今天，这种中断人力资源生产环节的行为值得社会警惕。一方面，这种现象受到村内落后的教育观念的影响。中断教育的学生及其家长或许并没有认识到教育的重要性，认为与其花费时间和精力读书，不如直接外出打工来得划算。另一方面，学生自身缺乏兴趣，容易产生强烈的厌学情绪也是学生中断教育的重要原因。因此，在思考如何向乡村输送教育资源、提高乡村教育质量的同时，社会还应该关注的是这些学生在接受教育的条件均具备的情况下为何还是选择了中断教育，从而对症下药解决教育实效并不理想的问题。

2. 职业教育较为缺乏

从就业情况来看，村内完成义务教育的孩子大多数在外务工，从事低回报的体力工作，并且大多数是打不固定的零工，需要不断地寻找新工作。对此，理由可能是他们的学历不高而达不到高层次的就业门槛。可我们还思索了另外一个问题：他们接受的教育真的适合他们吗？对于大多数出身贫寒的孩子来说，首先需要解决的是生存问题，因而他们或许更需要的是一门能够养活自己的实用专业技能，这对于他们之后找到对口又稳定且回报相对较高的工作是有很大好处的。但在走访时我们发现，村中孩子接受的大多是普通教育，职业教育渗透较少。可普通教育主要以基础知识的学习和研究为主，在某种程度上所能取得的教育效果却不如以就业为导向的职业教育来得理想。并且从乡村发展的角度来看，现代技能型人才是乡村急需的人才，这些孩子如若能够掌握实用技术则可以更好地适应乡村振兴的需要。因此这就提醒相关政府部门，在布局乡村教育时，不能简单地移植城市教育模式，要更多地考虑乡村的实际需求，立足乡村，扎根乡村，用契合乡村孩子的教育来培养合适的人才以切实服务于乡村的发展。

3. 人力资源向乡村配置的难度大

乡村教育最重要的成果是人才的生产，但是我们应该注意到的是，乡村教育的使命在产生人才之后并没有结束，一道重要的后续环节便是使人才为乡村振兴所用，让享受到乡村教育福利的人才能够反过来助推乡村进一步发展。然而由于工业部门的回报率显著高于农业部门，这些村中的中青年人才便大规模向城镇转移，一般只在过年时回来，家人是他们回来的唯一理由。可等他们积累了一定的财富之后，他们就会选择把自己的家人接到城中，此时乡村就将成为他们不会再回去的记忆中的故乡。也就是说，乡村教育培养了人才，但这些人才大多单向流入了城市，不再返回乡村。从这方面来看，乡村教育并没有起到助推乡村发展的作用，反而使得村子更加空心化。因此，当社会推动乡村教育建设的时候，还应该考虑教育的再生产环节，配置资源吸引人才回流来助推乡村生产要素的持续积累，并以此作为出发点对乡村教育进行重新规划。

六、志愿服务方案

人才始终是实施乡村振兴战略的智力支持，但人力资源的匮乏却又是目前乡村发展面临的一大瓶颈。因此，可以说乡村振兴战略的实质在一定意义上其实是实现乡村人力资源的聚集，关键就在于如何让乡村教育变过去由政策主导下的人才外循环为乡村主动的人才内循环，这也是社会介入的目的之一。而探索乡村教育的新模式的意义又不仅仅局限于教育本身，更重要的是要通过振兴乡村教育来探索出一条振兴乡村的道路，如此才能保住乡村及其文化，保住中国的根。

支教作为目前介入乡村教育最传统的一种志愿服务方式，从实施效果来看，通过人才的输送的确能够起到补充当地师资队伍、提高当地教育水平和质量的作用。但由于支教周期短，一来无法保证相应的支教人员有足够丰富的教学技巧和经验，二来教学人员和教学地点的可变性和灵活性较大，能开展的教育活动有限，统筹安排不够成熟、稳定，一些情况下非但不能为乡村教师提供辅助作用，反而使乡村教育更加碎片化，无法为孩子提供长期且固定的教育陪伴，成为一种“教育伤害”。因此，社会也在积极创新，寻找其他可行的方式来为乡村教育提供更加多元化的选择。在学生方面，社会致力于“输力”，弥补城乡优质教育资源的不平衡，促进乡村孩子的全面发展。例如，武汉大学种太阳工作室开发的一系列极具启蒙色彩的工作坊、“YouthSpotlight 聚焦青少年”打造的追梦天堂，都期望能够激发乡村孩子的学习兴趣，培养他们的自信心，提升他们的创造力，帮助乡村孩子发现未来的更多可能。而在教师方面，社会则聚焦于“赋能”，推动乡村教育者的专业成长与发展。湖南弘慧教育发展基金会设立了“乡村好校长计划”“乡村好教师计划”，山东省教师教育学会教育志愿者协会开设了“学科教学技能培训班”，都旨在提高乡村教师的课堂教学水平，从而唤醒教师教育激情，开拓他们的教育视野，提升他们的教育格局，最终改善一方教育生态的本地力量。对此，借鉴社会经验，结合我们团队的实际与 Y 村区域特色，我们也设计了两个志愿服务方案。

（一）研学营

研学营作为学校教育和校外教育衔接的创新形式，是由教育部门和学校有计划地组织和安排，通过集体旅游、集中食宿等多种方式拓展调研地学生视野、增加学生体验和能力的教学形式。我们认为，研学营可涵盖的具体内容包括：带领孩子们参观大学校园，构建其对大学初步的认识与理解；带领孩子游览具有深厚文化底蕴的城市，瞻仰革命遗址，从而培养他们正确的历史观，激发爱国情怀；带领孩子们进行职业体验活动，使他们在感受各行各业工匠精神的同时能够树立起正确的职业观；等等。同时，研学营在每一期结束之后都会建立后期沟通渠道，并联合家长、老师等对孩子进行一定时间的教育监测，有效规避乡村支教容易造成的形式化等问题。

我们设计的研学营方案将充分利用各种社会力量的支持，依托中建二局、武大政管院家国情怀主题教育基地等企事业单位和广大院友资源作为稳定的后备资源保障，使孩子们的学习超越教材、课堂和学校的限制，向自然、真实的生活和社会领域延伸与扩大，着力弥补当地乡村教育资源严重不足的状况。通过带领孩子们走出乡村，有效唤醒并调动他们的学习热情，在开拓他们眼界的同时帮助他们了解基本国情，树立远大理想，培养家国情怀。此外，研学营可以通过统筹安排、有效推进，建立高校志愿者—乡村长期联系的跟踪与回访机制，这样能够及时发现实施过程中存在的问题并推动问题针对性地解决，防止帮扶活动流于形式化、短期化，保障有关教育措施真正落实。总的来说，研学营重视乡村孩子在乡村振兴中的特殊地位，力图通过助力乡村孩子的成长与发展来介入乡村教育的建设。在此过程中，研学营不只关注乡村孩子的知识培养，更是让这些孩子能够立足自己的乡村来看待问题，关心热爱自己的家乡，甚至有朝一日可以回来建设家乡，实现乡村在真正意义上的振兴。

（二）V－U－S 乡村少年宫计划

V－U－S 乡村少年宫计划与城市青少年宫类似，在以人为本的学生观的指导之下重视乡村孩子的独立性、主体性、个性化，旨在为乡村孩子提供学校里所缺少的素质教育，丰富课余生活，通过一系列的活动型、实践型课程来促进乡村孩子综合素质的全面发展。同时通过大学生志愿者的陪伴来弥补父母缺位给孩子造成的心灵创伤，给予积极的人文关怀。此外在其中又引进乡村（Village）—大学（University）—专业人士（Specialist）三方协同模式多方位整合社会资源，以提高乡村孩子的知识涵养、美学素养、心理素质等为主要目标，将他们的学习需求与时代接轨，并利用村中的活动场所或田野为载体和阵地，力争在乡村中打造一个优质的教育基地。

知识涵养的提升离不开阅读能力的培养。为此，我们借助武大政管院给予该项目的支持，实现闲置书籍资源的共享。同时，组织在校大学生及社会各界爱心人士开展多种形式的阅读志愿帮扶活动，避免使活动成为课堂教学的简单延伸，意在激发乡村孩子的阅读兴趣，自小培养他们坚持阅读的良好习惯，进而帮助他们提高对于持久性学习的重视。在此过程中，大学生及有关人士的陪伴也可以给予乡村孩子心灵慰藉，能够有效填补家庭教育的空白。

在美育与文化传播方面，我们组织掌握音美、民俗文化等相关专长的志愿者来给当地孩子教授声乐、画画等基础美学知识。在此基础上，还可以邀请专业人士和美术团队到村开课，通过指导排练节目、组织歌唱比赛、开展文艺演出、捐赠书籍与乐器等形式丰富课程内容，志愿者也会与他们一同参与到多种实践体验课程当中。如此，不仅可以提升孩子们的艺术素养和动手实践能力，满足他们对于美学的渴望，也在学习和生活上给予孩子们最直接的陪伴。我们力图以这种方式增进乡村孩子对当地民俗特色文化和我国传统文化的了解与认识，提升自身对于家乡的自豪感，进而培养他们发扬和传承文化的习惯与意识。

在心理健康教育方面，我们计划开展心理健康主题的活动课或专题讲座，一方面安排志愿者为乡村孩子普及心理健康科学常识，另一方面邀请专业人士为其提供个别或团体的心理咨询和心理体验活动。不仅要让他们对心理健康问题有一定的认知，使他们一旦出现心理问题时能够有意识地判定，还要教给孩子们心理疏导的有关途径，提升他们疏解和调节心理问题的能力。此外，我们设想的方案中还包括为部分有心理问题的孩子建立心理档案，这样的做法使得在之后开展心理健康教育活动时可以有的放矢，也能够借此帮助家庭更全面地了解孩子的情况，引起家长对于孩子心理和教育问题的关注与重视，力图从各个方面促进乡村孩子人格的健全发展。

七、结语

乡村的发展，关系到国家和民族的未来。十八大以来，精准扶贫、乡村振兴在祖国大地的各个角落深入展开，而大学生作为中华民族中最具活力和理想的群体，较好地适应了乡村的人才需求，日渐成为乡村志愿服务的中坚力量，积极地参与到乡村教育事业的发展之中，为提高贫困地区内生动力、振兴乡村发挥了重要作用。但面向未来，我们仍需思考如何支持和创新大学生的志愿服务，切实推动“以教促兴”的实现。这项工作并非将志愿服务与乡村教育简单结合，而是要有针对性地考虑帮扶对象的特点，注重设计方案中的参与感与情感体验，力争输送乡村教育所缺乏的内容，健全人力资源生产的全链条，帮助构建乡村新面貌。

乡村要发展，教育须先行。而大学生作为社会新生力量，有责任也有能力来推动乡村教育不断深入，增强贫困地区可持续脱贫能力，防止其返贫，从而让乡村真正走向振兴之路。展望未来的乡村，将是一片充满希望的图景!

（指导教师：刘伟；刘嘉祺和杨濡伊同学也对调研和报告写作有贡献）

参考文献

［1］叶敬忠．乡村振兴战略：历史沿循、总体布局与路径省思［J］．华南师范大学学报：哲学社会科学版，2018（2）：64—69．

［2］钟钰．实施乡村振兴战略的科学内涵与实现路径［J］．新疆师范

大学学报：哲学社会科学版，2018（5）：71—76.

[3] 姜长云. 实施乡村振兴战略需要规避的几种倾向 [J]. 农业经济问题，2018（5）：8—13.

[4] 温铁军. 改革开放 40 年“三农”问题的演进与乡村振兴战略的提出 [J]. 理论探讨，2018（5）：5—10.

[5] 周立. 乡村振兴中的产业融合和六次产业发展 [J]. 新疆师范大学学报：哲学社会科学版，2018（3）：16—24.

[6] 贺雪峰. 谁的乡村建设？——乡村振兴战略的根本问题 [J]. 探索与争鸣，2017（12）：71—76.

[7] 杨忍. 中国农村空心化综合测度与分区 [J]. 地理研究，2012（9）：1698—1705.

[8] 贺雪峰. 关于实施乡村振兴战略的几个问题 [J]. 南京农业大学学报，2018（5）：19—26.

[9] 徐勇. 挣脱土地束缚之后的乡村困境及应对——农村人口流动与乡村治理的一项相关性分析 [J]. 华中师范大学学报：人文社会科学版，2000（2）：5—11.

[10] 贺雪峰. 论乡村治理内卷化——以河南省 K 镇调查为例 [J]. 开放时代，2011（2）：86—101.

[11] 孙学立. 农村人力资源供给视角下的乡村振兴问题研究 [J]. 理论月刊，2018（5）：128—132.

[12] 邬志辉. “离农”抑或“为农”——农村教育价值选择的悖论和消解 [J]. 教育发展研究，2008（3）：52—56.

[13] 李玉红. 中国人口空心村与实心村空间分布——来自第三次农业普查行政村抽样的证据 [J]. 中国农村经济，2020（4）：1—21.

[14] 熊春文. “文字上移”：20 世纪 90 年代末以来中国乡村教育的新趋向 [J]. 社会学研究，2009（5）：110—140.

[15] 万明钢，白亮. “规模效益”抑或“公平正义”——农村学校布局中“巨型学校”现象思考 [J]. 教育研究，2010（4）：34—37.

[16] 蔡志良，孔令新. 撤点并校运动背景下乡村教育的困境与出路[J]. 清华大学教育研究，2014 (2): 114—119.

[17] 凡勇昆. 我国农村教育发展方向的困境与出路——基于文化的视角 [J]. 华东师范大学学报：教育科学版，2012 (4): 26—30.

[18] 钱再见，汪家焰. "人才下乡": 新乡贤助力乡村振兴的人才流入机制研究——基于江苏省L市G区的调研分析 [J]. 中国行政管理，2019 (2): 92—96.

[19] 胡鹏辉，高继波. 新乡贤：内涵、作用与偏误规避 [J]. 南京农业大学学报：社会科学版，2017 (1): 20—29.

[20] 蒋永甫. 干部下乡、精准扶贫与农业产业化发展——基于"第一书记产业联盟"的案例分析 [J]. 贵州社会科学，2016 (5): 162—168.

[21] 罗婧，王天夫. 何以肩负使命：志愿行为的持续性研究——以大学生支教项目为例 [J]. 社会学研究，2012 (5): 94—117.

[22] 住房与城乡建设部. 2016年城乡建设统计公报 [J]. 城乡建设，2017 (17): 38—43.

[23] 习近平. 决胜全面建成小康社会，夺取新时代中国特色社会主义伟大胜利——在中国共产党第十九次全国代表大会上的报告 [M]. 北京：人民出版社，2017.

[24] 赵树凯. 纵横城乡——农村流动的观察与研究 [M]. 北京：中国农业出版社，1998.

[25] 熊易寒. 城市化的孩子：农民工子女的身份生产与政治社会化[M]. 上海：上海世纪出版集团，2010.

[26] 卓高生. 大学生志愿精神作用机理及实证研究 [M]. 北京：中国社会科学出版社，2016.

生涯式“校政企”协同育人模式探索
——以武汉大学政治与公共管理学院为例

雷蕾 刘嘉祺

摘要：为了应对大学生就业严峻形势及毕业生就业市场中出现的结构性问题，各大高校加大了对大学生生涯规划与就业指导方面的重视。但当前经济形势与新冠肺炎疫情的双重影响使传统的线下生涯规划与就业指导模式不能完全适应疫情防控常态下的发展需要。本文结合武汉大学政治与公共管理学院在疫情防控中的线上生涯规划与就业指导工作实践，重点梳理并分析生涯式“校政企”协同育人项目的前期基础工作，结合丰富的校友院友资源，分别从线上、线下两种途径对职业导师群体和校企合作单位展开调研。同时，我们将收集和整理其他企业单位、学校的优秀做法，探索“生涯式”校企合作的新形式，并思考疫情防控常态下，如何更好地落实高校线上生涯规划与就业指导工作，以达到“校政企”协同育人的目的，凝聚育人合力。

关键词：“校政企”协同育人，校企合作，生涯规划，就业指导。

一、导论

（一）研究背景

随着我国高等教育普及化，高等教育院校不断进行扩招，大学生数量不断增加，有就业需求的毕业生数量呈现了明显快速的上升趋势。2020 年全国各类高等教育在校生总规模达 3833 万人，2020 届全国普通高校毕业生规模达到 874 万人，毕业生人数的快速增长加剧了大学生就业难的问题。

除了大学毕业生数量对于当前就业形势的影响，目前，就业市场中还存在“就业难”和“用工荒”之间结构性矛盾的问题，表现在学生对理想岗位的理解与企业实际对于劳动力的需求有一定的出入，就业目标定位和就业价值观方面存在一定偏差，而造成这一问题的原因主要是大学课程侧重对学生专业知识的教育，大学教育培养体系多与社会脱节，人才培养目标、专业课程设置和培养体系与目前社会经济发展新态势相脱节，进而加剧了毕业生“一岗难求”和招聘者“一人难寻”的结构性矛盾。此外，当前校企协同育人的运行机制发展尚不健全。虽然有众多高校加大了对大学生就业指导、生涯规划的重视力度，但企业一方的影响力和资源大都没有得到充分调动，用人单位在学生生涯规划和就业指导的多个环节的缺位问题明显，致使校企合作中各参与主体依然各行其是，在资源使用、信息分享、培养目标、效果评估等方面没有形成优势互补，缺乏合力。面对当前严峻的就业形势以及校企协同育人机制存在的短板问题，加大对大学生就业指导、生涯规划方面的研究与投入，重视并利用企业一方在协同育人过程中所具备的资源与影响力，是各大高校及校企合作单位都亟须关注的问题。

近年来，生涯规划教育在全国各类高校中普及，成为高校就业创业指导的重要内容之一。高校的生涯规划教育的主要任务之一是根据学生成长发展的特点，引导和帮助学生树立恰当的择业观和正确的价值观，以更好地应对当前就业形势日趋严峻的现实情况。当前我国高校涉及就业创业的教育内容丰富，涵盖主题多样，线上线下途径双管齐下，教育主题与形式也得到不断创新，在生涯规划等深度教育内容以及精准化、个性化服务手段方面受到多方青睐，足以反映出当前高校对生涯规划相关问题研究的重视。

然而，一场突如其来的新冠肺炎疫情，导致高校的生涯规划与就业指导工作面临前所未有的挑战。2020 年 3 月 5 日，教育部发布了《关于应对新冠肺炎疫情做好 2020 届全国普通高等学校毕业生就业创业工作的通知》，从强化担当、创新方式、拓宽渠道、关心关爱、规范管理五方面，对疫情下做好毕业生的就业创业工作提出了明确的要求与指导意见。其中特别指出，要“提升网上就业服务能力”“优化网上就业服务”“强化线上就业创业指导”。可以看到，受到经济形势和新冠肺炎疫情的双重影响，传统的线下生涯规划与就业指导模式已不能适应疫情防控常态下的发展需要。因此，在疫情防控的常态下如何推进高校线上生涯规划与就业指导工作，为大学生尤其是毕业生群体提供实质性的帮助，是高校教育事业发展的重大课题。

（二）研究目标

1. 模式探索

本项目力图探索建立生涯式“校政企”协同育人合作模式，根据大一到大四不同的年级设计合作重点项目，打通培养体系、拓宽合作领域、丰富合作形式，满足学生从入学到离校全过程不同时期的发展需求，实现学校统筹、各方协同、学生参与的育人模式。

2. 凝聚合力

总结并利用项目前期基础条件，充分汇聚“校政企”合作单位的优势力量，发挥校友群体在全员育人中的作用，汇聚全员育人合力。

3. 品牌项目建设

此次调研的开展扎实推进实践育人建设，力求打造一批学生实习实践、挂职锻炼等特色品牌项目，达到从“引政企入校”到“送教入政企”转变的目的。

4. 实践反哺

此次调研将实践育人的成果与专业教育相结合，力图用实践反哺理论，帮助学生学懂、学通专业知识，贯通理论学习体系，引导大学生更好地了解社会及行业发展近况。

5. 提高人职匹配度

此次调研通过“校政企”三方共同的观察和培养，力求把合适的人提供给合适的岗位，实现人职匹配，构建人岗最佳组合，最大限度地发挥个人工作的潜能，提高组织绩效。

（三）研究思路

基于以上背景以及团队人员自身的特点，此次调研的具体思路如下：

第一，通过查找文献了解与本项目相关的理论基础，并通过专家访谈丰富理论积累。

第二，结合目前武汉大学政治与公共管理学院在疫情中所完成的线上生涯规划与就业指导工作实践，梳理并分析前期项目研究基础，包括设计生涯式“校政企”协同育人项目涉及的具体方面、分析已签约的政府机关与企业单位的资源优势、开展已签约政府机关及企业单位协同育人发展座谈会，以明确学生在生涯发展中的实际需求。

第三，结合丰富的校友、院友资源，分别从线上、线下两种途径对职业导师群体和校企合作单位展开调研，拓宽学院与其他匹配度高的政府机关与企业单位的合作渠道，并适时收集学生的评价反馈，对模式进行调整和修改。

第四，收集并整理其他企业公司和学校的优秀做法以提供经验借鉴。

第五，对调研结果进行分析，为本次生涯式“校政企”协同育人项目培育寻找不足并提出合理化建议。

第六，总结项目实施情况，形成长效合作机制。

（四）研究方法

为了获得研究所需的资料，我们的调研将综合利用文献研究法、个案研究法、访谈法、实地调研法等方法以使研究结果有理可依，有据可查。

1. 文献研究法

本研究将充分查阅图书、电子期刊、网站信息，阅读与三全育人、

“校政企”协同育人有关的政策、书籍、学术期刊、学位论文和新闻材料。并在阅读后进行分析整理，形成对问题的思考与探索路径。

2. 个案研究法

本研究通过对职业导师的线上问卷调研以此来把握生涯式“校政企”协同育人项目建设的基本现状及存在的问题。

3. 访谈法

我们会对校企合作单位（以中建、牧原、烽火为主）进行具有针对性的访谈，获得他们对“校政企”协同育人和生涯式育人的认识、态度、想法等第一手资料，并尽可能保证研究分析的可靠性；对于在校学生，获得他们对于目前生涯规划的基本诉求并发现问题。

4. 实地调研法

实地考察是一种深入调研地实际考察、亲身体会，以便获得第一手资料的研究方法。我们此次调研，将选取依托中建、牧原、烽火等校企合作单位，总结经验做法，形成第一手真实的资料。

二、国内外研究综述

（一）国外研究综述

1. 国外关于校企协同育人模式的研究

通过梳理文献，我们发现发达国家在校企合作教育等领域的实践起步比较早，他们通过实践与理论的不断改进与磨合，在校企协同育人的实际操作层面，已经积累了许多重要经验。与之相对应地，国外对校企合作方面的理论研究和模式建构也比较深入，在校企合作的法律法规建设、学生培养的模式建设以及教学方法与手段的改革等各方面为众多后起参与高等教育研究的国家做了示范。

国外有关校企合作育人模式发展的研究从很早便已开展。20 世纪初，美国辛辛那提大学工程学院的教授赫尔曼在 1906 年首次提出的“合作式教育”，是指将校内教学与校外实践相结合的教育模式，这是最早的校企合作理念的雏形。美国社会学家亨利·埃兹科维茨提出著名的三螺旋模型理论打破了政府、产业、大学的组织边界，阐明了三者之间的互动关系，以及该系统在知识经济时代将发挥的重要作用。自此之后，协同育人、产教融合、应用研究在西方学界形成广泛共识，并积极转向应用实施领域。如今，国外很多发达国家都将校企合作作为人才培养的有效手段，许多国家也已经形成了比较系统、完善的校企联合培养人才模式，如德国的“双元制”、日本的“产学合作”、英国的“大小三明治模式”、新加坡的“教学工厂”模式等。其中，德国的“双元制”是一种将企业与学校紧密结合、理论知识和实践技能紧密结合，以培养高水平专业技术人才为目标的职业教育制度，将校企合作贯穿办学育人全过程；在日本的“产学合作”育人模式中，政府科研机构主要起引导作用，企业负责资金投入和研究开发，大学则承担培养人才和输送人才的任务，通过推动合作正常运转从而达到育人目标，同时实现综合效益最大化。此外，学者 Robert 在相关研究中曾提出七种校企合作模式，七种模式不仅涉及对学生主体各项实践能力的培养，还关注到高校与企业间的关系、高校教师的实训培养以及校企之间的资源共享对于校企协同育人模式发展起到的作用。可以看到，西方国家着力推进校企合作育人模式并将其作为培育创新创业人才的重要途径。

2. 国外关于生涯式职业规划教育现状的研究

在对具体国家生涯式职业规划的研究方面，学者夏玲雅系统分析了日本大学生职业生涯教育的现状，指出目前日本建立了覆盖较为全面且重点突出的职业生涯教育体系。日本大学从 2006 年开始针对在读所有大学生设计了以实习为体验方式，以职业生涯教育科目为普遍方法的两层教育体系。前者主要是通过体验的方式培养学生的职业观和劳动关系，后者则主要通过系统的职业生涯课程，帮助学生从理论的层面了解自己的性格特点，并做出符合自己特征的生涯规划路径。学者王占仁以在职业生涯教育方面具有鲜明特色的英国里丁大学为案例分析，指出里丁大学的职业生涯教育将提高学生“受雇能力”作为核心目标，高度重视市场需求的工作导向，注重通过多种方式促进毕业生广泛体验实际就业市场，在此过程中实现人才培养与市场需求的信息对称。学者刘青青等人通过梳理英国高校职业生涯教育的发展脉络，指出英国高校在职业生涯教育课程的设置上都具有全程性和系统性的特点。一方面，英国高校将职业生涯教育贯穿于学生的整个大学生涯，在大一年级就开设了职业生涯课程，引导学生提早加深对自我特点和职业特点的了解，进而帮助他们探索职业兴趣。另一方面，英国高校开展的职业生涯课程还重视与学生专业课程的融合。

（二）国内研究综述

1. 国内关于校企合作育人模式及实践的研究

有关校企合作人才培养模式的研究，国内不少学者都赞成把校企联合培养人才模式划分为高校主导型、企业主导型和校企共同主导型三种模式。此外，国内也有很多学者根据学段划分来分析人才培养模式。学者陈子辉通过比较国内外的校企合作教育指出，目前我国校企联合培养主要采用的是“3+1”模式（三年校内学习+一年企业学习），还有一些院校根据专业自身特点和需要，采用的是“2+1+1”校企协同培养模式（两年基础+一年专业+一年实践）。在校企协同育人模式的具体实践方面，初旭等学者通过分析南京某大学校企协同培养模式发现，整个教学过程主要采用案例教学、实验教学和情境教学的方式，也时常邀请企业导师和技术人员为学生开展职业基本素养教学，更强调培养学生的实践技能，培养学生的综合素质。学者赵黎明则对华北电力大学产学研协同培养工程人才的实践做法进行了研究，指出华北电力大学依托高校相关专业的特色，与企业联合建设工作站，共同实施“两段式双导师制”，推进校企协同育人工作的进一步开展。

2. 国内关于校企合作育人现状及问题的研究

在国内校企合作育人的现状及问题研究方面，国内许多学者都认为，我国校企合作育人起步较晚且深度较浅，企业参与人才培养的积极性和主动性也比较低。与发达国家相比，还存在着较大的差距。何菊莲等人基于

1538 份校企合作人员调查的实证分析结果，指出当前我国的校企合作育人整体上质量不高的问题，影响其合作质量的因素主要有双方合作目标与意愿、合作运行机制以及长效合作的能力。刘耀东、孟菊香等学者指出目前我国有不少高校在进行校企联合培养专业硕士的过程中，由于合作时间短且经验匮乏，其发展面临“激励机制缺失、创新机制乏力和保障制度不健全”的三重困境。张淑林等学者在对我国 108 家联合培养基地进行实证分析的基础上，对我国校企联合培养工程硕士的现状与困境进行了探讨，指出当前校企协同育人存在政府职能缺位、企业消极参与、高校人才培养改革力度欠佳、校企联合培养的内部治理体系改革滞后等问题。学者喻忠恩认为，到目前为止，我国校企合作仍然处于不稳定的、松散的、浅层次的稚嫩期阶段，校企合作发展受到制约的主要原因是学校与企业之间没有形成稳定的利益平衡机制，高校一方缺乏吸引企业积极参与的有利条件。王焰新学者提出，近年来高校与企业、科研院所联合培养已初具规模。于高校开展课程学习、于企业开展实践实训是目前校企联合培养过程中最常见的方式之一。但这种“各管一段”的方式容易导致育人过程中各主体出现各自为政、合作模式单一、资源难以互补等问题，不能真正实现校企协同育人的初衷。由此不难看出，探索贯穿学生进校至离校全过程的“生涯式”校企协同育人模式，针对学生不同的发展阶段灵活调动校企在人才培养方面的各类资源，发掘校企之间的利益驱动和沟通机制，对于目前高校人才培养而言具有前瞻性的现实意义。

3. 国内关于生涯式职业规划教育现状与问题的研究

在国内有关生涯式职业规划的研究上，陶元等学者指出目前大学生职业生涯教育面临主体责任与舆论信任的双重困境。一方面，这是由于我国职业规划整个行业相比欧美发达国家起步较晚，职业生涯规划与咨询机构不够健全，加上大学生自我主体意识的缺失，使得大学生职业生涯规划教育主体责任不明，实施效果难以得到保障。另一方面，政府和社会对于就业形势和未来职业发展缺乏积极的舆论引导，致使大多数大学生直到毕业依然置身于高校的“象牙塔”中，缺乏对职场和就业需求的真实了解。学者张文等人则从高校角度出发，提出我国当前大多数高校的职业生涯规划教育都存在缺少各阶段连贯的自我测评体系、个性化咨询辅导以及就业心理辅导等问题。高校教学则多集中在职业认知、求职技巧训练以及职业生涯教育理论方面，内容覆盖不够全面，缺乏系统性，不足以支撑学生在此基础上做出契合自身的职业规划。

总的来说，国内外学者在校企协同育人方面在多领域取得了一致性的认识，但是，国外学者对校企协同育人模式和生涯式职业规划的研究明显更为成熟。国内学者在校企合作育人的研究上多以校企合作实际案例作为切入点，已取得了一定的研究成果，而当下仍存在上述提到的许多不足。大学生生涯式的职业规划教育在我国也尚处于初步发展阶段，实施的途径和效果还有待于进一步完善和提高。通过对于文献的进一步比较，笔者还发现，国内关于校企协同育人的研究大多集中在硕士教育和职业教育层面，但对本科层次的学生研究相对欠缺，本项目也将在主体角度上力图弥补其研究视角。在生涯式职业规划方面，通过了解国外高校职业生涯教育的发展脉络、特点，以及对这一方面国内高校尚存问题的反思可以得出，未来提升高校生涯规划教育的系统性和生涯规划指导的有效性与长效性是当前大多数高校生涯规划教育的发展目标，这也与本项目的实践初衷是相一致的。

三、研究基础

（一）理论基础

我们的调研具有一定的理论基础与实践经验，团队负责人长期从事学生工作并长期参与学生发展咨询工作，对于“校政企”协同育人项目建设做了大量的前期基础工作。调研组其他成员也长期在一线从事与“校政企”协同育人项目有关的教育教学活动，例如，开展政府企业青年讲师团理论宣讲、组织政府和企业实地参观，做到“知己知彼”；开展与专业相关的“校政企”科研项目，组织校友职业规划与经验分享，切实提升能力水平；推荐学生去到政府机关以及合作的企业岗位实习，重视实践锻炼；在毕业季关注学生实习留任和升学意向，落实发展选择等。该项目将集结职业生涯规划的要素与“校政企”协同育人的重要作用，力求使学生通过深入了解自身情况更好地建立自身竞争优势，通过熟悉相关岗位需求进而更好地熟悉企业环境。此外，我们还将通过专项的技能训练和指导，帮助学生熟悉企业运作，快速适应岗位，满足工作需求，提升执行力和一系列工作能力。目前，项目队伍建设和工作标准也在形成和完善中，与各企业单位的合作也在积极推进中。因此，该项目有着一定的前期经验积累和工作基础。

调研组成员希望能够动员各方力量，开展协同合作，注重前期调查和后期反馈，保证该项目的完成质量。所以，本项目的实施还有赖于校企合作单位的大力支持、武汉大学政治与公共管理学院的支持和各学院一线辅导员的协助，等等。

（二）实践基础

此次调研有较为充分的前期实践基础，包括武汉大学政治与公共管理学院近年来关注“校政企”合作基地建设，力图构建全程化、系统化、个性化的大学生就业指导咨询体系，成立“一年级计划”新生生涯规划教育工作室，不断探索实践育人合作的新模式、共享学校政府企业三方资源、合作实施科研项目，实现从“理论指导实践”到“实践反哺理论”、从“引政企入校”到“送教入政企”的人才培养目标。

1. “校政企”合作基地建设

目前与政治与公共管理学院建立合作关系的基地共有 9 家，其中 5 家为政府机关、4 家为企业单位。各单位的合作情况差距较大，匹配度参差不齐。

（1）武昌区团委。2009 年 6 月，武昌区团委基地正式挂牌建立。自此，政治与公共管理学院团委每年与武昌区团委联系，在每年暑假（疫情期间除外），为我院在读大一、大二、大三的学生提供实习岗位，实习单位为武昌区政府各个职能部门或武昌区政府下辖的各个街道社区。武昌区政府实习经历便于学生提早熟悉政府机关实际的工作环境，为我院学生将专业知识付诸实践提供了帮助。

（2）武昌区委统战部统战培训基地。2013 年 5 月，政治与公共管理学院和武昌区委统战部共建统战干部培训基地，不定期与基地进行培训合作。例如，在 2020 年 11 月学院依托 95037 部队，为本院入党积极分子举办实践教育活动，在提升学生专业技能、开拓专业视野的同时，进一步拓展了双方在人才培养、社会实践等实际工作方面的合作。

（3）荆州市荆州区校地共建政产学研实践基地。2013 年 6 月，我院与荆州市荆州区人民政府签订了“校地共建政产学研实践基地”合作协议，引导大学生自觉走与实践相结合的成长之路。但近些年来与该基地的合作较少，成效尚不显著。

（4）黄冈实习基地。2014 年 4 月，政治与公共管理学院与黄冈市政府建立实习实训基地，实施人才引领战略，为黄冈市政府提供高素质的优秀人才做储备。在实习基地建成后，黄冈市政府每年都会为本院学生提供一定的实习名额（疫情期间除外），使我院学生有了更多在实践中得到锻炼的机会。

（5）江岸区区委。2014 年 6 月，江岸区区委基地建立，政治与公共管理学院每年（疫情期间除外）选拔优秀学生到江岸区进行长期或短期的岗位实习，江岸区团委统一收集区委、区政府相关职能部门和街道办事处的实习岗位需求，协调安排学生到岗实习。结合课题或毕业论文进行的调研、实习、实验等，以在社会实践中“受教育、长才干、做贡献”为宗旨，提高学生培养质量。

（6）烽火通信科技股份有限公司大学生实习就业基地。2015 年 11 月，武汉大学政治与公共管理学院与烽火通信科技股份有限公司共建大学生实习就业基地。烽火通信股份有限公司建立于 1999 年，目前是国内唯一集光通信领域三大战略技术于一体的科研与产业实体，先后被国家批准为“国家光纤通信技术工程研究中心”“亚太电信联盟培训中心”“MII 光通信质量检测中心”“国家高技术研究发展计划成果产业化基地”等，在推动我国信息技术的研究、产业发展与维护国家安全方面具有独特的战略地位。通过基地提供的“实习—留任”的渠道，目前学院已有多名毕业生在烽火通信各岗位工作，充分发挥其桥梁及吸纳凝聚人才的平台作用。

（7）弘金地就业实践基地。深圳市弘金地体育产业有限公司成立于2010年，作为中国网球推广第一品牌，是金地集团旗下全资子公司。2018年11月，政治与公共管理学院与弘金地体育产业有限公司建立就业实践基地，我院根据弘金地体育产业有限公司提出的岗位要求，结合专业培养方案，积极动员学生报名，并在其中遴选相应年级、专业的学生到弘金地体育产业有限公司进行培训或毕业实习。但目前实际合作情况与预期有所差距，匹配度有待提升。

（8）中国建筑第二工程局有限公司合作共建实习实训基地。中国建筑第二工程局有限公司组建于1952年，总部设在北京，注册资本50亿元，是世界500强企业——中国建筑股份有限公司的全资子公司。2019年6月，实习实训基地正式建立。自建立以来，除常规的提供实习岗位外，政治与公共管理学院与之开展了各类深入的合作，如2019年暑期举办的高校教师体验营等活动。

（9）雅居乐集团未来π人才发展项目。2019年7月，雅居乐集团未来π人才发展项目正式建立。目前，高校院系建设正处在双一流建设的关键期，此次雅居乐集团捐赠总额30万元，与我院在学术育人、实践育人和就业指导等方面展开的合作，旨在为学生发展提供无限可能、为社会培养更多人才，也为雅居乐培养更多优秀的年轻干部，是学院在落实学校党代会精神、整合社会资源、开放办学体系、助力人才培养等方面所迈出的实质性一步。目前已开展“蓝色关爱，成长心灵”蓝星人体验、雅居乐·温馨行动季政管院师生羽毛球比赛、“雅居乐”研究生跳绳挑战赛等多项活动，双方将在人才培养、社会实践、就业指导等方面加强合作，探索人才培养新模式，促进学生全面发展。

2. 目前已进行的“校政企”合作项目分类一览（表1－3）

表1－3　“校政企”合作项目分类一览表

合作的具体类型	单位名称	是否签约
集中实习	武昌区政府 黄冈市政府 荆州市荆州区政府 江岸区区委	是
推荐实习	烽火通信 中建二局 弘金地	是
	中建八局 牧原集团	否
项目培训	武昌区委统战部 中建二局	是
科研项目	怒江市政府 凯里市政府	否
人才发展项目	雅居乐集团	是
职业规划与就业指导	中建二局 烽火通信	是
	中建八局	否
青年讲师团理论宣讲	中建二局	是
	中建八局	否
志愿服务	中建二局	是
	湖北省军区 洪山区政府	否

3. 政治与公共管理学院大学生就业指导咨询体系

目前，就业指导与咨询服务体系主要以网站形式呈现，学生以学号及密码作为登录认证，形式上作为“信息门户”的一个子板块。该体系运用相关知识、技术、经验、信息，为学生提供切实可行的发展策划、具体建议，为学生起到顾问、参谋、培训、建议、分析、促进等作用，简单来说，就是为学生发展排忧解难、出谋划策、搭台架梯和引领导航。

就业指导与咨询服务体系线上部分主要包括“层级模块选择”“自助检索”“在线咨询”三大板块。

“层级模块选择”以生涯教育和就业指导两条主线展开：

（1）生涯规划与教育部分。目前的生涯教育以年级分类，没有固定的专业和去向划分，侧重全程化指导，分阶段各有重点，同时注重学生价值观、就业观、择业观的培养。此部分信息主要由学生就业指导与服务中心支持提供。具体来说：

大一模块中的“大学生涯规划”“性格测试”“职业测试”均可依托目前就业信息网已有的职业测评模块。

大二模块中的“能力培养”依托“武汉大学职业发展协会”及就业创业社团。其中，武汉大学职业发展协会面向学生开展“职业大讲堂”“职场达人挑战赛”“模拟面试”等多种品牌活动，旨在与各大企业间搭建沟通与实践平台，对接社会优势资源来为在校生提供全真的职场体验，提早让学生收获高质量的职业能力培训与历练。就业创业类的学生社团是在湖北省教育厅、武汉市人力资源和社会保障局的大力支持下，充分汇集湖北省优秀创业团队开展“校友创业投资论坛”为学生开展创新创业项目提供指导和融资平台，同时通过开展“创业沙龙”和“创聚华夏”创业调研走访活动了解不同区域大学生就业指导需求，召集校内有就业合作意向和人才招募意向的就业团队进行定期的沟通交流，帮助他们了解真实社会对于学生能力的不同需求，进而提早明晰职业规划理想。此外，在大二模块中的“在线公开课”还可充分依托“武汉大学职业发展教育平台”，能够实时记录在校生的生涯规划以及参与就业指导课程的相关信息。

大三模块中的用人需求板块可依托“职业展望”活动。“职业展望”活动旨在引导学生建立职业发展意识，了解与职业相关的社会需求的基本特点与规律，进而确立适合自己的职业发展目标。该课程全部聘请用人单位的高层管理者来校授课，从而更好地帮助学生及时了解大学生的就业形势以及当前就业市场的变化，企业高管分享的职场经验以及相关知识能够帮助大学生更深入系统地了解相关职业的现实情况，根据自身的职业规划更科学地制订当下学习规划，提升学生综合素质。

（2）就业指导部分。就业指导以学部学院分类，融合专业特点，具体至各类型毕业去向、各专业近三年去向分析及典型经验介绍，为学生提供精准化的就业指导服务，各板块各子模块交叉查询不受限，以满足学生跨专业跨学科的去向查询需要，此部分信息主要由各院系支持提供。

各专业近三年去向分析及典型经验介绍模块在不涉密的前提下，给学生提供真实、有价值的参考。以政管院为例，政治与公共管理学院系统整理历年学生考研、就业、升学的基本情况，同时注重收集优秀学生的考研经验，为后届学生提供经验借鉴和有针对性的规划指引。（图 1－1）

2011级政治学与行政学专业学生毕业去向

总人数：36人

毕业生去向	人数
升学读研	10
出国（境）留学	2
企业	8
政府机构	12
事业单位	1
继续考研	2
西部计划	1

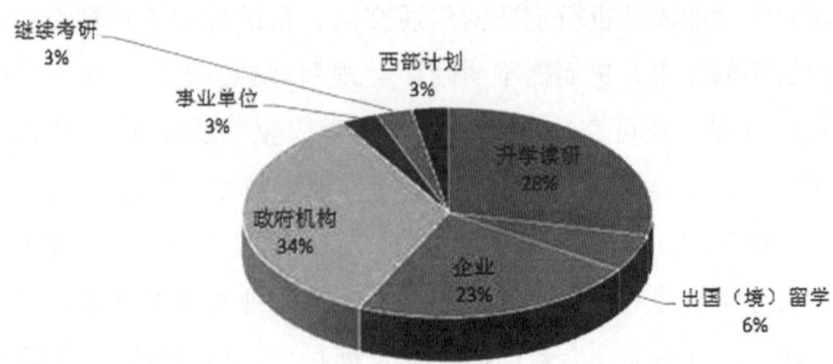

图 1－1　以 2011 级政治学与行政学专业学生毕业去向分布情况为例

在就业板块，学校还格外重视学生国际组织实习和任职的信息提供和服务平台建设，以更好地贯彻落实中央组织部“高校毕业生到国际组织实习任职推送工作动员会”会议精神，扎实推进培养推送高校毕业生到国际组织实习任职工作，加强对学生的指导服务。

“自助检索”与“在线咨询”两大板块则主要是为了满足学生们个性化的需求：“自助检索”可依据学生提供的关键词，按相关度等要求匹配出具体信息，供学生筛选查阅；若就业指导与咨询服务体系的信息库不能满足学生们的需求，或学生们存在各种疑问，都可使用“在线咨询”功能，问题将推送给师资团队，由专业指导老师在线解答。（图 1－2）

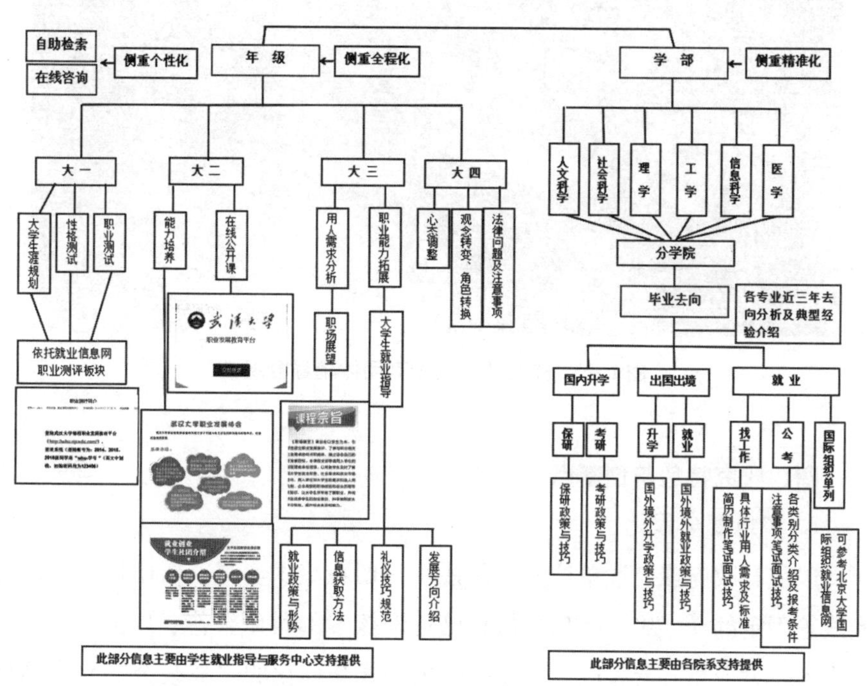

图 1－2　就业指导与咨询服务体系框架图

4. “一年级计划”新生生涯规划教育工作室

面对新生群体，目前政治与公共管理学院已建立“一年级计划”新生生涯规划教育工作室，在新生中有针对性地开展一系列线上线下结合的生涯教育活动。主要分为以下四方面：一是开设职前教育系统，引入职业测评体系，为学生建立全程化职业生涯规划档案；二是分类分级规划档案，开展个性化生涯规划团体辅导（图1－3）；三是依托学科专业特点，构建精准化就业指导服务体系，涵盖保研、就业、考研、出国、选调生、公务员等多类就业指导路径；四是利用线上模块，开展多次牛人经验分享活动，满足学生的多元化咨询需求。

图1－3　个性化生涯规划团体辅导会现况

四、研究特色与创新点

1. 多角度全程化

以往与政府或企业单位的合作往往停留在集中实习、岗位推荐、社会实践等固定的模式中，本项目依托已逐渐探索的科研合作、理论宣讲、志愿服务、就业指导等模式，建立一套生涯式全程化的“校政企”合作项目模式，重视对学生从入学到离校整个过程的引导，同时根据政府及企业各自的特点，发挥其优势，达到三方效用最大化的建设目标。

2. 汇聚育人合力

此项目可充分发挥政府企业等合作单位的实践育人优势，汇聚优秀院友的育人合力，代代相传，真正达到全员育人的目标。

3. 满足发展需求

与传统的或特定项目的校企合作模式不同，基于生涯规划的“校政企”协同育人模式是把对学生的能力培养摆在了更加突出的位置，关注的是学生成长的全过程。不仅关注学生能否入职，而且关注学生未来长期的职业发展道路。从人才培养的角度，更加满足学生的发展需求。

4. 切合专业要求

与以往的“校企”合作模式不同，根据政治与公共管理学院的专业特色和就业特点，本项目的聚焦点为“校政企”三方，借助已有的政府机关基地和正在沟通合作的新单位，充分发挥政府机关在学院人才培养中的重要作用，将专业知识融入脱贫攻坚、乡村振兴、社区治理等具体实践中，真正达到实践育人的目的。

五、研究进展与内容展示

（一）线上生涯规划与就业指导的具体实践

在疫情期间，武汉大学政治与公共管理学院充分利用学生就业指导咨询体系中已有的线上模块，发挥已有的线上生涯规划与就业指导优势，为学生们提供丰富的资源与咨询服务。“去向分析”模块可供学生们查找近三年不同专业毕业生们的毕业去向；“牛人经验”模块收集了保研、考研、出国、公务员选调生、企业工作、创业等不同领域的优秀毕业生经验分享；“职业测评与性格测试”模块依托学生就业指导与服务中心已购买的“AI 职业能力测评”资源，为学生们提供 200 余项满足关键岗位所需核心技能的测评信息；“信息推送”模块时效性较强，选取与学院学生相关的政策更新、招聘信息进行日常推送；“在线咨询”模块则依托学院辅导员团队，为生涯规划不清晰或去向选择有疑惑的学生，提供线上一对一的咨询指导。

在发挥已成熟的线上生涯规划与就业指导各模块优势的基础上，政治与公共管理学院探索实施了多种互动式的线上生涯规划与就业指导新形式。疫情期间，利用腾讯会议 APP，学院先后两批邀请七位各领域的优秀院友，为在校生分享学习方法、就业准备、岗位素质等经验。会议累计时长 5 小时 20 分，累计参会人数 347 人。利用虎牙 APP，将传统的线下年级大会式生涯规划与就业指导转换为辅导员线上主题直播。同时邀请校企合作单位远程连麦，为学生们解读各岗位招聘面试技巧，解答“什么样的学生能得到资深 HR 的青睐”。三场直播累计时长 7 小时 30 分，累计流量 42.4 万人次。（图 1－4）

图 1－4　2014 届优秀本科毕业生受邀开展线上分享现况

此外，在疫情期间，学院还邀请中建二局资深 HR 为全校同学召开线上就业指导讲座的直播，就同学们所关心的面试技巧、职业路径选择、中建二局招聘安排等方面给同学们分享经验。在 2021 年寒假期间，武汉大学政治与公共管理学院和“菁锐生涯”辅导员网络工作室合作，特别邀请中建八局西北公司人力资源部招聘经理冯权在虎牙直播面向全体本科生开展线上讲座，在职业规划、平台选择、简历制作、面试技巧等方面进行经验分享，并针对学生线上提出的个性化问题予以详细解答。此外，学院考虑到寒假期间学生时间安排的多样化，特为全院同学提供全程直播录屏且允许无限次回放，因个人事务未能参与直播分享的学生也能够通过收看回放从中受益。

（二）依托职业导师的线上调研

1. 制定《武汉大学政治与公共管理学院本科生职业导师实施办法》

为进一步落实立德树人根本任务，构建全员全过程全方位育人工作格局，充分发挥院友及合作单位的优质资源，提升学生的职业技能和生涯规划水平，根据《教育部等八部门关于加快构建高校思想政治工作体系的意见》《关于进一步加强普通高等学校毕业生就业创业工作的意见》等文件精神，结合学院实际，制定了《武汉大学政治与公共管理学院本科生职业导师实施办法》，该办法自 2020 年 11 月 30 日起实施。

本科生职业导师是生涯式“校政企”协同育人过程的重要组成部分，是学校学生工作队伍的重要补充，担任学生生涯规划、就业创业、成长发展的指导者和参与者角色。

每一位导师指导 3 ~5 名本科生，其工作职责主要是结合自身求学和生活经历，有针对性地帮助学生处理好思想认识、价值取向、职业规划、实习实践等方面的具体问题。职业导师需要为被指导学生建立工作档案，掌握学生基本情况，按“量身定制”的原则给予学生不同的指导，帮助学生建立系统的职业生涯规划。在此基础上，每月需与被指导学生进行一次线上视频交流或小组会议研讨，根据学生特点及发展愿望，帮助学生解决生涯发展困惑，确立未来方向。此外，职业导师需要在学生创新创业活动或社会实践活动方面给予帮助与指导，充分利用职业导师所在单位的有效资源，如实习岗位、实践学习机会等，来帮助学生更好地提升综合素质。

本科生职业导师的遴选工作实行全覆盖，遴选对象主要包括各领域优秀院友，中建二局、中建八局、烽火科技、牧原集团等校企合作单位的优秀党政干部。此外，对职业导师实行聘任制，该项目采取个人申请、组织审核、择优聘任等方式聘任本科生职业导师，聘期在初始阶段不少于一年。

本科生职业导师的管理工作在学院党委统一领导下开展。建立学生工作办公室、教学管理与学科建设办公室、团委协同工作机制，学生工作办公室具体指导、检查和督促实施本科生职业导师工作，同时负责受理学生投诉，协调解决学生与职业导师之间产生的相关问题。

2. 开发职业导师工作小程序

武汉大学政治与公共管理学院本科生职业导师小程序（图 1 -5），于 2021 年 1 月正式开始测试。小程序的板块设置中包含导师的基本信息和工作职责，同时清楚地记录了每一位导师的指导记录以及为学生制订的个性化的生涯规划，也可实时记录职业导师们的工作成果。此款小程序中导师与学生的信息相对透明，在完成导师学生双选匹配后，职业导师可以通过小程序更快地了解并掌握所带学生的基本情况，小程序是职业导师线上工作的良好载体，同时也可以让“校政企”三方适时掌握各位导师的工作情况，以便后续工作的调整与部署。

图 1 -5　本科生职业导师小程序

3. 针对学院首批受聘的职业导师的问卷调研与结果分析

（1）基本信息。本次调查共回收 99 份有效问卷，调研对象为武汉大学政治与公共管理学院首批聘请的 100 位本科生职业导师。样本群体中男性占比 54.55%，女性占比 45.45%；年龄介于 21～34 岁之间；其中年龄在 20～30 岁的受访者占比近七成，样本群体最后学历的毕业院校涵盖北京大学、中国人民大学、武汉大学、哥伦比亚大学等多所国内外重点高校，其中有 57 位来自武汉大学，这 57 位中有 52 位都是武汉大学政治与公共管理学院毕业生。样本群体最高学历的专业有近八成与政治学、公共管理类专业相关。

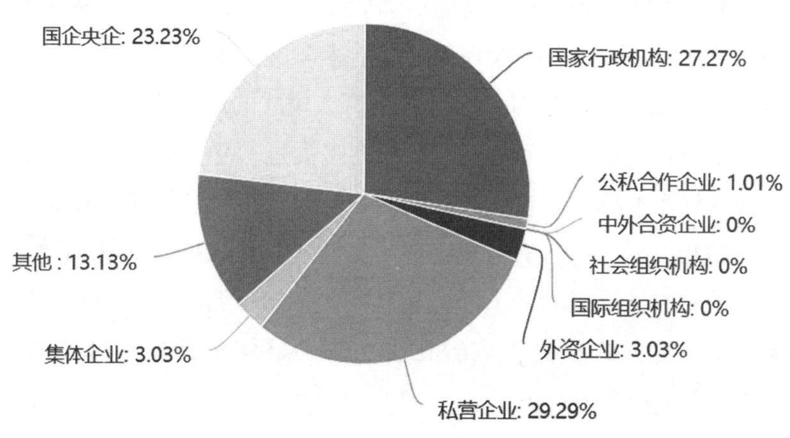

图 1－6　样本工作单位性质比例分布

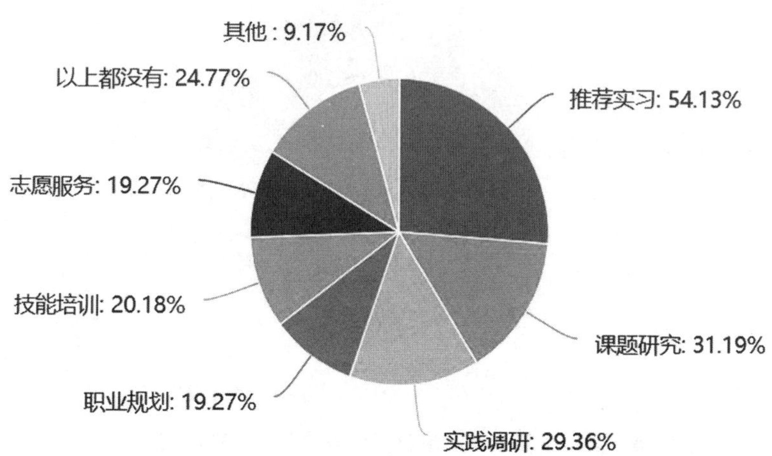

图 1－7　样本所在单位曾与高校开展过的合作形式比例分布

由图1－6、图1－7可知，样本群体的企业类型主要是私营企业、国家行政机构和国企央企，还有约13%受访者就业的企业不属于上述提及的企业类型，亦有少部分样本群体工作于集体企业和私营企业。其中，有超六成的受访者肯定了所在企业曾与高校开展过合作，具体合作形式中，有五成的企业通过推荐实习岗位与高校达成合作，此外，有近三成的企业选择通过与高校进行课题研究和实践调研完成合作。仅有不到两成的企业通过为学生制订职业规划、提供技能培训以及为学生提供志愿服务来与高校达成合作，还有近三成的企业尚未有过上述合作的经历。

（2）总体认知。通过对"生涯式"育人模式的认知情况的调查，我们发现，样本群体在高校期间有近八成没有接受过"生涯式"培养模式，还有超一成的样本群体对学校所开展的培养模式没有清晰认知，接受过"生涯式"培养模式的群体仅有一成。就"生涯式"育人的含义认知而言，有超过三成的样本群体表示并不了解其具体含义，有五成的群体对其有简单的了解，对"生涯式"育人内容比较了解的群体不到样本群体的两成。（图1－8、图1－9）

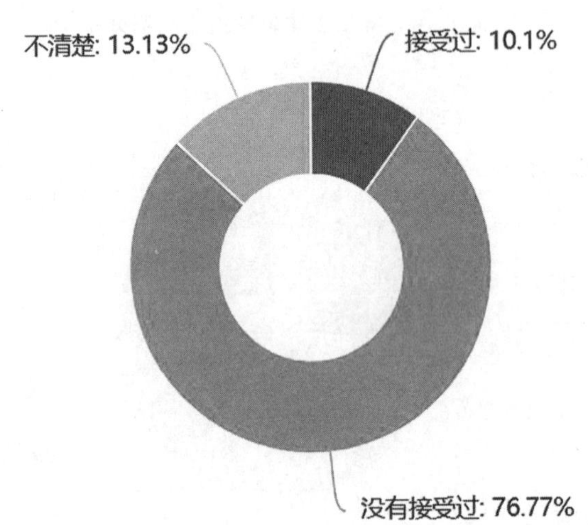

图1－8　样本于高校期间接受"生涯式"培养状况的比例分布

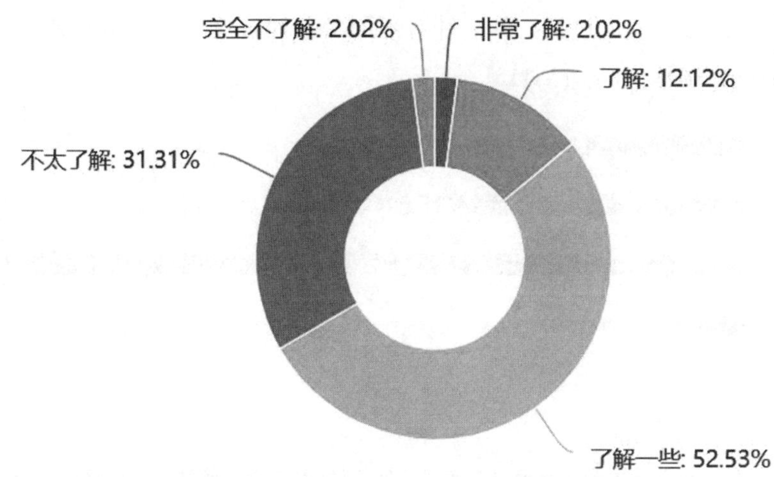

图 1－9 样本群体对“生涯式”育人模式认知情况的比例分布

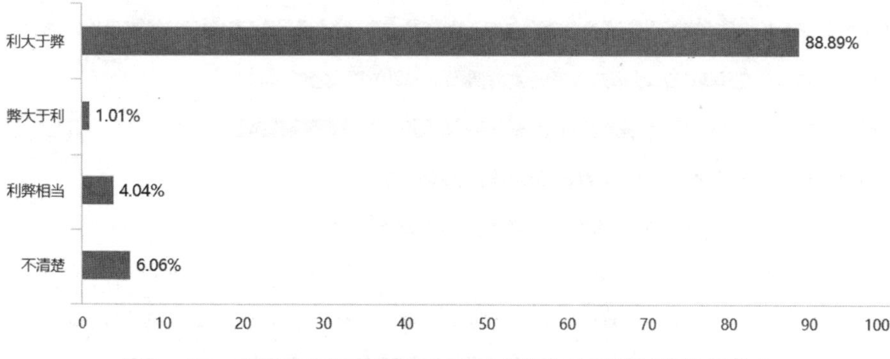

图 1－10 “校政企”协同育人对用人单位的利弊评估比例分布

关于该项目对用人单位的利弊评估上，绝大多数样本群体都认为开展“校政企”协同育人项目对企业而言是利大于弊的。（图 1－10）但目前受访企业中仍有近三成尚未有过合作经历，且存在合作形式相对单一的问题，由此可以看出，“生涯式”育人的具体内容以及目前校企合作协同育人的形式亟待进一步研究和拓展。

就本科生接受“校政企”协同育人的合适年龄的调查中，我们发现超半数的受访者认为学生从大三开始就应了解“校政企”协同育人项目具体情况并参与其中，还有近四成的受访者认为应从大一、大二开始就为学生普及。从中我们可以看到目前“校政企”协同育人项目的发展倾向于涵盖

从入学到离校的整个过程，并应针对不同年龄时段学生的不同需求进行具体的细化和调整。（图 1－11）

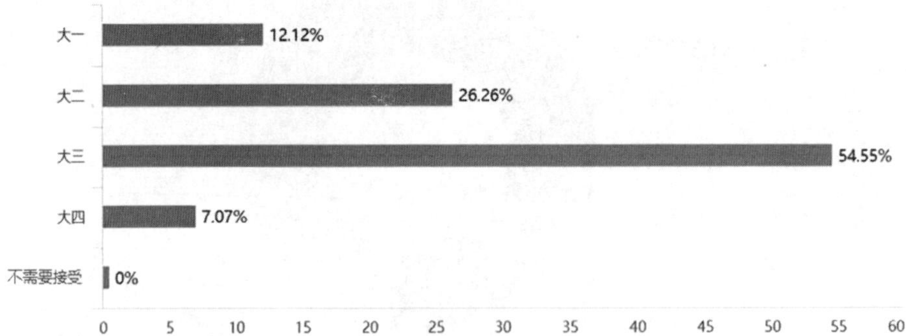

图 1－11　样本就本科生接受“校政企”协同育人合适年龄的认知情况比例分布

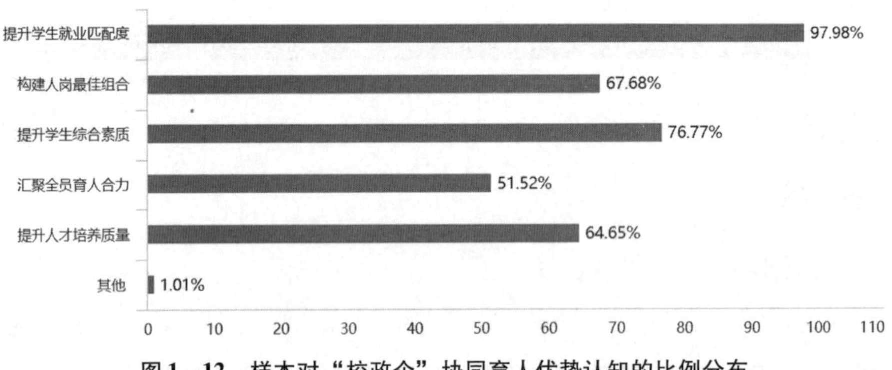

图 1－12　样本对“校政企”协同育人优势认知的比例分布

就该项目的优势方面，绝大多数的样本群体都肯定了“生涯式”育人模式以及“校政企”协同育人项目对于学生个人的帮助。在就业方面，有助于提升学生的就业匹配度。超过七成的群体认为其有利于学生综合素质的提升，有超半数人认为可以提升人才培养质量。（图 1－12）

此外，从职业导师的角度而言，有近七成的样本群体认为职业导师自身专业情况与学生的需求的匹配可以帮助学生形成人岗的最佳组合，有过半数的样本群体肯定了此项目是汇聚全员育人合力的有效途径。

（3）参与与实践。在调查样本群体对职业导师工作开展有效度的问题上，绝大部分的样本群体都认可武大政管开展的职业导师工作对在校本科生有所帮助，更有超过三成的样本群体认为对学生非常有帮助，由此也可以看出职业导师一方对于该项目推进的信心。在问到担任职业导师能为所带学生提供的帮助类型的问题上，超过七成的样本群体都认为该模式和项目的开展能够增加学生的社会经验积累以及了解更多职场知识，超过六成肯定其能够提升学生的求职技巧和丰富生涯规划的经历。此外，根据样本群体的年龄以及阅历的不同，有样本提出由于资历尚浅，尚未参加工作，目前仅能够提供的帮助偏向于实习方面；还有人提出可以为学生提供职场沟通方式、升学考试及出国申请等方面的经验分享。由此可以看出，职业导师自身经历的多样化有满足不同年龄段学生的个性化需求的优势，“生涯式”育人模式则为其搭建了良好的平台。（图 1－13、图 1－14）

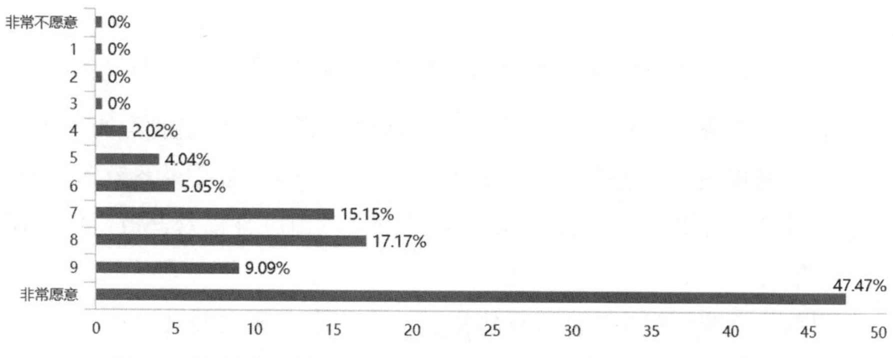

图 1－13　样本受邀担任武大政管在校生职业导师意愿的比例分布

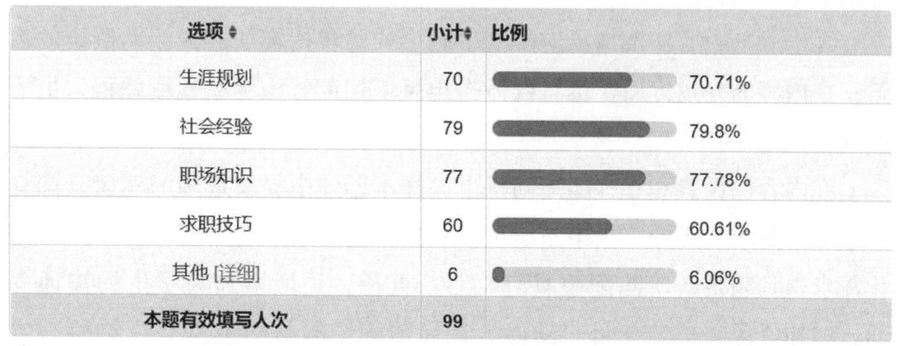

选项	小计	比例
生涯规划	70	70.71%
社会经验	79	79.8%
职场知识	77	77.78%
求职技巧	60	60.61%
其他 [详细]	6	6.06%
本题有效填写人次	99	

图 1－14　样本认为能为所带学生提供的帮助类型的比例分布

针对武大政管刚上线试用的“学生职业导师系统”，通过调查样本群体的使用感受，我们发现，该系统在试用初期效果初显，近八成的样本对该系统试用情况给出正面评价，但我们仍然需要关注样本群体在职业导师系统改进方面的反馈。（图 1－15）

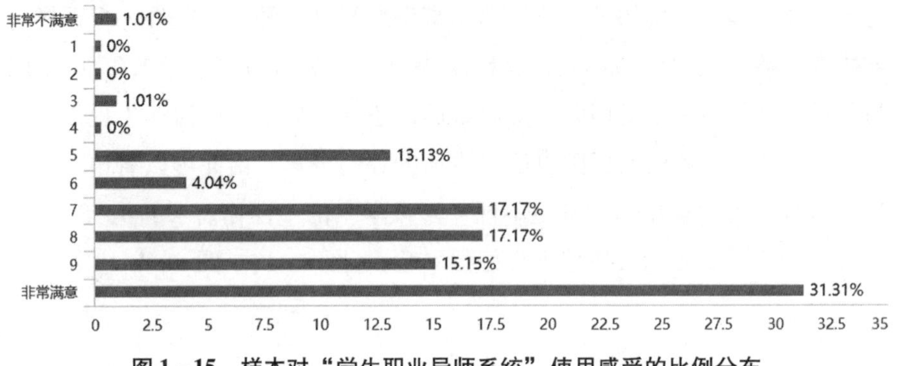

图 1－15　样本对“学生职业导师系统”使用感受的比例分布

首先是系统在操作方面有待完善。有样本指出移动端的沟通不太方便，进入端口烦琐、系统不够智能化以及国外号码无法登录系统等问题，提出系统应添加 PC 端的页面；增加页面交互的流畅性以及开放系统在国外使用权限。

其次是系统功能的丰富。具体来说，在信息方面主要是更新和保护。有样本指出系统信息的更新与实时同步功能有待改善，还要重视对学生和导师信息的保护。

在形式上，有样本指出应丰富带教形式，包括增加实践活动调研的数量；在内容的划定方面，也有群体提出可增加部分固定话题或课程，供导师和学生选择。

在内容的设置和导师匹配问题上，样本群体中提及最多的建议是围绕学生个性需求展开的，提出系统可以根据不同需求打造平台，使学生个性化需求得到满足，使匹配更具针对性。此外，还应增加与学生的沟通界面，增加资源共享、查阅的功能，让导师的经验材料可以共享给所有学生。而对于学生自身来说，需要解决学生对“生涯式”协同育人参与积极性不高的问题，因此需要增加校方或导师与学生的沟通，同时也可借此增加导师自身的存在感。

再次，样本还对职业导师制度的完善提出了建议，指出还需进一步完善《职业导师实施办法》，完善职业导师制度内容，提高导师与学生匹配的精准度。此外，在与职业导师所在工作单位的接洽方面也应当给予重视，增进与所在单位的沟通，征求合作和发展相关意见。

由于目前系统仍处于试用阶段，因此仍有不少样本群体提出，尚未深入了解系统具体使用方法，后续根据具体使用情况再提出需要改进之处。

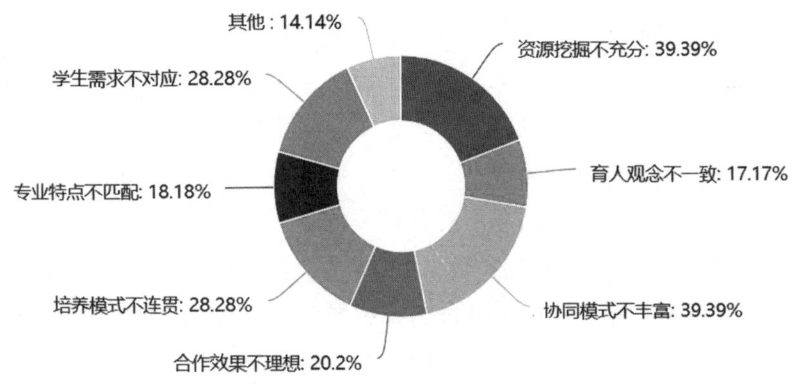

图 1-16　样本认为“校政企”协同育人短板类型的比例分布

通过调查，我们将首批职业导师对开展“生涯式”校政企协同育人项目的意见建议从多主体角度进行详细阐述。就辅导员老师和学院一方而言，有导师样本指出辅导老师需要付出时间和精力，加大激励措施的投入。同时，还应广泛细致地收集学生需求与学生生涯规划的盲点和痛点，关注政管文科类专业的学生在企事业单位所需的“硬”技能的培养。学院要提供有效的引导，关注学生综合性能力的培养与提升，要让学生有对自我的正确认识，对可能涉足行业的深入了解，对未来规划的明确目标，这对学院和辅导员针对该项目的投入与关注度无疑提出了更高的要求。

就校方的改进方向而言，有少数导师样本建议校方提供专家学者加强对学院和学生的指导工作。

就企业方的参与而言，提出所在单位和企业应当重视校企之间的合作，组织联合培养。例如，为在校生举办撰写简历，以及劳动法相关的培训，将企业内的职位及对应职责以及需具备的能力向学生讲解，提前培训学生需要的技能等。同时，加强对企业实地考察和观摩，帮助学生充分了解企业，树立正确的职业规划。校企之间还应明确各自的任务和角色，找对项目开展的实际决策人，为学生提供切实资源。

就政府一方而言，从目前来看，“校政企”还需要企业侧给予很多的资源，因此还需要政府侧给予很多的政策牵引。

而在职业导师方面，不少样本提出应着重加强导师之间的沟通交流，考虑到各企业的职业导师从业经验等方面的不同，在指导学生方面可能存在较大差异。因此，应当在既往导师的经验总结和沉淀基础上，组织每一届职业导师集中沟通并明确要求，尽量缩小辅导差异。

在导师与学生的互动角度上，有近半数样本都提出要多提供导师与学生交流互动的机会，避免信息不对称带来的负面影响；此外，导师与学生的匹配要考虑到学生的不同需求，尽量满足学生个性化要求，更多地结合学生特长，发掘学生个人意向和能力，引导学生充分认识自己，认识社会环境，解决学生的个性化问题。就学生个人基础层面，指出需夯实从大一到大三阶段对于理论知识的学习，为生涯式培养奠定更坚实的理论基础。

在宣传方面，有样本群体关注到应加强生涯式校政企协同宣传培训，实现长期宣传，通过适时总结、适时推广来形成长效机制。

在系统的严谨性和发展性方面，有样本提出其过程应规避形式主义，追求实用性，并在开展过程中结合学生以及职业导师的体验与需求变化不断优化系统。

此外，还有样本关注到职业导师的资格问题，指出导师个人经历直接影响其观念，并且大部分导师自我修炼尚不足，可能对学生产生负面影响。因此提出，应当对导师的筛选过程严格把关：重视职业导师的专业对口匹配。尤其在初筛匹配时，需更加严谨。

（三）依托校企合作单位的线下指导活动

2020 年 9 月，武汉大学政治与公共管理学院邀请中建二局两山援建宣讲员为新生们举办“青年讲师团 X”特邀宣讲活动（图1－17），向在校学生分享中建二局在党中央集中领导下开展两山建设的经验，进行理论宣讲，展现制度优势。同年10月，政治与公共管理学院与武汉95037部队合作开展了第66期入党积极分子培训班实践教育，带领学生参观部队荣誉室和导弹发射基地以加深他们对部队历史与官兵日常训练的了解。全体学生还在部队同志的指导下参与了义务劳动的教育实践。多重实践形式的线下指导活动让学生了解到部队的日常生活和基本运行情况，通过实地的观察和实践增强了全体同学的家国情怀。此外，在2020年12月，中建二局湖北分公司与武汉大学政治与公共管理学院开展党建共建活动（图1－18），中建二局方介绍了中建二局湖北分公司的建立历史和发展概况以及中建二局驰援“两山”医院建设的事迹，同时回顾了与武汉大学政治与公共管理学院的合作历程。政治与公共管理学院的刘伟教授为中国建筑第二工程局有限公司湖北分公司的党员代表们讲授党课。共建活动通过上述多种形式激发双方党委、支部和党员的活力，也为党建经验交流搭建了平台，创新了校企合作的新形式，推动政企合作再上新台阶。

图1－17　“青年讲师团 X”特邀宣讲

图 1－18　中建二局与政管院党建共建活动

六、项目总结

本项目结合武汉大学政治与公共管理学院在疫情防控中的线上生涯规划与就业指导工作实践，充分思考疫情防控常态下，如何更好地落实高校线上生涯规划与就业指导工作以达到“校政企”协同育人的目的。关注定位在学生生涯发展不同时期的实际需求，根据学生从入学到离校全过程成长发展的不同特点，引导和帮助学生树立恰当的择业观和正确的价值观，以更好地应对当前就业形势日趋严峻的现实情况。在项目推进过程中有效结合丰富的校友院友资源，分别从线上、线下两种途径对职业导师群体和校企合作单位展开调研与指导活动，以获取当下生涯式“校政企”协同育人模式探索过程中的问题与建设性反馈，同时收集和整理其他企业单位和学校的优秀做法以提供经验借鉴，力图探索“生涯式”校企合作的新形式与新发展，实现学校统筹、各方协同、学生参与的高校育人模式的构建与创新。

参考文献

[1] 娄成武，魏淑艳，曹丁．“校府合作”：公共管理专业人才培养

模式的新探索［J］. 中国行政管理，2009（9）：103—105.

［2］雷鑑铭，刘继文，邹志革，邹雪城. 供给侧改革视角下“校政企三位一体”协同育人模式实践探索——以武汉国际微电子学院为例［J］. 吉首大学学报：社会科学版，2018（S2）：238—241.

［3］朱学红，谌金宇，伍如昕. 基于三重螺旋理论的高校产学研合作联盟模式研究——以中南大学为例［J］. 现代大学教育，2012（4）：112—113.

［4］何菊莲，杨拔翠，曾婷婷，叶诚捷. 校企合作育人质量测评及优质合作育人模式构建——基于1538份校企合作人员调查的实证分析［J］. 高等工程教育研究，2019（4）：101—106.

［5］刘耀东，孟菊香. 校企协同培养人才的反思与模式构建［J］. 中国大学教学，2018（3）：71—74.

［6］张淑林，钱亚林，裴旭，李金龙. 产教融合标尺下我国工程硕士联合培养的现实审视与推进路径——基于全国108家联合培养基地的实证分析［J］. 中国高教研究，2019（3）：77—82.

［7］王文发，武忠远，侯业智. 软件工程专业“2+1+1”校企联合人才培养模式的探索与实践［J］. 中国大学教学，2015（10）：25—28.

［8］初旭新，黄玉容，杨庆. 产学研联合培养研究生基地建设模式研究——基于北京工业大学污水处理研究生联合培养实践基地的分析［J］. 学位与研究生教育，2018（10）：31—35.

［9］赵黎明. 工程人才产学研协同培养的探索与实践——以华北电力大学为例［J］. 中国高校科技，2017（10）：10—12.

［10］张君. 协同育人视域下应用型高校产教融合创新研究［J］. 教育与职业，2020（19）：51—55.

［11］王占仁. 英国高校职业生涯教育之启示——以英国里丁大学为个案［J］. 教育研究，2012（7）：134—138.

［12］刘青青，孙曼丽. 英国高校职业生涯教育的特点及启示［J］. 职业教育研究，2020（10）：81—86.

[13] 国务院办公厅．关于深化产教融合的若干意见（国办发〔2017〕95号）[R/OL]．[2021-2-1]．http://www.gov.cn/zhengce/content/2017-12/19/content_5248564.htm.

[14] 张爱芹，胡志峰．新时代背景下高校生涯规划教育现状及未来趋势——基于40所一流大学建设高校2017年就业质量报告[J]．北京教育（高教），2019（11）：18—20.

[15] 罗来琴，胡少华．严峻的就业形势下国内大学生择业分析及就业指导[J]．中国大学生就业，2020（21）：50—55.

[16] 安优佳．经济新常态下大学生就业创业困境与指导策略研究[J]．科技资讯，2016（28）：169—172.

[17] 傅苑，李欢欢．抗疫背景下高校线上就业指导的实践与思考[J]．科教文汇（中旬刊），2020（9）：19—20.

[18] 魏格坤．校政企多向嵌入合作应用型经贸人才培养模式创新探索——以梧州学院国际经济与贸易专业校政企协同育人为例[J]．科教导刊（中旬刊），2016（9）：40—41.

[19] 卢珊，张震．基于职业生涯规划的独立学院校企协同育人机制研究[J]．武汉职业技术学院学报，2020（2）：40—45.

[20] 夏玲雅．日本职业生涯教育经验对我国大学生职业生涯教育的启示[J]．延边教育学院学报，2020（5）：68—70.

[21] 刘杰．高职院校校企合作人才培养模式的现状、问题与对策研究[D]．桂林：广西师范大学，2017.

[22] 廖清云．研究型大学校企联合培养拔尖创新人才模式研究[D]．广州：华南理工大学，2020.

[23] 马好．高职院校人才培养校外协同机制构建研究[D]．镇江：江苏大学，2017.

[24] 孙颖．校企协同育人创新创业人才培育模式研究[J]．创新与创业教育，2020（6）：101—106.

第二篇章 02

文化传承与基层政治

非典型地区革命遗址保护利用的有效模式

张津期 朱海英

摘要：革命遗址是我国的宝贵财富，承载着我们国家独特的红色记忆。随着城市的改造和扩建、农村土地复垦政策的实施，许多非典型革命遗址有被拆除或损毁的危险。本调研报告基于对非典型革命遗址①保护与利用措施的文本分析，以及对山西省孝义市的实地调研，发现非典型革命遗址的保护利用过程中存在管护责任主体不明确、保护开发资金不足、宣传推广不到位、内涵挖掘不充分、场馆闲置浪费等问题，可从制定相关法律，形成硬性约束；坚持政府主导，鼓励多方投入；加大宣传力度，创新宣传手段；重视无形遗产，丰富精神内涵；做好利用文章，传承革命精神等方面进行优化。

关键词：非典型革命遗址，保护利用，模式。

一、研究背景

（一）政治背景："不忘初心，牢记使命""党史学习"主题教育活动

习近平总书记说："一切向前走，都不能忘记走过的路；走得再远、

① 非典型革命遗址在本报告中指规模较小、发生在该处的革命历史事件影响力小、知名度不足且参观人数有限的革命遗址。

走到再光辉的未来，也不能忘记走过的过去，不能忘记为什么出发。"① 当今的中国是革命先烈用自己的鲜血换来的。保护与利用革命遗址，有利于传播革命先烈抛头颅、洒热血的艰苦斗争精神，提高人们的思想道德素质，强化党史教育、爱国主义教育和廉政教育的效果。

党的十九大以来，全党上下开展了"不忘初心，牢记使命"主题教育活动，引领广大党员深入学习党的历史，提升党性修养水平，进一步发挥先锋模范作用。2021 年 2 月 20 日，中共中央号召在全党开展党史学习教育活动，深刻领会习近平新时代中国特色社会主义思想，进一步深化对党的性质宗旨——马克思主义政党——的认识，要求各地区各部门各单位要教育引导党员干部大力发扬红色传统、传承红色基因，赓续共产党人精神血脉，鼓起迈进新征程、奋进新时代的精气神。② 在此背景下，保护、利用革命遗址，对传承党的革命历史、保证党的先进性和纯洁性有重要意义，对提高人民群众对中国特色社会主义制度的认同有直接的媒介作用。

（二）经济背景：经济发展与财力投入

2019 年上半年宏观经济数据显示，2019 年上半年，我国 GDP 同比增长 6.3%；城镇新增就业人口 737 万人，完成了全年目标任务的 67%，全国城镇调查失业率保持在 5% 左右；居民消费价格温和上涨 2.2%；国际收支基本平衡。我国经济发展质量效益持续提高、供给侧结构性改革效果继续显现、居民消费扩容升级、创业创新活力显著增强、补短板强弱项取得成效、重要领域和关键环节改革深入实施、外向型经济发展再上水平、人民群众获得感和幸福感不断提升、市场信心较强，社会预期向好。

随着经济的发展，人们的精神需求不断上涨，对革命历史和精神的关

① 习近平在庆祝中国共产党成立 95 周年大会上的讲话［R/OL］.［2021－4－18］. http：//cpc. people. com. cn/n1/2016/0702/c64093－28517655. html.

② 关于认真学习贯彻习近平总书记在党史学习教育动员大会上的重要讲话的通知［R/OL］.［2021－04－03］. http：//www. gov. cn/xinwen/2021－02/24/content_ 5588652. htm.

注度持续增加，对革命遗址的保护意识不断增强。在经济稳中向好大势下，更多的社会资源投入革命遗址的保护与利用中，为形成革命遗址保护与利用的良性循环提供了坚实基础。

（三）社会背景：土地盘活与革命遗址

1. 农村土地综合整治

近年来，国土资源部、财政部深入贯彻落实了党中央国务院的决策部署，先后支持部分地区实施了一批土地整治重大工程，在夯实保障国家粮食安全基础、推动现代农业农村发展、助推精准扶贫、促进生态文明建设等方面发挥了重要作用，取得了明显成效。2018 年两部印发了《关于进一步做好中央支持土地整治重大工程有关工作的通知》，决定从 2018 年起，将调整完善重大工程支持政策，推动重大工程建设更好发挥示范引领作用。鼓励实施农村土地综合整治，统筹土地整治、中低产田改造和高标准农田建造，展开农村散乱、闲置、低效建造用地整理，推动抛弃、损毁土地复垦，增强“土地整治 +”综合效应。其中，最重要的举措就是整理农村散乱、闲置、低效建造用地，推动抛弃、损毁土地复垦。在农村土地综合整治的背景下，倘若位于农村的革命遗址未被及时发现、保护起来，可能会因长期无人居住看管，被当作闲置房屋，进而复垦成耕地。

2. 城市扩建与旧城改造

改革开放以来，我国社会主义市场经济快速发展，城市化进程不断加快，城市的规模和水平也不断提升。城市人口迅速增长、城市用地不断向外围扩张。除此之外，人民对生活环境和居住条件提出了更高的要求。经过多轮规划、多轮拆迁、多轮改造，城市中低矮的平房被一幢幢摩天大楼取代。在城市扩建、旧城改造的过程中，城市中的革命遗址可能因保护不到位而被拆除改建，从此消失。

二、研究问题

革命遗址，见证着我们党领导全国各族人民长期革命斗争的艰辛历程，承载着革命先烈抛头颅、洒热血、不畏艰险、不怕牺牲的精神，激励着一代又一代的中国人艰苦奋斗、勇往直前。革命遗址作为不可移动文物的重要组成部分，是中华民族的宝贵财富，也是凝聚中华民族力量、鼓舞华夏儿女士气的重要源泉。

目前，我国的革命遗址的保护与利用形成了以下几种典型模式："革命遗址＋自然风光"模式，将绿色的生态环境融入红色革命遗址之中，红绿结合，相得益彰；"革命遗址＋休闲度假"模式，即在革命遗址周围发展农家乐、度假村等产业，创造经济价值；"革命遗址＋博物馆"模式，是在革命遗址较为集中的地区，建立博物馆，集中展示在革命和战争过程中留下的历史文物和革命遗迹；而"革命遗址＋演出"模式，则对当地的红色文化进行改编，创作成演出剧目，结合现代化的技术手段，发展红色演出项目等。以上模式与红色旅游息息相关，在延安、井冈山、西柏坡、遵义、瑞金等典型的红色精神发源地，赢得了较好的反响。这些地区积极打造红色旅游品牌，提供便捷的旅游线路、营造良好的旅游生态环境、建设健全的旅游设施、开发丰富多元的文化活动，为当地创造了巨大的收益，并使其成为红色教育的圣地，参观游览的名胜。

然而，这几种模式的成功以革命遗址本身具备的强大影响力为前提。对于很多规模小、发生在该处的革命历史事件影响力小、知名度不足且参观人数有限的非典型革命遗址来说，以上模式并不适用。在部分地区，由于非典型革命遗址的旅游开发价值低，难以产生巨大的经济效益，因而在唯 GDP 论的背景下，革命遗址保护工作长期被各级政府部门忽视。结果就是，当地的革命遗址损坏严重，有的破烂不堪，急须抢修，有的甚至已经彻底消失。

中国地域宽广、幅员辽阔，党领导人民在革命斗争中形成的革命历史、铸就的革命精神并不能仅仅依靠少数的典型革命遗址来传承与弘扬，其他非典型的革命遗址同样是革命史源远流长的重要组成部分，否则便不能构成一部完整的、真实的中国革命史。每个地区都有自己的革命旅程，都有自己值得怀念的红色记忆，只有各个地区都重视自身革命史的传承，注重对革命遗址的保护利用，我们的革命精神才更加具有活力，才更能在潜移默化中影响人们的日常生活，在新时代中历久弥新。

综上所述，如何保护和利用非典型革命遗址，成了一个亟待解决的现实问题。

在目前的研究中，大多数学者都是笼统地为革命遗址的保护与开发提供建议，很少有学者专门研究非典型革命遗址的保护与利用。关于非典型革命遗址保护与利用的研究存在着大量空白，于我们而言，既是挑战，亦是机遇。我们将在实地调研的基础上，深入分析非典型革命遗址保护与利用的现状，致力于丰富和发展关于非典型革命遗址保护与利用的理论研究。

三、研究方法

本次调研的主题是非典型革命遗址保护利用的有效模式，为了保证调研结果的真实性、准确性，我们必须获取系统、全面、深入、动态的信息与资料。这就要求我们在不同的层面采用不同的研究方法，将各种研究方法相互补充、取长补短。

1. 访谈法

访谈法是指通过访员和受访人面对面地交谈来了解受访人的心理和行为的基本研究方法。根据研究问题的性质、目的或对象的不同，访谈法可采用不同的形式。本次调研，我们主要采取半结构式访问的方法，进行自我介绍后，按照事先准备的提纲对各个主体进行访谈，除提纲中的问题外，也会根据受访者的陈述进行深入追问、观察受访者、适当活跃氛围并巧妙引导对话走向。

在实地调研之前，我们设计了对政府部门如孝义市党史办工作人员的访谈提纲，旨在从宏观的角度把握当地革命遗址的基本情况，了解当地政府在非典型革命遗址保护过程中充当了什么样的角色，采取了哪些措施等；我们还设计了针对革命遗址纪念馆工作人员的访谈提纲，旨在了解各个非典型革命遗址的实际状况，从微观的角度发现当前非典型革命遗址在保护和开发中存在的问题等；我们也设计了针对革命遗址参观者的访谈提纲，旨在了解参观者的参观原因、实际诉求，参观者对革命遗址的保护意识，参观者对革命遗址保护与利用的看法和建议等，力求获得更加全面的信息，弥补问卷调查中的不足。

2. 问卷调查法

问卷调查法是现代社会研究中最常用的资料收集方法。在此次调研中，问卷调查法的使用主要是为了弥补访谈的缺陷，访谈法虽然能够通过访谈者与被访者的互动全面了解信息，提高工作的信度与效度。但访谈法费时较长，需要更多人力投入，并且规模较小，不具有普遍性。而问卷调查法不仅操作简便，而且能够说明整体情况。

从当地居民视角探究非典型革命遗址的保护与利用时，我们主要采取了问卷调查法。本次问卷调查的主要对象是当地居民。在样本选取时我们秉持着"全覆盖、保证充分代表性"的原则，在充分保持年龄、性别、职业等维度内部差异性的基础上，尽可能多地发放问卷，收集数据，以确保样本的代表性。在数据收集完成后，我们通过统计软件对数据进行分析，了解当地革命遗址保护与利用中存在的不足，探究改进的方式。

3. 实地考察法

实地考察法是一种深入调研地实际考察、亲身体会，以便获得第一手资料的研究方法。此次调研，为了获得真实可靠的资料，我们实地参观了山西省孝义市的五处革命遗址（作为非典型革命遗址的代表），了解实际情况，从而增加获得资料的真实性、可靠性。

4. 文献研究法

文献研究法是根据研究课题，通过调查文献来获取资料，从而全面、正确地掌握所要研究问题的一种方法。在进行实地调查研究之前，我们利用学校已有的数据库资源进行了资料的检索，全面了解了部分非典型地区革命遗址的保护利用情况和具体保护利用措施，透彻分析了部分学者针对革命遗址保护提出的建议，形成对选题的初步见解。同时，我们通过电子媒体时时关注革命遗址保护方面的最新政策和调查点的地方志，积累了比较充分的原始资料。

四、调研地革命遗址概况

山西省孝义市，位于山西省腹地偏西，吕梁山脉中段东麓，太原盆地西南隅。这里曾是晋西南抗日根据地的中心，陕甘宁革命根据地的东大门，革命史料丰富。根据2010年当地进行的革命遗址普查统计，全市革命遗址总计11处，其他遗址3处。从遗址的类别来看，11处革命遗址中，有9处是重要历史事件和重要机构旧址，有1处领导人故居，纪念设施1处。本次调研，我们探访了当地的5处革命遗址。

（一）中国共产党孝义建党第一址

中国共产党孝义建党第一址位于孝义市梧桐镇仁坊村霍家大院，始建于清朝道光年间。1926年冬，中共汾阳特别支部书记李伯生和共青团汾阳地委书记王森亲赴孝义开展组织创建工作，在霍文新家东院的上房秘密召开会议，成功创建了中国共产党在孝义的第一个党组织。翌年2月，李伯生和王森再次来到霍家大院，召开党员会议，将党小组改建成党支部。孝义劳苦大众从此迎来了闹翻身、求解放的“报春雨”。

该址于2012年开始修复，历时400余天，全面完成了土木建设、外貌复原、实景布置等工作。修缮后展馆共分四个部分，分别为火种在平静中孕育、孝河从此起风波、冲破黎明前的黑暗、前进的步伐永不停，生动再现了孝义市建党成就史和革命斗争史。

（二）邓小平驻地纪念馆

邓小平驻地纪念馆位于孝义市下堡镇下堡村。1937年10月，八路军政治部副主任邓小平与政治部民运部长傅钟及随营学校校长韦国清等经汾阳张新堡村辗转到孝义下堡村，开辟晋西南地方工作。邓小平的关怀和指导大大推动了晋西南地区抗日救亡工作，同时也为日后孝义县在各个历史时期取得更大胜利奠定了坚实的政治基础。

该旧址占地面积889.07平方米，院落整体布局保存较为完整，各建筑主体结构基本稳定，于2004年8月被孝义市人民政府公布为孝义市重点文物保护单位。2014年年初动工修建，2015年7月1日对外开放。

（三）中共孝义县委诞生地

中共孝义县委诞生地位于孝义市下堡镇下堡村，距离邓小平驻地纪念馆仅两百余米。邓小平一行进驻孝义下堡镇后，派出大批工作队分赴晋西各县，为八路军筹粮、筹款、扩军，帮助地方建党、建政。同时抽调干部组建了中共孝义县委，县委同八路军政治部同驻下堡。从此，孝义地方抗日救亡的烈火燃烧了起来。

中共孝义县委诞生地原为一处关帝庙，是下堡村最热闹的文化中心。于2014年年初动工修建，2015年7月1日对外开放。

（四）抗日模范村纪念馆

抗日模范村纪念馆位于孝义市兑镇镇石践村（原石像村）。抗战初期，该村百户人家中就有108人参加了革命，23人为国捐躯，是远近闻名的“抗日模范村”。

1964年10月，孝义县人民政府在石像村建成“烈士祠”一处，立碑一块。1984年5月，孝义县人民政府将“烈士祠”列为市级文物保护单位。2011年，为保护红色革命遗址，孝义县投资260余万元，将纪念碑亭改建扩建为“抗日模范村纪念馆”，占地5亩，建筑面积885平方米，馆内设有“三室一亭一塔”，即详情讲述、浩气长存、壮心不已、报国亭、忠义塔，以及纪念碑。展室内以图文并茂、实物展陈，详细记载了石像村抗日英雄们的事迹。

（五）孝义县人民政府首驻地纪念馆

孝义县人民政府首驻地位于孝义市西北部山区杜村乡东小景村。抗日战争胜利后，中共晋绥七地委调整了中共孝义县委领导，组建了孝义县人民政府，任命了首任人民政府县长。县委和政府机关由沁源返回孝义，驻地选在革命老区——东小景村。当时的孝义县人民政府担负起了组织领导孝义解放战争、政权建设和土地改革的重担。

2012 年 7 月，政府首驻地纪念馆建成。整个纪念馆包括院落中的 11 间窑洞、院落前 276 平方米的纪念馆展厅、1400 平方米的广场。展厅共分为“政权来之不易”“人民政府辉煌业绩”“英雄土地今胜昔”三个部分，用文字、照片、绘画、雕塑、沙盘等形式，再现了孝义全境解放的历史。

五、访谈资料分析

访谈整理分析的过程是对调查结果进行非数字化的考察和解释的过程，其目的是发现调研结果的内在意义和关系模式。本次实地调研，我们对孝义市委党史办工作人员、孝义建党第一址讲解员、孝义县人民政府首驻地纪念馆管理员、邓小平驻地纪念馆与孝义县委诞生地负责人、抗日模范村纪念馆游客等进行了访谈，获得了丰富的访谈成果。政府统筹协调当地革命遗址的保护和利用工作，因而政府工作人员的发言更加宏观全面；各个革命遗址纪念馆负责具体工作的落实，因而革命遗址纪念馆工作人员的发言更加微观具体；当地民众是革命遗址的参观者、革命遗址保护利用工作的见证者，因而民众的发言更加直接翔实。讨论后，我们决定从政府、纪念馆和当地民众三个视角整理分析访谈资料。

（一）政府视角

交谈中，党史办工作人员向我们提及了党史办的日常工作、当地革命遗址的基本情况、革命遗址保护利用工作的基本情况、革命遗址保护利用工作中存在的困难等，我们将其归纳总结为以下两方面。

1. 革命遗址建设现状

通过与山西省孝义市委党史办工作人员交流，我们对当地革命遗址的总体情况有所了解。该市目前共有革命遗址 11 处，其中重要历史事件和重要机构旧址 9 处，革命领导人故居 1 处，纪念设施 1 处。从革命遗址的保护级别来看，11 处革命遗址中，6 处已经被列为县级以上文物保护单位（1 处为市级文物保护单位，其他均为县级文物保护单位），其余未采取保护措施。从革命遗址的所有权来看，11 处革命遗址中，仅有 1 处为集体所有，其余均为私人财产，多为民宅。从遗址的保存状况来看，11 处革命遗址中，保存状况较好的革命遗址 5 处，保存状况一般的革命遗址 3 处，保存状况较差的革命遗址 3 处，实地普查中还发现有一些遗址已经不复存在了。从革命遗址的利用级别来看，在 11 处革命遗址中，山西省党史教育基地和国防教育基地 1 处，县级党史教育基地和爱国主义教育基地 5 处，县级青少年教育基地 3 处，其余尚未定利用级别。

近十年来当地的政府部门加大了对革命遗址的保护和开发力度。当地按照中央、省、吕梁市的统一部署，在全市范围内开展了革命遗址普查工作，红色家底基本摸清。在普查的基础上，还相继对 5 处影响较大的革命遗址进行了修缮和改扩建，在短短 5 年的时间里 5 处革命遗址相继修复开放。修缮后的革命遗址在 2015 年 12 月统一被市委、市政府命名为党史教育基地，各个基地探索管理方法、完善布局内容、争取资金支持、培训讲解员、改善接待方式，纪念馆的党史教育、红色教育、廉政教育功能逐步显现。

表 2－1　5 处革命遗址名称和首次对外开放时间

名称	首次对外开放时间
抗日模范村纪念馆	2011
孝义县人民政府首驻地纪念馆	2014. 5
中国共产党孝义建党第一址	2014. 9
邓小平驻地纪念馆	2015. 10
中共孝义县委诞生地	2015. 10

2. 存在的问题

总结与党史办工作人员的访谈资料，该地革命遗址保护和利用工作中存在的问题，可被概括为以下几点：

（1）革命遗址管护责任主体不明确。目前当地仅有一半的革命遗址被列为县级以上文物保护单位，没有被列入县级以上文物保护单位的革命遗址现多为私人住宅，其居民可以根据自己的意愿随意改建甚至拆除重建，相关部门未取得这些旧居的产权，无权干预和制止。在居民保护意识不强、保护行动不到位的情况下，这些革命遗址面临着被拆除或自然倒塌的风险。有一些革命遗址虽已被列入文化保护单位，但由于没有统一的管理部门，在遗址保护工作中可能会出现多头领导、相互推诿等情况。

“遗址管护责任主体不明确，我们这里革命遗址保护利用缺乏统一的领导小组，也没有出台明确、具有可操作性的地方性法规，很多工作在执行的过程中无章可循。”

“这些纪念馆的建设是一项系统的工程，它涉及了太多的部门和单位。当时，我们党史办负责提供有关的历史资料、设计展厅的版面，市规划局参与设计规划，当地的乡镇党委、政府主持工作，革命遗址所在地的村支委、村委负责承办，市财政、乡镇、单位企业和乡贤能人为革命遗址的保护修缮提供资金。”

（2）保护开发资金缺乏。目前已经被保护开发起来的革命遗址，管理、维护资金不足，日常运转困难。而在尚未开发的革命遗址中，也有一些急需资金投入，以便修缮后恢复原貌。

（3）对革命遗址的宣传不够。政府部门开展的调研结果显示，当地的大多数人对已经列入文化保护单位和爱国主义教育基地的革命遗址能有所了解，但对其他革命遗址，以及围绕这些遗址开展的历史事件、相关的重要人物却知之甚少。

“再如，宣传不到位，有的当地人可能对这些已经列入文物保护单位和爱国主义教育基地的革命遗址有所了解，但有的当地人完全不知道有这些地方，我们非常希望广大干部、群众、青少年能够知道这些遗址，多来参观、学习。”

（4）对革命遗址的开发利用不足。现阶段该地对革命遗址的工作重点还停留在保护的层面，没有与地方经济的发展统筹考虑，没有与旅游业的发展紧密结合起来。部分革命遗址存在基础设施配套不完善、可进入性较差的问题。一些被列为党史教育基地的革命遗址，除了在重大纪念日或重大活动时有人瞻仰，搞一些纪念活动外，平时利用很少，造成场馆、设施长期闲置浪费。

Q："非典型革命遗址的影响力小，很难形成产业链，吸引外来游客前来参观旅游，所以我想知道孝义目前有发展红色旅游的想法吗?"

A："我们也想搞红色旅游，但还在规划中，实施条件不成熟。不过我个人比较赞同你的观点，我觉得我们建起这些革命遗址展览馆，不是为了赚钱，发挥它的商业价值，而是希望这些纪念馆发挥它的教育功能，留存红色文化，宣传我们当地的革命历史，开展革命传统教育，配合开展学习教育。"

（二）革命遗址纪念馆视角

本次调研，我们走访了当地的5处革命遗址。孝义市兑镇镇石践村的"抗日模范村纪念碑亭"于2011年扩建成"抗日模范村纪念馆"；杜村乡东小景村的"孝义县人民政府首驻地"于2012年9月16日开始动工建设，修复修建面积共达2150平方米，2013年12月竣工，2014年5月正式对外开放；仁坊村的"中共孝义建党第一址"，修复古院落一处2500平方米，新建广场1800平方米，2014年6月建设完工，9月30日正式对外开放；下堡村的"邓小平驻地纪念馆"和"中共孝义县委诞生地"于2014年年初动工修建，2015年7月1日正式对外开放。

综合背景调查、实地参观、访谈资料，我们发现在非典型革命遗址的展馆建设和实际保护过程中可能存在以下几个问题。

1. 历史资料、影像资料、文物等难寻

访谈中，我们了解到：由于过去几十年间革命遗址的保护工作不到位，很多历史资料、影像资料、文物难寻，大大增加了革命遗址纪念馆布展的难度。在很多事件当事人和知情人士与世长辞的情况下，展览馆的修缮人员经过大量的内查外调、走访群众、寻找线索、查阅档案，才弄清楚当时的历史事实。

围绕革命遗址发生的事情少说也过去70年了，事件的当事人大都与世长辞，我们甚至很难找到一两个知情人士。然而，通过只言片语还原历史事件是不可能的，在寻找文字资料、找当事人和知情人士口述上，我们费了很大的力气。

2. 开发资金缺乏

在参观革命遗址的过程中，我们曾几次看到过地道口，但当我们问及是否有开发计划，使参观者获得更好的参观体验时，革命遗址纪念馆的工作人员告诉我们，革命遗址的重新修缮、场馆建设已经花费了大量的资金，地道的开发价格昂贵，纪念馆难以承受。

Q："您刚刚介绍到这里的地道历史悠久、保存完整，纪念馆有没有考虑把这个地道开发出来，让参观者体验呢？"

A："有的。前些年我们也想过把一条地道开发出来，寓教于乐，吸引更多的人前来参观，于是请来了专业的测量人员做勘测，结果说是修建这个工程至少需要70万元，苦于没有资金，最后就不了了之了。"

3. 遗址的参观人数有限

在参观过程中，我们发现这些纪念馆的参观者寥寥无几。与讲解员交流后我们了解到：每年的暑假，即6月中旬到8月中旬，是革命遗址的参观旺季。在举办重大活动或恰逢重大纪念日时，革命遗址的参观人数骤增；在平常时日，纪念馆的参观者并不多。

Q："这里客流量怎么样呀？"

A："每年的暑假，6月中旬到8月中旬，是这里的参观旺季，每日接待游客量可达到300余人次。淡季的话，会少很多。"

Q："纪念馆的参观游览情况如何？"

A："这里每年的参观游览量可以达到10万人次，主要是当地的一些单位、企业或学校有组织地来这里缅怀革命先烈、学习红色精神。"

Q："除了本地人，会有外来人口常来参观吗？"

A："外来访客的话，大多是革命先烈的子孙后代，许许多多的革命先烈都在这里工作生活过，即便他们已经去世了，他们的精神仍在。先烈的子女们会在清明、国庆等重要的日子，从全国各地赶来缅怀。”

4. 布展形式单一

目前对外开放的革命遗址纪念馆中，展品多为文字资料、图片资料、实物资料，布展形式相对单一，没能在保持革命文化真实性、思想性、严肃性的同时，把教育性、文化性和娱乐性有机地结合起来，寓教于乐、寓教于游。

5. 展馆内容重复

通常情况下，每座城市并不只有一处革命遗址，由于同一座城市的革命背景相同，革命遗址纪念馆在布展时很有可能出现雷同内容。在参观过程中，我们发现虽然纪念馆的布展各有侧重，但仍有不少重复之处。

6. 讲解员与参观者沟通有障碍

在参观其中一处革命遗址时，讲解员表现出超强的业务能力，他精通当地的革命历史，在讲解过程中穿插了很多生动有趣的红色故事，整段讲解十分精彩。奈何他只会讲方言，导致我们不能完全理解他传递出的信息。好在纪念馆的参观者多为本地人，可以用方言进行交流。

“这里就是一个小村庄，很少有人会说普通话，平常来这里参观的大都是当地人，用方言交流没有问题，所以我们就培训了一些村民志愿者，他们的住址离革命遗址近，一旦有人前来参观，他们便可从家里出发，为这些访客提供讲解服务。当然了，如果有外省的人前来参观，需要普通话讲解员时，我们也会向市党史办寻求帮助，市党史办会安排专员前来讲解。”

（三）当地民众视角

说到革命遗址的保护和利用情况，当地的居民最有发言权；当地居民对革命遗址的态度，也最能说明问题。通过整理与纪念馆参观者的访谈记录，我们分析非典型革命遗址保护利用过程中可能存在以下的问题。

1. 居民对当地的革命遗址不了解

由于宣传手段不新颖、宣传方式不到位、宣传力度不足等，部分当地居民对自己所在城市的革命遗址了解不全面，甚至完全不了解。

Q："除了这里（抗日模范村纪念馆），您还知道孝义的哪些革命遗址呢?"

A："我们单位组织我们去过孝义县人民政府首驻地；之前孩子的班级组织他们参观了梧桐的孝义建党第一址，所以我知道还有这两个遗址。"

Q："那您知道邓小平驻地纪念馆和孝义县委诞生地这两处遗址吗?"

A："在下堡吗? 我印象中，邓小平在我们孝义的下堡住过一段时间，不过不知道那里也修缮成革命遗址纪念馆了。"

2. 居民对当地革命遗址的保护意识不强

在一次访谈中，我们了解到一位年近半百的当地人，竟然不知道自己的家门口就有一处革命遗址。他提到自己多年来，一直以为那只是一个被废弃的窑洞。

3. 民众对革命遗址有着刻板印象

很多民众表示，自己在闲暇之余更愿意去一些娱乐场所等地休闲娱乐，而不愿去参观革命遗址。在大部分民众的印象中，革命遗址是庄严肃穆的地方，缺乏趣味性。目前，革命遗址需要创新宣传手段和展馆陈列的内容，在保持其真实性、思想性和严肃性的同时，把教育性、文化性和娱乐性有机结合起来，在感受、体验和参与上下功夫。

大部分当地民众还表示当地的革命遗址在宣传、革命精神的弘扬、革命故事的讲述、革命遗址的保育以及革命遗址纪念馆基础设施的建设上存在一定的问题。

"这段山路又窄又陡，我都不敢自己开车来。"

"希望遗址可以在醒目的地方设置指示牌和路标，这样也方便我们寻找。"

沟通过程中，政府与革命遗址的工作人员、革命遗址纪念馆的参观者均提及：当地革命遗址的保护与利用存在保护开发资金不足、宣传推广不到位、基础设施建设不完善的问题。由此可见，资金、宣传和基础设施建设是非典型革命遗址保护与利用的关键点。当然，不同的主体有不同的关切，政府工作人员还注意到了遗址管护责任主体不明确、开发利用不足等问题；革命遗址纪念馆的工作人员还提及了参观人数有限、历史资料难寻的困境，并且意识到纪念馆存在布展形式单一、展馆内容重复等不足；与居民的访谈，还暴露了居民对革命遗址的保护意识不足、居民对革命遗址存在刻板印象等问题。

六、问卷资料分析

（一）问卷调研目的

该问卷的调查对象是当地居民，旨在通过对居民的调查，更加深入地了解当地革命遗址的保护开发情况，发现当地非典型革命遗址保护利用中存在的问题，分析居民对革命遗址的态度，并总结居民对非典型革命遗址保护利用的建议。

（二）问卷数据统计分析

分析问卷调查数据可以发现，当前山西省孝义市革命遗址开发利用的主要矛盾是革命遗址保护、利用、宣传力度弱与当地居民的文化需要得不到满足之间的矛盾。

在本次问卷调查中，我们发现超过35%的受访者表示其并不知道革命遗址的存在，超过半数的受访者表示其从未参访过当地的革命遗址。这样的结果虽在合理范围之内，但仍可见社会各界对当地革命遗址的宣传力度不足。

- 就您所知，孝义市有多少个革命遗址呢？［单选题］

选项	小计	比例
A. 不知道	38	35. 19%
B. 1～2个	20	18. 52%

续表

选项	小计	比例
C. 3～5 个	26	24.07%
D. 5～10 个	12	11.11%
E. 10 个以上	12	11.11%
本题有效填写人次	108	

• 您是否有参观过当地的革命遗址呢？[单选题]

选项	小计	比例
A. 是	44	40.74%
B. 否	64	59.26%
本题有效填写人次	108	

而当地的居民似乎对参观革命遗址，学习红色文化有着较大的积极性。在本次问卷调查中，69.44%的受访者表示，愿意在闲暇时间携带自己的亲朋好友前去参观革命遗址；超过半数的受访者表明，自己没有参观过革命遗址的原因是不知道革命遗址的存在；仅有7.81%的调查者表示，自己不想去革命遗址纪念馆参观。

• 您是否愿意在闲暇时间带着自己的亲朋好友去参观革命遗址呢？[单选题]

选项	小计	比例
A. 是	75	69.44%
B. 否	33	30.56%
本题有效填写人次	108	

● 您没有参观过的原因是？［单选题］

选项	小计	比例
A. 不知道革命遗址纪念馆的存在	36	56.25%
B. 不想去革命遗址纪念馆参观	5	7.81%
C. 没时间去革命遗址纪念馆参观	16	25%
D. 其他原因	7	10.94%
本题有效填写人次	64	

由此可见，当地居民日益增长的文化需要与革命遗址保护利用不足之间产生了矛盾。虽然非典型革命遗址的对外影响力小、产生的经济价值有限，但这些革命遗址是传承当地革命历史、凝聚地方精神的重要力量，保护和利用这些革命遗址迫在眉睫。

在本次问卷调查中，大多数受访者通过单位或学校组织的集体活动参观过当地的革命遗址纪念馆，仅有25%的受访者曾选择自主参观。这体现出当地居民对革命遗址的保护意识、利用意识有待提升。同时也启示我们，采用集体参观的方式，有助于提升居民的参观积极性。

● 您当时参观革命遗址的原因是？［单选题］

选项	小计	比例
A. 单位组织的集体教育活动	12	27.27%
B. 学校组织的集体教育活动	15	34.09%
C. 自主参观学习	11	25%
D. 其他原因	6	13.64%
本题有效填写人次	44	

此外，大多数被调查者认为当地政府在革命遗址保护利用方面所做的工作稍显不足。在革命遗址宣传、革命精神弘扬、革命故事讲述、革命遗址保育、革命遗址纪念馆基础设施建设等方面仍有改进空间。

● 您觉得当地政府在革命遗址保护利用方面做得足够吗？［矩阵单选题］

题目/选项	相当不够	稍不足够	相对足够	非常足够
在革命遗址保育上	8（7.41%）	29（26.85%）	58（53.7%）	13（12.04%）
在革命遗址推广上	18（16.67%）	46（42.59%）	38（35.19%）	6（5.56%）
在革命遗址知识教育上	21（19.44%）	38（35.19%）	42（38.89%）	7（6.48%）

● 你觉得当地政府还可以在哪些方面进行改进呢？［多选题］

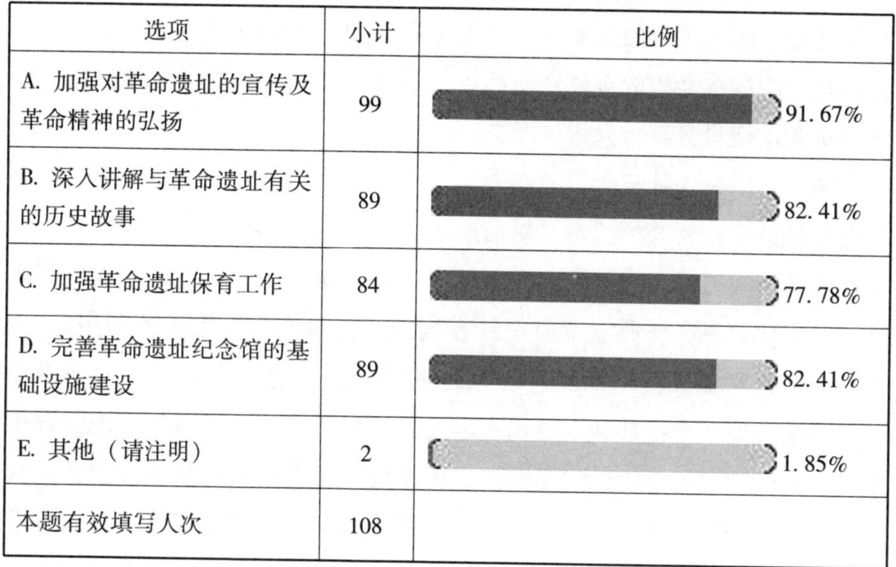

选项	小计	比例
A. 加强对革命遗址的宣传及革命精神的弘扬	99	91.67%
B. 深入讲解与革命遗址有关的历史故事	89	82.41%
C. 加强革命遗址保育工作	84	77.78%
D. 完善革命遗址纪念馆的基础设施建设	89	82.41%
E. 其他（请注明）	2	1.85%
本题有效填写人次	108	

因此，综合调查分析，我们认为，加大宣传力度，讲好红色故事，积极组织参观，加强革命遗址纪念馆的基础设施建设是解决革命遗址保护、利用、宣传力度弱与当地居民的文化需要得不到满足之间的矛盾的破题之举。

七、非典型革命与遗址保护利用建议

非典型革命遗址与典型革命遗址之间存在影响力、辐射范围等方面的巨大差异。不少典型革命遗址影响力强，能够吸引到来自全国各地甚至是全世界的游客。但目前非典型革命遗址的辐射范围只局限在当地，参观者多为当地人。由于以上差异，现有的典型革命遗址保护利用措施并不能直接嫁接给广大非典型革命遗址。因此，本文从非典型革命遗址的“在地性”视角出发，为非典型革命遗址的保护与利用提供了如下建议。

（一）建设革命教育基地，传承当地的革命历史

欲知大道，必先为史。中国共产党的历史是一部丰富生动的教科书。用党的历史教育党员、教育干部、教育群众尤其是教育青少年，是党史工作服务党和国家大局的重要内容。无论是典型革命遗址还是非典型革命遗址，均是中国革命史的重要物质载体，对于传承和弘扬党的优良传统、深入推进党的建设具有重大指导意义。

通过与革命遗址纪念馆工作人员的交流，我们得知当地居民是非典型革命遗址的主要受众。然而，对当地居民的问卷调查结果显示：超35%的受访者并不知道革命遗址的存在，超半数的受访者从未参访过当地的革命遗址。由此可见，非典型革命遗址在当地并没有被最大限度地利用起来。于是如何扩大非典型革命遗址在当地的影响，吸引更多的当地人前来参观，是非典型革命遗址利用过程中需要解决的重要问题。首先，地方宣传部门、文化部门与党史部门要加大宣传力度，深度挖掘这些革命遗址及其背后蕴藏着的红色基因，运用广播、电视、报刊和网络等媒体，全方位推广，增强舆论导向。其次，还要创新宣传手段，充分利用有地域影响力的自媒体账号，采用文字、图片、视频等多样形式进行宣传推介。最后，地方政府应积极鼓励这些革命遗址对社会公众免费开放，支持当地的各大企业、单位、学校带领干部群众和青少年有组织地参观革命遗址，学习传承当地的革命历史。

（二）丰富公共文化空间，满足居民的文化需求

随着城镇化进程加快，大量农村劳动力向城市转移，特别是众多有知识技能的农村青壮年外出务工，导致一大批农村“空心化”，留守的老人、妇女、儿童文化消费的欲望并不高，致使看电视、打牌成了主要的文化生活方式，文化活动的娱乐功能从公共领域退回私人领域。但人是群居的动物，只拥有私性文化生活，比如看电视、听广播等，不能满足人们的日常需要，只有加入一定比例的公共文化活动才能保障人的交际需要和身心健康。

在实地调研的过程中，我们了解到当地的革命遗址纪念馆除了在重大纪念日或重大活动时有人参观瞻仰，搞一些纪念活动外，平时利用很少，造成场馆、设施长期闲置浪费。因而把农村的革命遗址纪念馆作为农村公共文化空间来利用，既可以避免革命遗址的闲置浪费，还可以丰富农村居民的社交活动，吸引人们走出私性的文化场域。作为公共文化空间的革命遗址不仅能够承担起举办乡村重大节日等文化服务功能，还可以充当公共议事厅，成为乡村治理的重要平台。在文化同质化加剧的今天，反映当地历史与内在文化肌理的革命遗址作为公共文化空间，往往是当地村落文化的独特展示，对乡村文化传承有重要的意义。

（三）发展乡村红色旅游，促进农村的经济发展

革命遗址不仅是历史的见证者，亦是经济发展的助推器。乡村振兴离不开红色文化资源的支撑，而良好生态环境作为乡村的宝贵财富，亦是实现乡村振兴的重要支点。聚焦红绿资源，把红色文化资源与乡村的绿色生态环境紧密结合，紧抓乡村独特的自然资源、产业特色、历史文化，让其所蕴藏的红色文化内涵在自然资源中绽放出独特的魅力，是推动乡村振兴的一条新思路。红与绿相得益彰，不仅增添美丽乡村的厚重感，更焕发出其所具备的生态灵性，实现人文景观与自然景观的完美融合。要想整合红绿资源，实现红绿协同发展，一方面，要在践行尊重自然、顺应自然、保

护自然的理念中建设革命遗址的基础设施；另一方面，要以红色基因引领绿色发展，凸显当地的乡土特色和地域特点。

参考文献

[1] 黄坤明. 加强革命遗址遗存保护 更好传承红色基因和革命精神[J]. 中国老区建设，2019（1）：4.

[2] 肖锋. 南雄市革命遗址保护刻不容缓［J］. 中国老区建设，2018（12）：42—43.

[3] 谭玉龙，胡晓玲，邹菲雅. 宜昌红色革命遗址资源的开发利用思考［J］. 新西部，2018（32）：57—58.

[4] 侯聪玲，李汉斌. 粤东中央苏区革命遗址开发：现状、问题与实现路径——以梅县区为例［J］. 嘉应学院学报，2018（10）：39—44.

[5] 林解惠. 红色文化视域下革命遗址保护与发展研究——以遵义市为例［J］. 科教文汇（下旬刊），2017（8）：173—175.

[6] 和勇. 抢救保护红色革命遗址刻不容缓［J］. 政协天地，2017（8）：37.

[7] 毛维军. 保护红色遗址传承红色基因——关于泰宁县红色遗址保护调研的思考［J］. 福建理论学习，2017（6）：16—18.

[8] 谭景斌，李红，叶媛秀. 开发农村革命遗址发展红色旅游［J］. 南方文物，2016（4）：276—279.

[9] 中共郑州市委党史研究室专题调研组. 郑州市革命遗址保护利用调查研究［J］. 中共郑州市委党校学报，2016（5）：87—91.

[10] 李红. 关于加强农村革命遗址保护的调研和思考——以永新县为例［J］. 南方文物，2015（3）：236.

[11] 秦社芳，蒋冠林，杨晓娟. 旧城疏解背景下的历史文化遗址保护研究——以延安红色革命遗址群保护为例［J］. 中国名城，2015（2）：85—90.

[12] 陈波，耿达. 城镇化加速期我国农村文化建设：空心化、格式

化与动力机制——来自 27 省（市、区）147 个行政村的调查［J］. 中国软科学，2014（7）：77—91.

［13］王峰. 延安革命遗址的保护与利用探析——以延安城区革命遗址为主的思考［J］. 廊坊师范学院学报：社会科学版，2012（3）：72—75.

［14］范永光，全继洪. 让红色遗产资源造福后人——关于加强老区革命遗址、旧址抢救保护工作的思考［J］. 福建党史月刊，2010（4）：55—56.

［15］杨丽艳，刘逢坤. 传承红色文化促进文旅融合［N］. 黑龙江日报，2021－03－09.

［16］宋绍伟. 保护利用革命遗址加强党史国史学习［N］. 云南日报，2019－08－09.

［17］郜快. 关于淮北市革命遗址保护利用的调查与对策［N］. 淮北日报，2019－08－08.

［18］张绍祖. 天津五四运动革命遗址亟待保护［N］. 中国文物报，2019－01－29，01—22.

［19］钟华论. 欲知大道，必先为史.［N/OL］.（2021－02－19）［2021－04－07］. http://www.xinhuanet.com/2021－02/19/c_1127116376.htm.

［20］乡土田园规划设计院. 红色旅游的五种开发模式和案例分析［EB/OL］.（2018－10－31）［2019－09－25］. http://dy.163.com/v2/article/detail/DVF9VLKM05443LFO.html.

十九大后社区“红色宣传”的基本路径和实际效果

——以武汉市D社区为例

娄永力　李新玉　杨扬　何影雪　王艳蕊

摘要：社区“红色宣传”作为我国现阶段宣传工作的关键形式和重点内容，其开展情况直接影响到社区治理的实际效能和国家基层治理能力的现代化进程。实地调研中发现，当下社区红色宣传依然是以街道为主导的社区负责制，红色宣传的内容和形式总体上呈现出多样化发展的特征，兼具层级性、地域性、时效性和经济性等细节特征，其发展态势令人欣喜，但同时红色宣传也严格依照政策文件进行规范化宣传，具有高度的严肃性，缺乏灵活性；而通过调查D社区红色宣传的实际效果发现，居民对此项工作期待颇高，然而当下红色宣传存在较多问题，宣传供给与宣传需求之间“不平衡”。结合调研实际情况和相关文献，团队建议从“传统红色宣传形式的设计和更新”“红色宣传形式与内容的年龄特征”“红色宣传工作者与社区居民的良性互动关系”“红色宣传工作由抽象化到具体化的转变”等方面对社区红色宣传工作进行一定程度的改进，以期社区宣传工作能够提质增效，服务于国家治理体系与治理能力现代化的历史进程。

关键词：社区治理，红色宣传。

党的十九大召开后，推进我国城市社区治理和宣传的相关工作部署越来越多地出现在各级政府的工作报告中。在此背景下，社区的红色宣传工作相对于以前有了一定程度的变化，体现了鲜明的时代导向性。我们的调研主要以社区治理为视角，以社区红色宣传为出发点，与近期党和国家的主要方针战略相联系，调研当下社区进行红色宣传活动的基本路径，包括宣传的方式、宣传的内容构成与来源、宣传的领导主体等；在此基础上通过问卷和访谈的方式对社区红色宣传的实际效果进行调查，了解社区民众对红色宣传的接受程度以及被影响程度；最后以加强社会主义主流意识形态的引领作用为目标和落脚点，寻求更加高效多元，且被民众认可的方式对社区红色宣传工作进行改进，推进城市社区的红色宣传工作深入开展，促进社区治理能力和治理体系现代化。

一、调研背景

（一）红色宣传的主题

从理论方面来看，我国目前有关社区红色宣传的内容分析与改进措施等方面的研究较少，并且对于社区红色宣传的实际效果没有科学准确的定论，缺乏实证调研。因此我们希望借助本次调研，运用相关的研究方法，对上述问题进行初步探索，补充适合我国国情的社区红色宣传理论，为我国的社区红色宣传的内容分析、实际效果与改进措施寻求一个大致的研究方向；从现实需要来看，目前我国的社区红色宣传工作存在着区域发展不平衡、城乡发展不平衡、宣传工作的认同挑战等方面的问题。本次调研着眼于上述问题，从多方社区参与主体了解我国当今社区红色宣传的现状，为社区红色宣传提供实证的数据参考。

（二）文化建设与社区治理的政策引领

结合近年来重要的政策文本，我们发现关于文化建设和社区治理的相关论述在国家文件中大量出现。以十九大报告为例：

在文化建设方面，十九大报告中提到目前我国的社会文明水平尚需提高，国家治理体系和治理能力有待加强。其中，城市社区的社会主义精神文明建设作为我国社会整体文明水平的重要环节，在现阶段还存在着诸多问题。报告还提到了要坚持社会主义核心价值体系，坚持马克思主义，培育和践行社会主义核心价值观，同时要加强思想道德建设，深化中国特色社会主义和中国梦宣传教育，并加强爱国主义、集体主义、社会主义教育等①。

在社区治理方面，十九大报告中提到要加强基层组织建设，加强社区治理体系建设，推动社会治理重心向基层下移，发挥社会组织作用，实现政府治理和社会调节、居民自治良性互动。② 报告明确了当前社区的主要功能之一就是进行意识形态宣传和基层有效治理。社区红色宣传作为社区治理的重要组成部分，是社会主义精神文明建设在城市治理中的重要延伸，也是推动发展中国特色社会主义文化、加强主流意识形态领导作用的关键环节。

党的十九大对红色宣传做出的重大战略部署，有助于社区治理工作实现自治、德治、善治的有机统一，同时也是在新时代下推进社区治理工作现代化的有益探索和尝试，为我们此次的调研提供了良好契机。

（三）宣传条例中的红色宣传工作

2019 年 8 月中共中央印发《中国共产党宣传工作条例》（以下简称《条例》），体现了以习近平同志为核心的党中央对宣传工作的高度重视，标志着宣传工作科学化规范化制度化建设迈上新的台阶。值得注意的是，基层宣传工作作为单独的一章在条例中出现，凸显了党中央对基层宣传工作和文化宣传的重视。在具体内容方面，《条例》对企业、农村、机关、

① 习近平．决胜全面建成小康社会夺取新时代中国特色社会主义伟大胜利：在中国共产党第十九次全国代表大会上的报告［M］．北京：人民出版社，2019.

② 习近平．决胜全面建成小康社会夺取新时代中国特色社会主义伟大胜利：在中国共产党第十九次全国代表大会上的报告［M］．北京：人民出版社，2019.

学校、科研院所、街道社区、社会组织等基层单位的宣传工作做出明确规定。其中关于社区的规定有：在机构设置和工作力量上，规定街道党组织明确一名党委委员负责宣传工作，社区党组织配备宣传员，各级党和国家机关中党的基层组织应当根据实际情况设置宣传工作机构，或者配备从事宣传工作的人员；在阵地建设上，规定社区党组织应当加强新时代文明实践中心、融媒体中心建设，加强基层公共图书馆、综合文化站、社区综合文化中心、文体广场等文化设施的建设、管理和使用；在经费保障上，规定各级党委和政府应当加大经费投入，建立健全基层社区文化建设经费保障机制，支持基层文化设施建设和群众性文化活动开展，购买公共文化服务，加大优质文化产品和服务供给。① 党中央从上述三方面保证基层社区宣传工作的有效开展，同时强调要以党的先进文化和中国优秀传统文化的内容作为宣传的核心，体现了红色宣传工作在如今社区治理中的重要地位，也使得我们的调研工作具有极高的价值。

二、调研地概况和研究方法

（一）调研社区情况

通过多方联系，我们本次调研的对象选择武汉市洪山区 D 社区。该社区的具体情况介绍如下。

1. 基本情况

D 社区位于岳家嘴中北路延长线上，北靠繁华的徐东商业圈，南临碧波浩渺的东湖风景区。辖区面积 343 亩，由 57 栋多层、高层楼房组成，分省直公务员小区、东湖花园小区、东湖别苑、梨园小学宿舍 4 块区域。社区现有住户 2112 户，目前居民 6202 人。社区党支部、居委会委员由 9 人组成，设书记、主任 1 人，委员 3 人，专干 5 人，直管党员 61 名。自 2009 年 10 月社区成立以来，社区一班人始终将服务群众需求作为开展一切工作

① 注：《中国共产党宣传工作条例》由于其特殊属性，具体内容未向社会公开。

的中心，通过为群众办好事、办实事，解决居民最想解决的问题，丰富居民群众文化生活，践行了“民有所呼，我有所应；民有所需，我有所为”的服务理念。

2. 选择该社区的原因

本次调研选择D社区主要基于以下考量。

首先，D社区成立时间早，规模大，配套设施齐全。该社区2009年成立，属于武汉市内较早的一批新型社区之一。其建设时间长，社区运转和治理方面经验丰富，同时社区宣传工作也做到了辖区全覆盖。同时该社区常住居民达到6000多人，样本容量大，便于使用不同的抽样方法进行问卷调查。长时间的建设使得该社区的宣传基础设施建设相对于武汉市内的其他社区来讲更完善，且该社区处于武汉市中心区域，经济发展水平较高，为社区各种活动提供了便利和条件。

其次，D社区在社区宣传工作方面取得了长足的进步。D社区依托所属街道开展了丰富的社区宣传工作。同时该社区基层党建相对完善，红色文化氛围浓厚，为社区红色宣传提供了丰富的素材。而且该社区有成熟的宣传运作体系，涵盖了宣传内容选择、宣传形式制定、宣传人员安排等流程，体系化建设已然形成。

最后，D社区相关领导对这次调研活动大力支持。在前期与社区相关负责人取得联系后，相关领导对这次调研表现出了浓厚的兴趣，希望借此次调研，进一步改善该社区的宣传工作，同时也给予了调研团队大力支持。

（二）研究方法

为了更好地解决我们所要研究的问题，我们小组队员通过讨论，利用所学的社会调查方法、统计学方法及相关学科知识，注重可操作性，并借鉴以往研究经验，选定了本次调研采用的研究方法。除了常规的文献研究法、个案研究法、经验总结法、实地调研法之外，本次调研重点采用了定量研究与定性研究相结合的方法。

1. 定量研究方法：问卷调查法

问卷调查法也称“书面调查法”，或称“填表法”，是调查者运用统一设计的问卷向被选取的调查对象了解情况或征询意见的调查方法，是一种用书面形式间接收集研究材料的调查手段。我们问卷调查的对象主要为D社区的常住居民，即社区红色宣传的主要对象。采用随机抽样和滚雪球式抽样的取样方法，以定量研究方法为主，通过问卷调查法进行数据收集，然后运用因子分析法、回归分析法和统计分析法等定量研究方法，通过问卷星、SPSS、Stata等工具对所收集的数据进行分析。通过发放问卷及后期定量的结果分析，更能真实地了解到社区治理和红色宣传的实施效果及影响因素。

2. 定性研究方法：访谈法

访谈法是指访谈员根据调查的需要，以口头形式，与受访者面对面地交谈，向被访者提出有关问题，根据受访者的回答收集相关信息的调查方法。这种调查方式具有较好的灵活性和适应性，既有事实的调查，也有意见的征询，可以按照研究的需要向不同类型的人了解不同类型的材料。根据实际情况，我们本次调研中所涉及的访谈环节较多，主要包括对D社区宣传部门、社区居委会相关负责人和社区居民的访谈。主要目的在于了解D社区红色宣传的基本情况、发展现状、问题和困境等信息，获取相关的第一手资料。

三、调研目标

本次调研活动的目标具体有以下三方面。

（一）分析社区红色宣传工作的基本路径

社区宣传中的红色文化宣传，既包括在革命战争年代，由中国共产党人、先进分子和人民群众共同创造并极具中国特色的先进文化，蕴含丰富革命精神和厚重历史文化内涵，同时也包括现阶段反映社会主义核心价值观的主流文化、体现社会主义精神文明建设、弘扬社会正能量的相关宣传工作。本次调研工作的目标之一就是研究社区红色宣传的基本路径，包括宣传的形式、宣传的内容构成与来源、宣传话语等内容。

（二）了解社区红色宣传的实际效果

作为社区宣传工作的接受者，同时也是对宣传工作感受最深的群体，社区常住居民将会是此次研究的重点群体。我们将会深入社区内部，从社区居民的角度，通过问卷调查法和访谈法研究十九大以来社区红色宣传取得的成效。同时研究社区居民所接触到的社区红色宣传的方式和渠道，并且了解他们对于这些方式和渠道的看法，并分析总结社区红色宣传的被认可度和对居民的影响程度。此项研究着眼于居民的实际感受，所得均为一手资料，可以很好地反映出D社区在红色宣传工作方面的现实情况，具有高度的真实性。

（三）提出社区红色宣传工作的改进措施

以上述调研内容为基础，从社区红色宣传的内容和方式两方面改进该工作。内容上结合十九大以来党和国家的主要方针战略和关于社区红色宣传的政策变化，使社区红色宣传的内容更能体现社会主义主流意识形态，起到引领社会风气的作用；方式上依据现实情况下社区红色宣传对于社区居民的影响程度，结合国内外相关研究和自身专业知识，提出更易被社区居民广泛接受和认可的新的社区红色宣传方式。

四、调研中的发现

我们的实地调研主要针对三方面展开，分别为红色宣传的方式、红色宣传的内容及红色宣传的效果，接下来就谈谈我们的一些发现。

（一）红色宣传的方式

得益于长期的社区治理与建设经验积累，D社区的红色宣传工作采取了多样化的方式与手段，既有传统的宣传栏、宣传横幅及宣传板报，又借助网络等方式，传播红色意识形态和红色文化。

1. 宣传栏，宣传横幅，宣传板报

宣传栏、宣传横幅、宣传板报三种宣传方式是当前社区进行红色宣传教育最常用的手段。D社区的宣传栏、宣传横幅、宣传板报建设相对完善，既保留宣传功能，又能够对传统的宣传方式进行一定程度的创新。

图2-1　D社区的“近期动态宣传栏”

图2-2　D社区的宣传横幅

图 2－3　D 社区的宣传板

图 2－1 至图 2－3 展示的是 D 社区进行红色宣传时所使用的三种传统方式。据统计，社区内部的宣传栏共有 7 处，宣传板共有 22 个，宣传横幅共有 10 条。其中大部分分布在社区居委会所在楼栋周围。除此之外，社区由上述传统的宣传方式出发，创新了红色文化的载体，其本质上仍然是宣传栏一类的设施，但具有了多样化的表达方式，令人眼前一亮。

图 2－4　特色宣传栏

图 2 –5　体现中国传统文化的宣传方式

图 2 –4 和图 2 –5 选取了 D 社区红色宣传的特色形式，其本质是传统的宣传栏、宣传板报及宣传横幅的延伸。通过选取形式多样的载体，能够丰富红色文化本身的意涵，并增强其吸引力。

2. 特色宣传模式——剪纸画

D 社区在坚持传统宣传方式的同时，创新性地借助中国传统剪纸文化，将廉政教育的理念融入其中，实现了红色文化与传统文化的有机结合。

图 2 –6　D 社区的特色镂空剪纸宣传画

图 2 –7　对传统诗句进行艺术化加工的宣传剪纸

图 2 –6、图 2 –7 展示了 D 社区的两种剪纸宣传画。剪纸作为中国传统文化，有着悠久的历史。廉政文化作为红色宣传的重要内容，与剪纸的模式相结合，其宣传效果会有极大的提升。在小组调研的时间段中，我们观察到社区居民到剪纸轩参观和休息的人数明显多于其他的休息点。在访谈中，社区副书记也向我们介绍了这一情况，体现了这种创新宣传模式的特点和优势。

3. 网络宣传

除了上述几种宣传模式之外，D 社区顺应信息化社会的发展，同时也便于向社区居民进行红色文化教育，借助微信小程序“梨园微邻里”，一方面高效地处理社区日常事务，另一方面推送红色教育文章，将红色宣传工作由线下转移到线上。受制于该小程序的注册权限（需要本社区居民身份）我们调研小组无法进行实验感受，在这里只进行简单介绍。

（二）红色宣传的内容

本次调研共进行了六次宣传内容采集工作，地点均为武汉市洪山区 D

社区，时间分别为2019年3月8日、4月13日、5月20日、7月10日、10月15日、11月29日，时间点分布较为均匀，充分考虑到社区宣传内容更新的时间频率，在有限的调研时间内科学选择考察日期。本次宣传内容采集共获取区域内社区红色宣传内容总计24552字（去除大面积重复内容）。对于红色宣传内容的分析，我们主要采用词频统计的方法，对宣传内容所体现出来的特征和含义进行解读。

本次词频分析所使用的软件为图悦。图悦是一款在线的热词分析工具，它可以对载入文本或指向文本内容的链接进行词频提取和词语（重要性）权重分析，并可以导出成Excel格式的文件，便于后期分析和处理。本次研究所提取的两万余字社区红色宣传文本经过该软件的分析后，导出词频分析结果与词频图。为了方便起见，我们只选取词频在20以上的词语计入分析文本中，其结果如表2－2所示。

表2－2 红色宣传内容词频分析表

关键词	词频	权重	关键词	词频	权重	关键词	词频	权重
建设	95	1	自信	35	0.9138	居民	25	0.8703
精神	74	0.9762	讲话	34	0.9102	平等	24	0.8717
党员	66	0.9892	武汉	33	0.9055	物业	24	0.8711
社会主义	63	0.981	伟大	32	0.8985	经济	24	0.8502
群众	57	0.9588	宣传	32	0.889	新时代	22	0.8813
人民	56	0.9508	总书记	31	0.9174	斗争	22	0.8671
红色	50	0.9512	大学	30	0.8808	初心	21	0.9225
组织	47	0.9223	干部	29	0.8848	党建	21	0.877
贯彻	42	0.9267	高质量	28	0.8939	和谐	21	0.8452
治理	41	0.9347	改革	28	0.8759	困难	21	0.8446
领导	41	0.9124	平安	27	0.8854	制度	21	0.8428
创新	40	0.9127	自觉	27	0.8818	基层	20	0.8499
习近平	39	0.9298	特色	27	0.8712	任务	20	0.8367
思想	39	0.91	城市	26	0.861	自由	20	0.8364
政治	36	0.9058	文化	26	0.8597	增长	20	0.8364

＊数据分析结果来自“图悦”。

图 2-8　红色宣传词云图

词频分析表中涉及三个因素：关键词、词频、权重。权重也即词语的重要性。后两组因素数据经计算存在正相关关系，即词频越高，其对应的权重/重要性也就越高。散点图如图 2-9 所示。

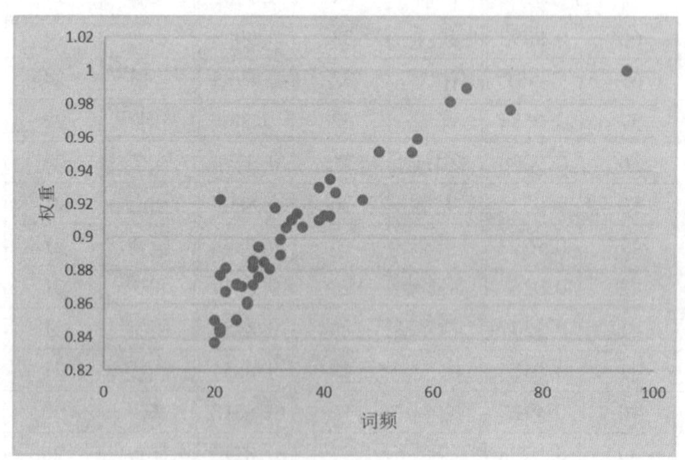

图 2-9　词频/权重数据散点图

我们通过分析实际调研情况、宣传内容原文与词频结果，得出了以下分析结论。主要分为红色宣传的总体特征和细节特征及其阐释。

1. 总体特征

（1）从实际调研情况与数据来看，D 社区宣传话语呈现多样化的趋势。在我们调研过程中发现，D 社区的红色宣传工作所使用的内容来源多样。一方面对中华优秀传统文化的成果进行艺术加工，运用寓意丰富的古诗词、廉政故事，如宣传“老是把自己当珍珠，就时常有怕被埋没的痛苦。把自己当泥土吧！让众人把你踩成路”的孔繁森精神，反映社会主义精神文明的确切要求；另一方面紧扣当下时政，以党中央相关的方针路线为出发点与落脚点，深度解读党中央治国理政的精神，为社区居民开辟了解国家大政方针的全新途径。上述两方面的内容也共同组成了红色宣传的内核，有传统性和时代性的双重属性。从数据图表可以看出，虽然不同词汇的词频和权重有所差异，但总体上来说分布较为均匀，各数据之间差距较小，从中可以看出 D 社区的红色宣传内容趋向于多样化和普遍化，既有大政方针的重点宣传，同时思想文化和教育及基层治理等方面的宣传内容也占有一席之地。另外，D 社区宣传内容的体系化建设较为完整，在重大方针政策方面，形成了从中央、省市、区级、街道到基层社区的多层级宣传体系。在相关宣传内容的设置上，政治、文化、思想、教育等方面的内容相互融合，同时又各自独立，内容体系化建设初见成效。

（2）从实际调研情况与数据来看，D 社区的红色宣传工作所使用的形式与手段较为丰富。在调研过程中我们发现，D 社区的红色宣传工作所依托的形式除了传统的宣传板报专栏与横幅之外，还有社区居委会工作人员举办主题座谈会，或者发放宣传书籍（大部分来自上级街道部门的统一派发，少部分来自社区自创），社区活动中心播放红色宣传相关的影视作品，如《建国大业》《建党大业》《我和我的祖国》等。除此之外，适应当下新媒体发展趋势，该社区还推出了如“梨园微邻里”的微信小程序，用来参与社区事务的管理，兼有红色宣传的功能。

2. 细节特征与阐释

（1）宣传词汇使用灵活多变，内涵丰富。以词频分析表中出现频率最高的三个词语“建设”“精神”“党员”为例。“建设”涉及的范围相当广泛，在宏观层面可以指建设中国特色社会主义、社会主义精神文明建设、基础设施建设等，从微观层面可以指社区精神文明建设、和谐社区建设等。“建设”迎合目前我国全面建成小康社会大背景之下，社会政治经济全面发展建设的现实需要，也是我国目前发展最大的命题；“精神”与物质生产相对，当下我国大力倡导社会主义精神文明建设，大力培育和弘扬社会主义核心价值观，精神文明的培育是目前我国全面建成小康社会的关键任务之一，对于凝聚民族共识、增强社会公众的自信心与自豪感，提升国民幸福感具有举足轻重的作用；“党员”则体现当前我国以中国共产党为领导核心，发挥党组织和党员的先锋模范作用，在社会日常事务的运行上由党建工作引导全局。以上内容体现了我国现阶段红色宣传具有内容覆盖率高、用词严谨、灵活多变的显著特征。

（2）宣传层级鲜明。在调研中我们发现，D社区在处理上级的宣传任务上有着明确的板块划分。主要分为三个板块：中央一级、省市一级和区一级。每个级别的宣传内容皆出自对应的相关政策原件原文，抑或对原文进行相关诠释。在此基础上，每个板块都有各自独立的展板，以免居民阅读遇到问题，提升了政策宣传的层次感和清晰度。

（3）宣传工作处点面结合，分布合理。调研的D社区主要由一个主体小区加上周围几个分小区组成，我们调研的位置主要为主体小区，另外对其他小区也有一定调查。我们发现，该社区的宣传工作处，如宣传板、宣传横幅、宣传画等，以社区居委会、党群服务中心为核心，周围为重点宣传区，相关的宣传设施达到15处以上，以此为核心点，呈离心式散布的状态，宣传面覆盖了整个社区。除了居委会的核心点，社区几处出入通道、车库周围、物业服务中心相对来说也分布着较多的宣传设施。上述体现了该社区宣传设施点面结合的显著特征。

（4）宣传频率适中，兼顾时效性与经济性。我们在调研时域内一共进行了10次实地探访，其中进行了6次宣传内容的采集。我们发现，除了在调研时间内发生的重大事件需要进行特殊宣传，如国庆70周年、十九届四中全会等，在日常的宣传频率方面，该社区基本保持每两个月更换部分宣传设施的频率，一方面取决于上级部门实际的宣传需要，能够第一时间将相关政策文件与精神即时传达给社区居民，另一方面又避免了频繁宣传所带来的人财物的过度损耗，兼顾时效性和经济性。

（5）宣传内容关联性较强。以词频在20以上的词汇为例，共45个词语或词组。在这些词语中我们进行选择、匹配并造句，例如，“贯彻（42）习近平（39）总书记（37）重要讲话精神（31）”“新时代（22）中国特色社会主义（22）治理（41）创新（40）”“经济（24）高质量增长（20）”等，体现了词语或词组之间高度的关联性。社区红色宣传内容较高的关联性，在一定程度上可能产生联动效应，有利于构筑特色鲜明的宣传内容体系，增强宣传效果。

（6）区域特色明显。红色宣传除了要紧扣党和国家重大方针政策及其文件之外，也要将区域特色移植其中。调研社区隶属于武汉市，在国内有着“大学之城”的美誉。且社区位于洪山区，大学聚集效应明显。结合武汉“大学之城”尤其是洪山区大学云集的实际情况，D社区的宣传工作中尤其提到了要促进人才引进的良性发展与循环，鼓励大学生留汉工作或创业，将促进学民一体发展的主题融合其中。词频表显示，“大学”一词出现了30次，排名比较靠前。具体到宣传内容，例如，加快建设国内一流的大学城，是贯彻落实习近平总书记视察湖北武汉时重要讲话精神的重要实践；是贯彻落实省委、市委重大发展战略的必然要求；是洪山实现经济社会高质量发展的必由之路；是洪山深度挖掘科教资源的有力抓手；是洪山提升功能品质的现实需要。而“物业”“引擎”的词频也较高，这响应了近几年武汉市政府所大力推行的“红色物业”建设计划与“红色引擎”计划，将社区的物业建设与文化建设相结合，更好地推动中央的政策与理念在基层落地。

（7）对相关政策的解读程度有差异。前面提到社区对上级部门政策精神的宣传分为中央、省市、区，其所对应的宣传内容，在解读的程度上与上述排序相反。我们在调研中发现，D社区对于其所隶属的梨园街道尤其是洪山区相关的政策文件解读的内容最多，省市次之，中央一级最少，对相关政策的解读程度有所差异。

（三）红色宣传的效果

对于D社区的红色宣传工作，本次调研采用了访谈与问卷调查两种方法对其进行效果研究，重点了解社区居民对于红色宣传工作的认可程度与受影响程度。

1. 社区工作人员的访谈分析

通过与社区居委会的沟通，最终我们联系到了社区主管党建工作的副书记接受我们的访谈。调研小组根据事先拟定好的访谈提纲，从红色宣传内容的来源、方式的选择、红色宣传工作的变化等方面对副书记进行访谈。根据访谈的情况，我们的分析结果如下：

（1）宣传内容设计基本上遵循各级政府政策原件。这体现了红色宣传的严谨性与严肃性，这也取决于宣传工具广泛的影响力。一旦宣传工作出现了问题，可能会产生影响较大的恶劣后果。受访者提到大部分宣传标语来自政策文件原件，或由上级组织宣传部门确定，拨经费到社区，制作宣传设施，也有部分是上级或街道科室做成品送来。这充分体现了红色宣传在内容选择上的慎重。

（2）宣传形式多样性得益于社区网络建设与新媒体工具的更新。社区居委会创办公众号开展宣传工作，使得社区宣传工作的发展走上了快车道。除了传统的宣传方式外，访谈人员提到现在新媒体工具也在不断进步，QQ、微信群、公众号推送之类的手段也可以成为宣传的工具。例如，比较具有特色的“梨园微邻里”是梨园街道近几年来重点推介的社区联合治理宣传手机应用。上述现象反映了成熟的新媒体技术已经被广泛应用于以红色宣传为代表的社区治理工作中。

（3）以十九大为风向标，社区红色宣传工作出现了显著变化。根据受访者的描述，这种变化总结为三方面。首先从宣传的指导思想来看，十九大确立的习近平新时代中国特色社会主义思想理论体系，辅之以中央会议出台与颁布的相关文件，成了社区红色宣传工作的指导精神；从具体的宣传内容和宣传形式上来看，十九大之后的社区宣传，在内容上更加精简，不再长篇累牍，对居民来说更容易被理解，即通过形式的创新和内容的精简，从而实现一个较高的民众接受度和认可度。最后的一个变化较为新颖，现在的宣传工作更注重从时政方面入手，强调理论联系实际，更加注重宣传的针对性，使红色宣传有血有肉，而不是像以前一样一味宣传理论知识，泛泛而谈。

（4）红色宣传作为一个系统性的工程，包含了多种维度。从受众角度来看，十九大后的宣传工作更多地呈现出一种因人而异的特征，针对不同的群体，如儿童、青少年、青壮年、中老年人，都有各自对应的宣传方式。因为年龄段决定了人群对新事物的接受程度，分层设计、分层影响能最大限度地提升受众对红色宣传教育的接受度。

（5）不同内容的宣传频率差异性大。在社区红色宣传教育工作方面，其内容的更新频率大致遵循这样的一个规律，即中央 < 省市级 < 区级 < 街道，中央政策宣传的更新频率最低，而街道一级的宣传更新频率最高。这种情况与不同等级的部门在一定时间内出台政策的数量差异状况基本吻合。但是如果有紧急通知的话，则不适用于上述规律。

2. 社区居民的访谈分析

调研小组在历次的实地调查过程中会随机对社区居民进行开放式访谈，得到的结果具有较强的一致性。在这里以其中一次典型的访谈为例，还原社区居民对红色宣传工作的看法。

整个访谈分为两个部分。首先是对受访者基本情况的了解。受访者姓李，今年 67 岁，居住年限超过 10 年。首先受访者对社区红色宣传的必要性发表了看法，他认为社区进行红色宣传能及时了解到国家的大政方针，明白领导人的想法，也有助于居民们遵纪守法，增强人们对国家、对党的热爱，这当然是非常有必要的。但同时受访者提出了一个问题，即他认为社区大量的宣传栏和展板破坏了小区的绿化，似乎是设计上的不合理。紧接着受访者说出了他所在社区已有的几种红色宣传方式，如最常见的宣传板和宣传栏，也有横幅。比较新颖的是“前段时间放了一个红色电影，名字记不清了，讲的是新中国成立前部队的事”。而提到宣传的效果，受访者认为：“宣传栏、横幅这些都是比较传统的一些方式了，社区基本都会把新的国家政策放在上面。我个人认为，这些既便于居委会宣传又便于大家了解，都在社区里面放着，有时候路过就会看看，但是也不排除有些人不愿意看。至于放电影，我个人还是很喜欢的，一些红色电影多数老年人比较喜欢。但是放电影的时间、地点协调起来很困难，上次就有人反映被吵到了。”与此同时受访者也提到了“梨园微邻里”，虽然他本人没有使用过，但是家里的孩子经常通过这个东西了解社区宣传的一些内容。最后受访者说自己喜欢的红色宣传方式是观影，而至于对红色宣传的建议，受访者提到可以增加一些新的宣传方式，“我觉得社区可以定期牵头举办一些红色比赛之类的，比如演唱歌曲或者其他的新鲜东西”。

结合上述示例以及调研的实际情况，该社区居民普遍认为在社区内进行红色宣传是很有必要的，但是应当在不破坏社区绿化的前提下进行（这一点可能为个人看法）。目前社区的红色宣传形式主要有宣传栏、宣传板、横幅，辅之有电影、网络。社区还应创新一些更加新颖、居民易于接受的宣传形式，也应多与居民沟通，聆听他们内心的想法。

3. 问卷数据分析

本次调研针对主题中的实际效果评估，采用了定量的方法进行量化分析，前期进行了问卷设计与预发放，在多次修改后确定问卷稿并进行实验性发放，以验证其科学性和有效性。在2019年3—12月，调研团队多次前往社区开展问卷发放的工作，回收有效问卷200余份，为本次的调研分析奠定了坚实的基础。问卷发放对象为社区居民，主要调查维度是社区居民对红色宣传工作的认可度和受影响程度，以及最后设置的开放性建议问题。在分析过程中运用Stata软件对问卷进行了初步分析，得出了下面的结论。

（1）基本问题分析。基本问题主要涉及性别、年龄、职业和政治面貌四方面。就前两个问题来看，数据显示样本的男女比例相差不大，既不会让数据受到性别干扰，又能更准确分析性别对应变量的影响。在我们的调研人群中，45 岁以上的中老年人占的比例较大，其次是 19 ~ 35 岁人群和 36 ~ 45 岁人群，占比最小的是 18 岁以下的未成年人。这里有些许不合理之处，但这也与现阶段社区的常住人口构成比例相吻合。中青年大多忙于工作，青少年多在学校，对社区了解不太多，平时在社区内活动时间较多的多为中老年，对社区的红色宣传也更关注和了解，调查数据反而更为真实。后面也会进一步对年龄产生的影响程度进行分析。

（2）具体问题分析。具体问题分为“对红色宣传的态度”“居民意愿与实际情况”“接受度与被影响程度”“变化与意见讨论”四方面。主要从比例分析的角度来观察相关问题。

首先，看“居民对进行红色宣传的态度”，主要设置了两个问题：是否有必要进行红色宣传，是否会浏览红色宣传（图 2 - 10、图 2 - 11）。

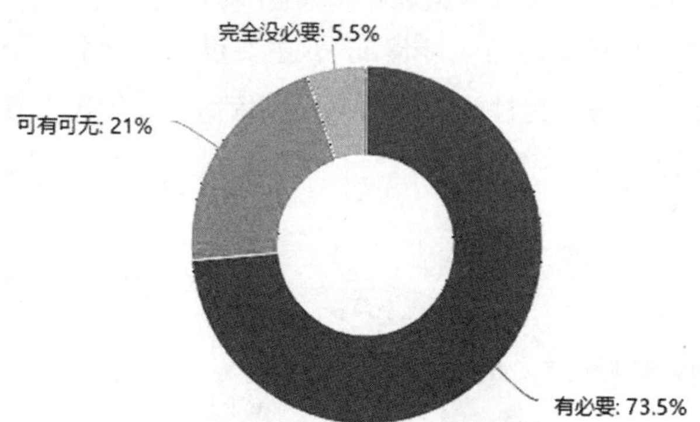

图 2 - 10　是否有必要进行红色宣传

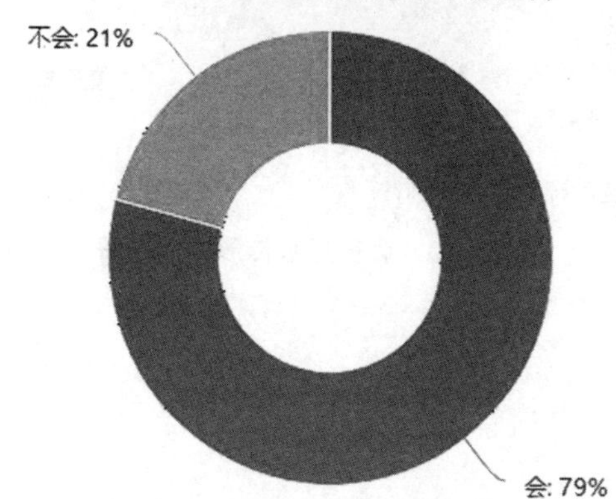

图 2 - 11　是否会浏览红色宣传

由数据可以看出，认为在社区进行红色宣传是有必要的占到了73.5%，可有可无的是21%，只有5.5%的人认为社区红色宣传完全没必要，证明大部分人对于红色宣传工作是认可和支持的，思想觉悟较高（这也与本社区的人员构成比例有关）。针对少部分人的忽略和抵触，有可能涉及年龄、政治面貌和工作等方面的因素，有关部门应该积极找寻原因，这也是社区红色宣传工作应该着重关注的人群，在充分了解这批群众的真实想法后，对症下药，在内容和形式等方面进行改进。有79%的人会浏览和阅读社区红色宣传方面的内容，有21%的人是不看的。这可能和大家生活节奏较快，没时间驻足关注相对来说不那么重要的信息有关，也可能是红色宣传的内容和形式不够吸引眼球，又或者是社区的宣传基础设施过于落后。这警示社区相关负责人员加以改进，增加阅读量。

其次，看“居民意愿与实际情况”，主要设置了三个问题：居民对宣传形式的了解、居民认为社区实际拥有的宣传形式、居民中意的红色宣传形式（图2－12至图2－14）。

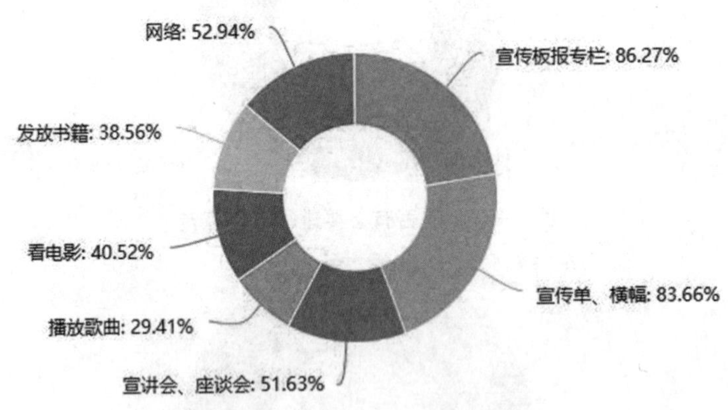

图2－12　居民对宣传形式的了解

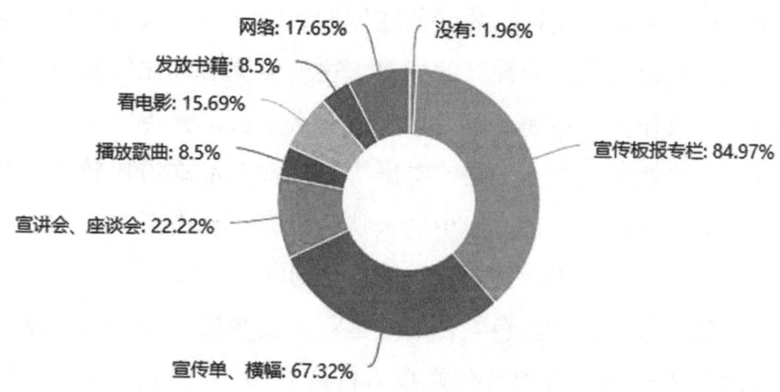

图 2－13　居民认为社区实际拥有的宣传形式

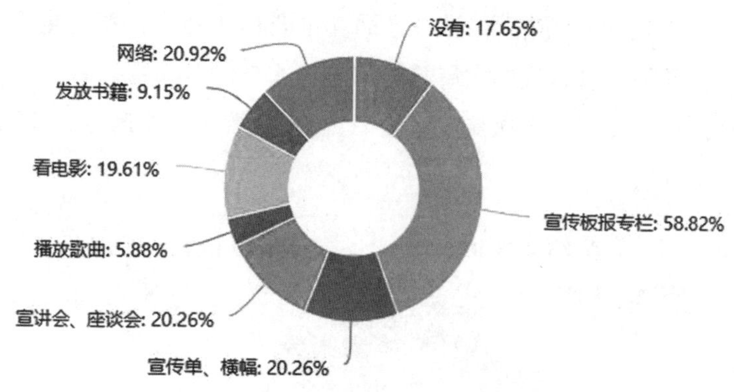

图 2－14　居民中意的红色宣传形式

由图 2－12 数据分析可知，首先人们对红色宣传形式的了解，大部分还停留在传统的宣传单、横幅、宣传栏等形式上。这几种方式也是最直观的，同时也是现阶段社区的主要宣传手段。传统形式因为易于实施、成本较低、直观易懂、易于接触、操作简单等优点更为人所接受，但实际影响效果有待进一步考察。另外占比比较大的是网络渠道、宣讲会、座谈会和看电影等形式，这一形式更符合年轻一点的人群，也紧随时代发展的脚步，适应了互联网和新媒体发展的趋势。比起静态宣传，这些方式更有趣，也更能吸引人，可进一步扩展，加大投入。至于占比较小的歌曲和书籍，操作比较麻烦，另外成本较高，且收获的效果不如上面的宣传形式，“性价比”较低。

从实际情况来看，此社区的红色宣传形式以宣传板报宣传栏为主，依然比较传统，这也是大部分社区的情况。这种传统形式比较容易开展，且关注度较大，操作比较容易，发展经验也非常丰富，宣传效果具有非常稳妥的特征，出错概率较低。网络、电影等时代性新形式占比较小，社区应该扩大这一部分的投入。还有极少的人认为没有自己中意的宣传形式，社区工作者要扩大宣传范围，及时让居民接受到红色教育。

另外，居民最中意的红色宣传形式是宣传报专栏（但是该数据可能受制于现实的宣传形式，因为宣传栏最为普遍），剩下的宣传单、横幅、网络也占一定比例，因此，一方面宣传工作者依然要重视宣传栏板报的设计和更新，让“老树开新花”；另一方面，也要加快建设网络、电影等新形式的发展，紧跟信息时代的发展趋势。

再次，看“接受度与被影响程度”，主要设置了五个问题，如图 2 – 15 至图 2 – 19 所示。

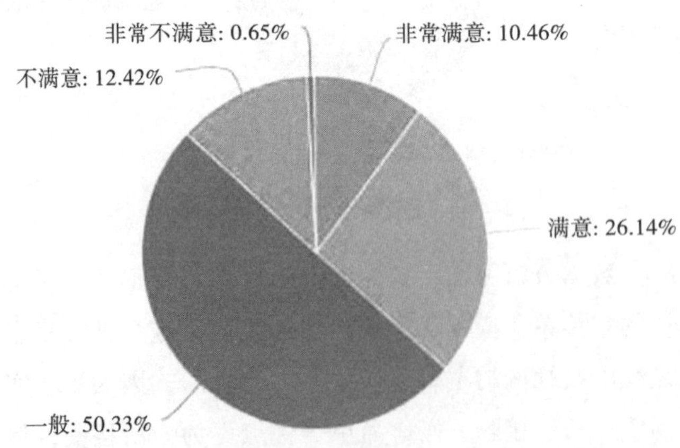

图 2 – 15　居民对本社区红色宣传工作成效的满意度

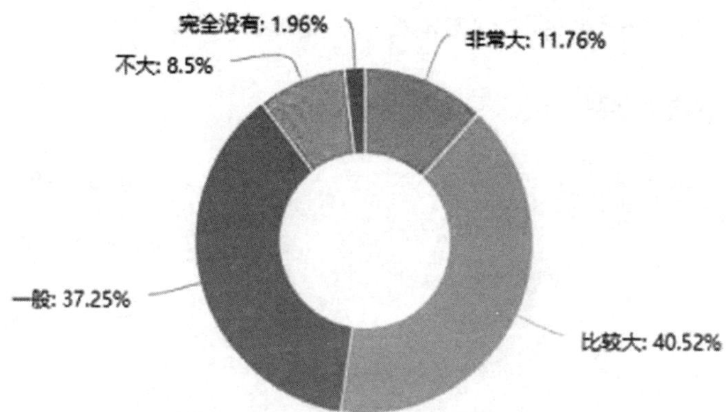

图 2－16　红色宣传对社区精神文明建设的影响

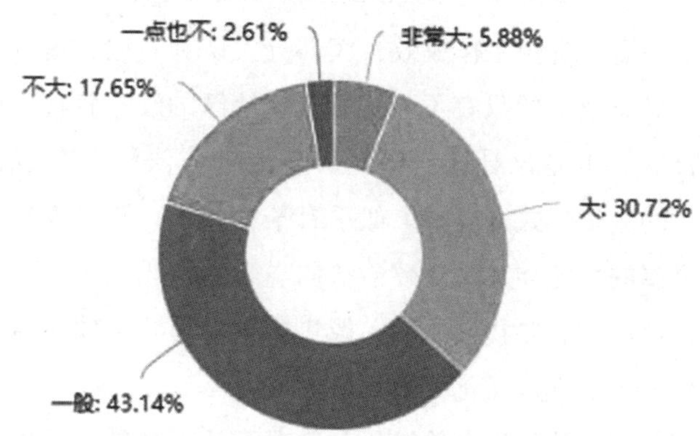

图 2－17　红色宣传对个人精神层面的影响

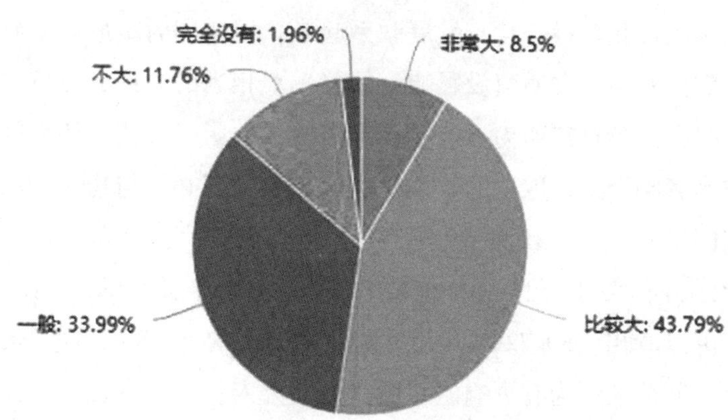

图 2－18　该社区红色宣传的力度

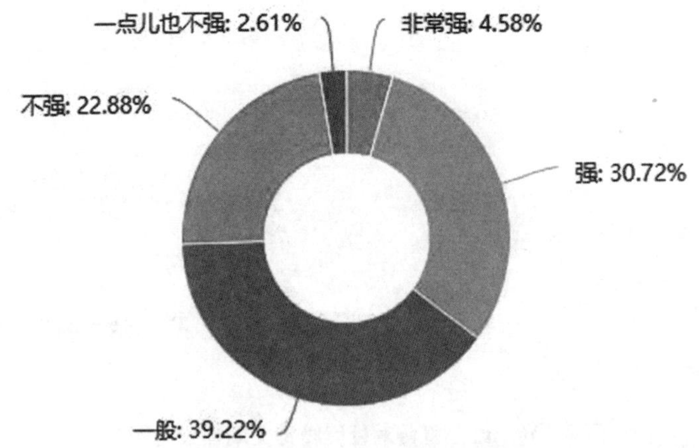

图 2－19　该社区红色宣传实效性分析

针对社区现有的宣传工作成效，大部分人认为一般，占到了样本总量的一半以上，满意以上的只有不到四成。D 社区的红色宣传力度很大，属于先进模范社区，但是该社区居民对其宣传工作依然没有给予充分的肯定，这与前面的宣传形式调查结果似乎有某种联系。除了宣传工作自身的问题之外，更多的可能涉及民众政治认同与政治意识的因素。另外针对不满意的人群，社区有必要找寻原因，改进内容、形式，同时传播红色文化的观念，唤醒居民对先进文化的学习意识。

相当一部分样本认为社区的红色宣传对于社区精神文明建设的影响还是比较大的，因此有必要加强社区的红色宣传，并尽力扩展，将社区红色宣传和社区的文化建设、自身发展联系起来。但是同时也应该看到，居民认为红色宣传对精神文明建设影响小的也占了相当的一部分比例，这从一个侧面反映了红色宣传作为一种精神意识层面的影响方式，如果就以其本源的形式来影响受众，取得的效果可能比较有限，必须与物质层面，即现实层面的因素配合，才有可能从宏观意义上促进全社会的精神文明建设。

除此之外，关于社区的红色宣传对个人精神层面的影响，我们从图 2－17 可以看出，30. 72% 的人认为是比较大的，5. 88% 的人认为非常大，也有一部分人认为有影响但一般，少部分人认为一点也不。该问题与上面的社区精神文明影响有着内在的联系，可以看到两个数据表比例趋同，这个也是在调研小组意料之中的情况。因此，整体来看，社区的红色宣传对个人产生了积极影响，应该继续发展。但只有使红色宣传不断优化，先扩大对个人的影响，才能进一步升华，为社区的精神文明建设做出贡献。

再次，从居民角度来看，该社区对于推进红色宣传的力度方面，43.79%的参试样本认为比较大，认为宣传力度一般的也占到了近1/3，过半数的居民对本社区的红色宣传工作持有肯定态度。在调研过程中我们发现，该社区实际的红色宣传力度还是很大的，之所以会有很多人认为社区该项工作的力度一般，一方面可能因为这部分居民不常关注这些内容，另外一方面可能与该社区红色宣传的分布有关系。靠近居委会旁边的居民楼可能会经常看到红色宣传的进行，但是一些稍微远一点的居民楼，这样的机会就比较少了。该社区占地面积较大，且居民楼分布较为散乱，所以红色宣传工作也不可避免地存在着区域分布性差异问题。

针对该社区红色宣传的实效性（图2-19），39.22%的人认为一般，30.72%的人认为强，只有4.58%的人认为非常强，还有少部分人认为不够强，红色宣传对社区具有重要意义，应该加强实效性，避免形式主义。实效性涉及宣传频率、宣传形式、受众群体等很多因素，这也是在分析优化路径时需要重点考虑的问题。

最后，看“变化与意见讨论”，主要设置了四个问题，如图2-20至图2-23所示。

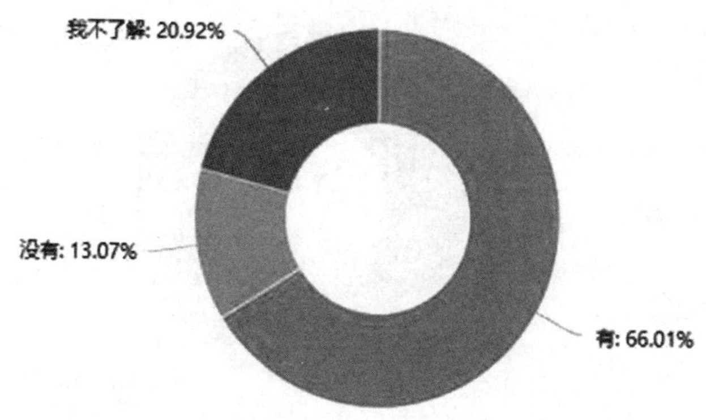

图2-20　居民对十九大后宣传工作变化的了解

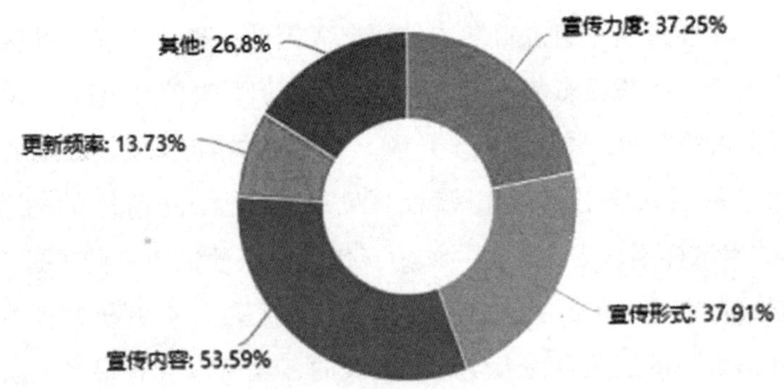

图 2－21　体现变化的方面

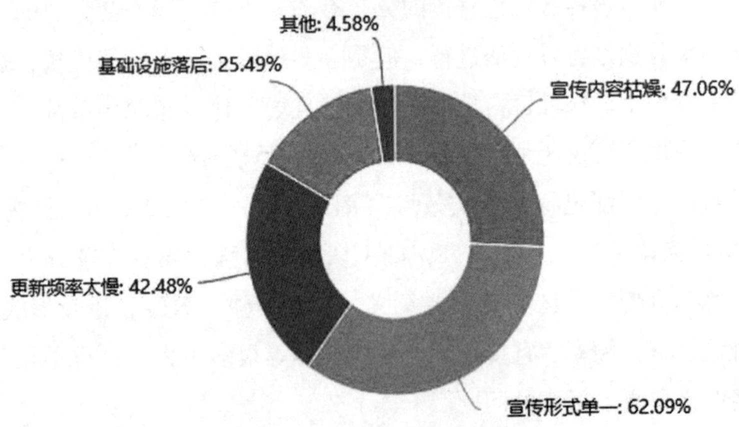

图 2－22　社区红色宣传的缺点

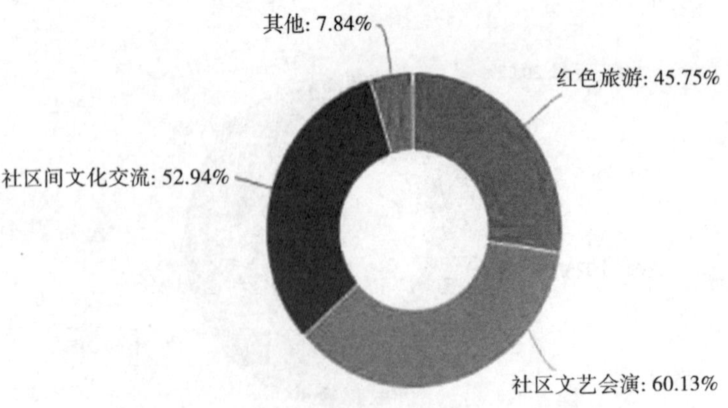

图 2－23　预设的改进方法

十九大之后，社会主义核心价值观进一步被强调，红色宣传涉及社会发展的方方面面，当党中央的政策思想有新变化时，宣传内容和形式也必然要与时俱进。66.01%的居民都觉察到了十九大后社区宣传工作有了显著的变化。且调研小组事先预设了四个体现红色宣传变化的选项，其中“宣传力度”“宣传形式”和“宣传内容”三项选择基本上都得到了居民的青睐，反映了现阶段改善社区红色宣传工作已经迫在眉睫。而认为没有变化的占13.07%，这里主要是因为社区宣传频率和宣传形式的变化控制不到位，所以还需要进一步改进。

为了让红色宣传优化工作更有针对性，更加具体化，我们对居民认为红色宣传存在的问题也做了调查，由问卷统计结果可知，最大的问题在于宣传形式单一，其次是内容枯燥、更新慢等问题。因此结合本问卷的其他问题，我们便可以对原有的宣传板报横幅专栏、宣传单等传统方式进行创新，也要不断引进互联网下的新形式。至于宣传内容，不仅仅是简单的传达政策，更要对政策进行解读，和人民生产生活联系在一起，让人们更有代入感，才能深入人心。

（3）相关性分析。除了对问卷调查结果进行描述性分析之外，我们还就问卷中的相关关系进行了初步分析：

表2-3　问题相关性分析

您是否会浏览和阅读社区红色宣传内容	Coef.	Std. Err.	z	P>|z|	[95% Conf.	Interval]
您的性别是	.4649283	.2540064	1.83	0.067	-.0329151	.9627718
您的年龄	.2892814	.1249889	2.31	0.021	.0443076	.5342552
您的政治面貌为	-.2144795	.16424	-1.31	0.192	-.536384	.1074251
您的文化程度为	.3031772	.1446421	2.10	0.036	.019684	.5866704
您的职业方向是	.0411916	.052339	0.79	0.431	-.061391	.1437742
您家庭是否有政治或军人背景	.0387984	.2763956	0.14	0.888	-.502927	.5805237
您已经在该社区居住	-.0991781	.1346357	-0.74	0.461	-.3630592	.164703
您认为在社区内进行红色宣传	-1.007012	.188734	-5.34	0.000	-1.376924	-.6371001
_cons	.8429941	1.004279	0.84	0.401	-1.125356	2.811344

表2-3为以“居民是否会浏览和阅读社区的红色宣传内容”为因变量，以性别、年龄、政治面貌、文化程度、职业方向、家庭背景、社区居住年限、个人对红色宣传态度等为自变量的相关数据汇总。

分析可知，在置信度为95%的条件下，年龄对应的P值为0.021，小于0.05，说明是否浏览和阅读红色宣传内容和年龄间具有显著相关性；Coef值为正数，年龄与对红色宣传的关注度成正相关，即年龄越大的人越会关注红色宣传内容。这启示社区宣传工作者一方面要丰富红色宣传的内容，针对不同年龄段人群的接受特点进行宣传设计；另一方面，也要以年龄更大的人群作为切入点，在丰富这部分人群红色文化教育的基础上，尽量形成扩散效应，让高年龄段居民对低年龄段居民产生言传身教的作用。

同样地，在置信度为95%的条件下，文化程度对应的P值为0.036，小于0.05，说明文化程度和对红色宣传的关注度具有显著相关性；Coef值为正数，两者为正相关，即文化程度越高，越会关注红色宣传内容，因此提升全社会整体教育水平是提升红色宣传实际效果的根本措施。

表2-4　问题相关性分析

您认为在社区内进行红色宣传的必要性	Coef.	Std. Err.	t	P>|t|	[95% Conf.	Interval]
您的性别是	.0098329	.0800396	0.12	0.902	-.1480369	.1677027
您的年龄	-.0258638	.0407137	-0.64	0.526	-.1061673	.0544397
您的政治面貌为	.247103	.05334	4.63	0.000	.1418954	.3523106
您的文化程度为	.0223142	.0486733	0.46	0.647	-.0736889	.1183172
您的职业方向是	-.0183539	.0168503	-1.09	0.277	-.0515894	.0148815
您家庭是否有政治或军人背景	-.0007339	.0882808	-0.01	0.993	-.1748585	.1733907
您已经在该社区居住	.0248598	.0456444	0.54	0.587	-.065169	.1148885
_cons	.8292781	.3270828	2.54	0.012	.1841412	1.474415

表2-4是以“居民所认为社区红色宣传的必要性”为因变量，以性别、年龄、政治面貌、文化程度、职业方向、家庭背景、社区居住年限为自变量的相关数据汇总。

由上表可知，在置信度为95%的条件下，政治面貌对应的P值为0.000，小于0.05，呈现完全显著的相关性，且Coef值为正数，两者为正相关，说明政治思想觉悟越高，对红色宣传的认可度越高，越认为红色宣传应该在社区进一步发展，更能明白红色宣传的政治文化意义。因此全面提高居民的思想政治觉悟是促进红色宣传工作在社区深度培育的关键措施。

另外，职业方向的P值为0.277，小于0.5，也有一定程度的相关性。

本社区很大一部分都是政府和企事业单位的居民，职业的政治性、公共性较强，因此对红色宣传工作的认可度较高。

而性别、年龄、文化程度、家庭背景、社区居住年限等对应的 P 值均大于0.5，在置信度为95%的条件下，上述要素与“居民认为社区红色宣传的必要性”这个问题无太大关联。

表2-5为以“社区红色宣传对个人精神面貌的影响”为因变量，以性别、年龄、政治面貌、文化程度、职业方向、家庭背景及社区居住年限为自变量的相关数据汇总。

表2-5　问题相关性分析

您认为红色宣传对个人精神面貌的影响	Coef.	Std. Err.	t	P>|t|	[95% Conf.	Interval]
您的性别是	-.0523681	.1258785	-0.42	0.678	-.3006503	.1959142
您的年龄	.1766298	.0640305	2.76	0.006	.0503363	.3029233
您的政治面貌为	-.3215135	.0838879	-3.83	0.000	-.4869738	-.1560532
您的文化程度为	.0709646	.0765486	0.93	0.355	-.0800196	.2219488
您的职业方向是	.0405056	.0265005	1.53	0.128	-.0117639	.0927751
您家庭是否有政治或军人背景	-.0145825	.1388394	-0.11	0.916	-.2884288	.2592638
您在该社区居住的年限为	-.0566625	.071785	-0.79	0.431	-.198251	.0849259
_cons	3.462796	.5144039	6.73	0.000	2.448188	4.477405

表2-5中显示，在置信度为95%的条件下，年龄对应的 P 值为0.006，小于0.05，可见红色宣传对于个人的影响大小和年龄大小呈现显著相关性；Coef值为正数，即红色宣传内容对于个人精神面貌影响随着年龄增大而增大。可见红色宣传的影响还是主要对年龄大的人群。

另外，在95%的置信度的条件下，政治面貌对应的 P 值为0.000，呈现显著相关性，可见政治教育和政治觉悟水平高的人，更能感受到红色宣传对自身的积极影响。

除此之外，文化程度和职业方向与该问题也有一定的关系，至于性别、家庭背景、居住年限等均不能显著影响红色宣传的效果。

五、社区红色宣传的改进建议

根据实地调研、访谈以及问卷数据分析的结果，基于现阶段社区红色宣传的具体情况，我们整合了相关文献和调查资料，总结出以下四点具有代表性和普遍意义价值的改进措施。

1. 重视宣传栏、板报等传统红色宣传形式的设计和更新，继续发挥其在社区红色宣传方面的作用

根据问卷数据分析，半数以上的调查对象比较中意宣传栏、板报等传统的红色宣传形式。宣传栏、板报等一般摆放在社区固定位置，社区居民对其较为熟悉和认可。和宣讲会、座谈会等相比，它有利于社区居民在零碎时间里了解到社区红色宣传的内容，在不占用居民整块时间的同时，还能达到社区红色宣传的效果。因此社区仍要继续加强利用社区内宣传栏、板报等区域开展社区红色宣传。在宣传栏的设计和更新方面：首先社区工作者要注重及时更新内容，根据国家、省、市、区等最新政策要求做出调整，便于居民通过宣传栏等了解到最新的政策信息；其次要注重提高宣传栏等对居民的吸引力，注重创新宣传栏内容的设计，多使用图画、图形、表格等直观易懂的形式，增强宣传栏的吸引力和可读性；最后，当前社区的宣传栏和宣传条幅等基本上由街道统一制作分发，社区在此过程中没有很好地发挥自身能动性，因此在今后的宣传工作中可以向上级部门申请自行制作符合本社区特点的宣传栏和宣传板报以及条幅，增强宣传工具的适应性和社区特色。

2. 突出红色宣传形式与内容的年龄特征，使其适应各年龄段受众的需求

不同年龄段的人群在社区中生活，由于其生活经历、知识背景等存在较大的差异，对社区红色宣传的接受、认知程度也必然存在很大不同。因此要想整体提高社区红色宣传的效果，势必要关注社区内各年龄段人群对社区红色宣传的需求，根据各年龄段人群的特点开展相对应的红色宣传教育。问卷结果显示，年轻人群中对利用网络开展社区红色宣传的满意度高于老年人。因此，在年轻人群体中利用网络搭建传播平台无疑是提高红色宣传效果的有效途径。例如，社区现有的“梨园微邻里”小程序，通过在网络上整合街道日常的生活事务，将服务功能与宣传功能统一起来，中青

年群体可以通过该小程序开展丰富多样的红色文化学习活动。此外，除了单方面的宣传灌输外，社区还可以开展关于红色宣传的实践活动，促进红色宣传形式多样化。例如，在调研中我们得知，社区早些年开展过一些“红色故事我来说”的演讲比赛，获得过社区居民的广泛好评，但由于经费原因未能持续举办下去。竞赛性质的红色宣传活动相较于自愿性的更加具有吸引力与影响力，在保障宣传经费支持的前提下，开展丰富多样的红色宣传竞赛等寓教于乐的宣传活动，既能提高居民参与的积极性，又能增强红色宣传的实效性。

3. 构建社区红色宣传工作者与社区居民的良性互动关系

面对十九大后社区红色宣传中出现的新困境和新问题，充分发挥社区红色宣传主体多元化的优势，调动各方的积极性和主动性，是推动社区红色宣传有效开展的重要路径。社区红色宣传工作者一方面要发挥新形势下红色宣传的核心作用，另一方面要注重探索多元化的红色宣传主体。社区居民中有很多思想先进的党员，鼓励其发挥先锋模范作用，充当红色宣传的传播个体，有利于拉近宣传工作与社区居民之间的距离，提升红色宣传效能。D 社区一方面坚持宣传工作的“双轨负责制”（由居委会和物业公司共同承担宣传工作），另一方面加强党员群体的宣传技能与宣传意识的培养，借助上级部门积极推行的“党员下沉”政策，形成社区红色宣传工作的“扁平化”特征。同时，社区红色宣传工作者要注重搭建平台，及时了解社区居民对红色宣传形式、内容、频率等的态度和满意度，以便于针对在红色宣传过程中存在的问题及时修正，实现与社区居民的良性互动。

4. 推动实现红色宣传工作由“抽象化”到“具体化”的转变

当前社区红色宣传工作具有较高的“抽象化”特征，具体体现在宣传话语的政治性、宣传形式的单一性以及宣传内容的泛化等方面。根据我们的调研结果，D 社区的红色宣传的形式局限于传统的宣传栏、横幅、宣传板报以及有限的网络手段；宣传的内容大部分以政策文件的原本为主，阐释性宣传较少。由此造成了宣传工作较高的“抽象化”特征，不利于居民进行了解和学习。但与此同时其中又不乏亮点，例如，D 社区开设了廉政教育主题长廊，借助中国传统文化中的剪纸艺术，将廉政文化的精神内涵赋予其中，实现了红色宣传内容的“具体化”，有利于提升社区红色宣传的实效性，加深居民对宣传内容的理解和学习。综上，实现红色宣传工作由“抽象化”到“具体化”的转变，一方面可以借助社区日常事务，加强对政策文件的阐释，减轻居民的理解难度；另一方面激励社区宣传工作人员寻找合适的宣传载体（如上面提到的剪纸），将红色文化的精神赋予到宣传载体中，提升红色宣传工作“潜移默化”的影响力，使红色精神浸润人心。

（指导教师：陈刚、陈柏奇）

“稳定”背后的基层公务员晋升困境
——基于H省A市的实证研究

任欢仪　刘伟

摘要： 本文认为“稳定”是中国公务员这份职业的一项重要特征，也是中国民众选择以公务员为职业时的主要价值取向。“稳定”体现了一种个人与集体的深度绑定，也使得基层公务员的晋升机制激励性较弱，基层政府运行效率不高，资源冗余浪费。它们相互影响共同构成了基层公务员的晋升困境。在晋升困境下，基层公务员可能会选择被动等待晋升机遇、主动争取上升通道或放弃追求晋升。同时，公务员相关制度也在各级政府、公务员和制度本身的不断博弈磨合中改进完善，体现了一种中国特色的制度发展路径，而这也为思考我国的制度变迁提供了一个不一样的切入点。

关键词： 稳定，基层公务员，晋升困境，制度变迁。

一、绪论

（一）问题的提出

“稳定”往往是人们对于体制内工作的第一印象，同时也是大部分选择进入体制内的人们的核心诉求。不但外界印象如此，而且身在体制内的公职人员在评价自己的工作时，对于“稳定”这个特点的满意度也是最高的。“稳定”意味着一个体制内的公职人员只要没有违法乱纪或者其他重大过错，就可以“吃一辈子公家的饭”。这一特点在2020年新冠肺炎疫情期间也可见一斑，相较于更多私企就业者而言，大部分公职人员在这场黑天鹅事件中几乎没有失业或大幅降薪之虞。但是一份“稳定”的工作和快速畅通的晋升通道之间必然存在着张力。体制内的每一个人都等同的稳定性，所带来的是退出机制的低效和职务的只升不降。一个人除非出于自我意愿辞职，或者出现违法乱纪行为，否则只有退休才能空出他所拥有的编制和职务。上位的人动不了，下位的人就无法晋升，晋升空间层层压缩，压力向下传导，基层公务员自然成了体制内晋升最受限的群体。

2016年，我国有超过719万公务员①，其中大部分为基层公务员。基层公务员是政府决策的最终执行者，直接服务于人民群众，是庞大官僚体系的神经末梢。作为中国政治的研究者理应关注当代中国政治精英如何决策和更替，也同样不能忽视将所有决策落到实地的基层公务员。“对今天的民众来说，日常生活中无处不在的官僚制组织即是国家”②，与民众直接接触的基层公务员很大程度上影响着民众对于“国家”这个概念的构建。关注基层公务员也是试图从微观层面理解中国的政治运作和相关的制度变迁过程。

“稳定”这个特质到底会如何影响选择这份工作的个体和整个基层工作系统？在有限的晋升空间中，基层公务员可以选择哪些上升通道？公务员选拔、晋升的相关制度和个体选择存在着什么样的互动关系，这之间又存在着哪些问题？这些问题都是本文试图进行回答的。

（二）文献综述

基层公务员工作的稳定特性和晋升困境之间有着天然的联系。现有基

---

① 参见《2016年度人力资源和社会保障事业发展统计公报》第9页，2017年度和2018年度公报均未对这一数字进行更新，论文撰写期间2019年公报尚未发布，因而采用2016年度公报数据作为参考。

② 周雪光．国家治理逻辑与中国官僚体制：一个韦伯理论视角［J］．开放时代，2013（3）：5—28.

层公务员晋升问题的相关研究大多从激励视角出发，认为晋升激励是公务员工作中最为重要的一种激励，而晋升激励的不足很大程度上导致了基层公务员积极性不高和行政效率低下①，将晋升问题作为基层公务员激励问题的一部分加以讨论②。这些研究为晋升制度的完善提供了有益参考，但是隐含的逻辑是，只要解决激励问题，公务员的工作效能就能提高，这样的逻辑并没有考虑到与之相联系的制度框架、基层公务员的群体特征和制度环境下的个体选择。这也使得研究一定程度脱离现实语境，从问题分析到理论思考都显得不甚深入。

在公务员考核制度的相关研究中也不乏对于公务员退出机制的低效和能上不能下缺陷的讨论③，但这并不能包含本文试图探讨的"稳定"的全部意涵。"稳定"是中国长期单位体制下的体制特征和人们由此所形成的一种价值取向，本质上反映了国家—社会—个人三者关系的理解，即个人通过单位依附于国家，国家通过单位向社会分配资源实现统治④。"稳定"意味着一种个体和国家的深度绑定，这种绑定不因个体情况的变化而改变。反映在体制和价值取向上的"稳定"到底如何影响基层公务员的晋升是值得讨论的问题。

在基层公务员相关的论文中，制度分析和实证分析是主要的研究方

---

① 缪国书，张洛丹．公务员晋升制度的激励作用研究——基于"政治人"的人性假设视角［J］．中国人力资源开发，2011（9）：74—77；王琳馨．我国公务员晋升激励制度分析［J］．现代经济信息，2015（19）：11；曾水坚．粤北某镇基层公务员晋升影响因素的实证研究［D］．兰州：兰州大学，2015；杨柯，张伟豪．基层公务员晋升机制问题研究——以山西省 L 县为例［J］．领导科学论坛，2019（9）：33—37.

② 孙怡晨．公务员制度下我国政府人才流失的问题与思考．现代交际，2019（11）：244—245；苏慧超．县级以下公务员激励机制问题研究［D］．郑州：郑州大学，2015.

③ 陈先郡．我国公务员绩效考核面临的困境及其对策分析［J］．经济师，2011（2）：56—57；李利平，周望．统筹各类编制资源的改革方向和政策建议［J］．中国行政管理，2020（3）：27—31.

④ 杨光斌．当代中国政治制度导论［M］．北京：中国人民大学出版社，2015：108—109.

法。制度分析通常通过纵向分析相关公务员管理的政策法规文本，梳理我国公务员制度的发展脉络，探讨我国公务员制度的发展方向①。或者从横向出发，对各国公务员制度进行比较，取长补短，对我国公务员制度的完善提供有益借鉴②。但是进行制度分析的相关研究很少关注到一些为了适应现实情况需要而在实践中普遍推行的做法，如借调、遴选等。实证分析的诸多研究通过问卷和访谈等方式以一时一地为关注点，将调研落实到生活和实践中，为我们呈现了更加丰富生动的基层公务员形象和他们的相关态度③。不过这些实证研究在理论结合上存在一定的不足，在深度上有所欠缺。

（三）研究思路

现有文献的不足为本文所提出的问题留下思考和探究的空间。笔者尝试从现实出发，在实证研究的基础上结合制度分析，探究“稳定”的公务员体系特征和“稳定”价值取向如何造成基层公务员的晋升困境，个体在这样的困境中如何选择，而为了保证政府的高效顺畅运作，公务员相关制度又是如何调整以应对晋升困境和个体选择的。

尽管经历了四十年的市场经济体制改革和政府体制改革，在路径依赖的影响下，“稳定”依旧是体制内工作的鲜明特征。作为许多民众择业价

---

① 胡威，蓝志勇．《中华人民共和国公务员法》十年回顾、思考与展望［J］．南京社会科学，2018（1）：77—83；胡威．中国公务员制度研究：历程回顾、前沿问题与未来展望［J］．中国人民大学学报，2013（5）：151—156；郝玉明．新公务员法基本特征与制度展望——基于公务员法最新修订条款的制度文本分析［J］．新视野，2020（2）：81—87．

② 苏慧超．县级以下公务员激励机制问题研究［D］．郑州：郑州大学，2015；唐艳华．国外基层公务员激励机制对我国的启示——以美国、日本、越南为例［J］．探索，2017（2）；李和中．国家公务员制度导论［M］．北京：中国人民大学出版社，2011．

③ 沈传亮．公务员群体的政治文化研究［M］．郑州：郑州大学出版社，2007；骆维．基层公务员激励机制问题研究——以江西省赣州市部分乡镇机关为例［J］．南方论刊，2018（1）：72—73，84；陈东．欠发达地区基层公务员激励机制研究——以甘肃为例［J］．兰州学刊，2016（2）：201—208．

值取向的“稳定”则是受到政治领域独有特征的影响，在缺乏退出机制的政治权力场域中，个人无论愿意与否，都只能适应现有的政治环境和规则①。

这两方面的“稳定”同时造就了其背后的陷阱。对于基层公务员而言，“稳定”导致了弱激励性的环境；对于基层政府运作而言，“稳定”导致了低效和资源的冗余浪费，它们相互影响共同构成了基层公务员的晋升困境。而这一点在基层政府中表现尤为明显。

在无可避免的晋升困境下，不同诉求的基层公务员会采取不同的应对策略。笔者将其分为三类。第一类是被动等待晋升机遇，如深耕于所在单位等待领导赏识和提拔机遇，或得到借调机会争取借调过后留在发展更好的借调单位等。第二类是主动争取上升通道，如通过参加遴选之类考试进入上级单位等。第三类是放弃追求晋升，这类多见于年龄较大升迁无望和自身由于各种原因对晋升不感兴趣的基层公务员。他们对工作大多采取应付推诿的策略，只求通过工作考核。

基层公务员长期的晋升困境同样会导致基层政府运作的低效。为了保障基层政府的运作和实际需要，我国相应的公务员选拔、考核、晋升等制度也在不断调整变迁。从逐渐完善的遴选制度到愈加受到约束的借调行为，从职务职级并行改革到事业单位改革，这体现了中国的政治制度的灵活性和强大的生命力。路径依赖和制度变迁之间的张力也更加显现出来，其背后也是各级政府、公务员和制度惯性的不断博弈磨合。以此为切入点，可以更深刻地分析和理解我国的政治制度变迁。

（四）一个基本概念的界定

本小节尝试从更为现实和日常的角度界定“基层公务员”这个概念。我国2019年6月1日开始实施的《中华人民共和国公务员法》第一章第

---

① 张海清．制度如何形塑政策？——基于历史制度主义的视角［J］．中国行政管理，2013（6）：55—59.

二条规定："本法所称公务员，是指依法履行公职、纳入国家行政编制、由国家财政负担工资福利的工作人员。"法律定义下的国家公务员概念中一个核心要件是"纳入国家行政编制"。但是笔者认为将基层公务员的范围只限定在国家行政编制人员，在一定程度上是脱离现实的，在研究中，机关事业编制的公职人员也应被包含进这一定义。

1. 现实依据

笔者的观点主要源于一种日常生活的逻辑，即既然在同一间办公室做着同样的事情，待遇也基本相同①，只有编制类型的不同，那么将行政编制和党政机关事业编制人员同样算作公务员是合理的，也是更符合实际情况的。

我国高层与基层公共部门的人事结构存在明显不同。我国在2001年进行编制改革后，对于行政编制的控制趋于严格，行政编制控编减编压力持续加大。整体改革的设计对于中央和省级公共部门的压力较小，一方面是其职能以管理为主，另一方面是中央和省级在编制问题上的自主空间相对较大，所以行政编制可以满足大部分需要。但是对于市级和县乡级而言显然不是如此，行政编制的不足和公共职能的增加使得基层人员压力较大，因而基层政府部门常常以直属事业单位的名义招聘事业编制人员以满足工作需要。长此以往，维持县乡政府运转的工作人员有相当大一部分是事业编制。以笔者所调研的H省A市②为例，A市的行政编制数为3099，在职人数为2873；市直事业单位编制数为524，在职人数为504（市直事业单位指园区、档案、史志、党校等市委、政府直接管理的事业单位）；其他机关事业单位编制数为5059，在职人数为5762（其他机关事业单位主要为党委、政府工作部门所属事业单位）。③ 从上述数据可以看出，机关事业编制人数约为行政编制人数的两倍。但行政编制中有1/3以上是公检法单位，

① 基层机关单位的行政编制的工作人员较事业编制的工作人员多了车补收入，但是事业编制的工作人员也享有其他补贴，在福利待遇上二者大致相同，没有较大差距。

② 按照学术规范，作者对所涉及的地名和人名进行了匿名化处理。

③ 数据来源于A市市委编制办公室。

还有一部分是领导干部，真正留给基层的行政编制少之又少。即便在副科级也有不少干部仍为事业编制，所以实际上基层工作人员的事业编制比例应该更高。因此，笔者认为将基层公务员作为研究对象时不应忽略党政机关单位事业编制人员，否则我们对于基层政府运作的理解是失实的。

2. 相关法律法规依据

这样的分析在中共中央组织部 2020 年 3 月 3 日发布的文件中也能得到一定的支持。2020 年发布的《参照〈中华人民共和国公务员法〉管理的单位审批办法》相较于 2006 年发布的《关于事业单位参照公务员法管理工作有关问题的意见》更加详细地表述了各类可以参加参公事业单位审批的事业单位，并且扩大了范围。《参照〈中华人民共和国公务员法〉管理的单位审批办法》第六条规定："市（地）、县级党委、政府直属事业单位，纪委监委机关所属事业单位，党委、政府工作部门所属事业单位实行参照管理的，由省、自治区、直辖市公务员主管部门审批。"①，换言之有资格参加参公事业单位审批的事业单位从中央和省属事业单位被扩大到市县一级，一定程度上明晰了大量基层机关事业编制人员的定位。

3. 概念陈述

"基层"的概念笔者认为应该从行政区划层级和职务级别两方面加以界定。行政区划层级上的"基层"是县乡级政府，而职务级别上则指非领导职务，即乡科级副职以下②。

综上，笔者将"基层公务员"定义为处于县乡两级依法履行公职、纳入国家行政编制、由国家财政负担工资福利的乡科级副职以下工作人员和县乡两级党委、政府直属事业单位，纪委监委机关所属事业单位，党委、政府工作部门所属事业单位中履行公职、纳入国家事业编制、由国家财政

---

① 参见中共中央组织部 2020 年 3 月 3 日印发的《参照〈中华人民共和国公务员法〉管理的单位审批办法》第六条和 2006 年 8 月 20 日中共中央组织部、人事部印发的《关于事业单位参照公务员法管理工作有关问题的意见》。

② 参见全国人大常委会 2018 年 12 月 29 日公布的《中华人民共和国公务员法（2018 修订）》第三章第十八条。

负担工资福利的乡科级副职以下工作人员。

（五）调研方法与对象

2020 年 3 月，笔者对 H 省 A 市基层公务员进行职业规划和晋升制度评价方面的调研，调研采取问卷调查和访谈相结合的方式。H 省为我国中部省份之一，A 市为 H 省人口规模大、经济发展较好的一个县级市，符合基层定义。A 市基层公务员规模较大，可以提供较为充足的样本，笔者暑期曾在 A 市市政府某部门进行暑期实践，对于笔者而言进入性也较好，因而选择在 A 市进行研究调查。

笔者共发放电子问卷 341 份，剔除无效问卷 42 份，剩余 299 份问卷中，由于 54 份问卷填写者为领导职务，因而不予统计。符合研究对象范围的有效问卷共有 245 份。问卷分为“个人基本信息”“对目前工作的评价”和“个人未来规划”三方面，主要了解基层公务员对于工作的看法和态度，以及弱激励的晋升制度下的个体选择。245 份问卷所显示的性别结构、年龄结构、工作单位分布和编制结构如表 2－6 至表 2－9 所示。

表 2－6　问卷调研对象的性别结构

性别	数量	比例
男	135	55.1%
女	110	44.9%

表 2－7　问卷调研对象的年龄结构

年龄	数量	比例
18～22 岁	4	1.63%
23～35 岁	152	62.04%
36～45 岁	53	21.63%
46～55 岁	36	14.69%
56 岁及以上	0	0%

表 2-8　问卷调研对象的工作单位分布

工作单位	数量	比例
党务机关	26	10.61%
政府机关	129	52.65%
人大机关	0	0%
政协机关	2	0.82%
司法机关	25	10.2%
其他	63	25.71%

表 2-9　问卷调研对象的编制结构

编制类型	数量	比例
行政编制	108	44.08%
事业编制	137	55.92%

本次调研主要访谈了 7 位有过 A 市基层公务员工作经历的相关人员。通过访谈可以获取受访者经历和观点的更多细节，虽然部分受访者已经不再是基层公务员，但是了解他们作为基层公务员时的经历、职业道路和对基层公务员这一群体的看法同样非常有助于本文的相关论证。

二、“稳定”背后的陷阱

（一）“稳定”的来源

正如前文所述，“稳定”是公务员这一职业的首要特征。问卷中的相关问题也可以验证这一看法。在表 2-10 中，基层公务员对于工作的“稳定性”方面满意度最高，为 3.93 分，并且大幅超过量表中所涉及的其他方面，可见公务员工作稳定性高的确是事实。公务员工作的稳定性体现在，若非重大过失或主动离职，几乎不会被动离职，同时旱涝保收，薪资和相关福利待遇受到保障，不会随意变动调整。在个人突发变故时，这份工作也能起到兜底的作用。以访谈对象之一的郑成为例，他于2015年任纪委监察室副主任时突发严重疾病，之后调离了原有岗位，现主要负责内勤工作，工作量也相应调整，工资和相关福利始终有保障，同时单位也会对治疗所需费用进行一定的支持，家庭也不至于因病崩溃。

表2-10 问卷第9题对于工作各方面的满意程度

工作各方面	非常不满意	不满意	一般	满意	非常满意	平均分
稳定性	4（1.63%）	5（2.04%）	54（22.04%）	123（50.2%）	59（24.08%）	3.93
工作氛围	13（5.31%）	25（10.2%）	89（36.33%）	95（38.78%）	23（9.39%）	3.37
成就感	11（4.49%）	25（10.2%）	126（51.43%）	67（27.35%）	16（6.53%）	3.21
能力提升	10（4.08%）	33（13.47%）	126（51.43%）	57（23.27%）	19（7.76%）	3.17
福利待遇	9（3.67%）	31（12.65%）	136（55.51%）	52（21.22%）	17（6.94%）	3.15
专业匹配度	12（4.9%）	31（12.65%）	129（52.65%）	55（22.45%）	18（7.35%）	3.15
薪资	10（4.08%）	41（16.73%）	127（51.84%）	53（21.63%）	14（5.71%）	3.08
考核机制	17（6.94%）	36（14.69%）	116（47.35%）	63（25.71%）	13（5.31%）	3.08
发展前景	12（4.9%）	48（19.59%）	125（51.02%）	49（20%）	11（4.49%）	3

“稳定”也是基层公务员择业最重要的价值取向，从表 2－11 中可以看出，82.86%的公务员都将“工作稳定”作为择业原因。而选择比例第二高的“父母期望”选项在当前中国的语境中也很大程度与“工作稳定”相关。基层公务员的父母往往经历过更长时间的单位体制和计划体制生活，对于工作稳定性这一特征的认同度更高，在对子女的择业提供建议时，对公务员这一工作也就更为青睐。

表 2－11 问卷第 14 题为什么要选择公务员作为自己的职业

选项	数量	比例
工作稳定	203	82.86%
父母期望	128	52.24%
可以在特定的城市（如自己家乡/离家乡近的城市）就业	91	37.14%
社会责任感强，希望为国家和社会奉献	82	33.47%
公务员/事业单位招聘考试较为公平，限制少	51	20.82%
社会地位高	44	17.96%
分配/转业的结果	43	17.55%
个人理想和抱负	38	15.51%
认为公务员工作的竞争压力小	30	12.24%
工资水平高，福利待遇好	29	11.84%
认为公务员可以有更好的职业发展	28	11.43%
有相关背景人脉可以助力职业发展	6	2.45%

作为职业特征和择业价值取向的“稳定”是实际存在的，那么它因何而来就是我们需要探讨的问题。事实上，不仅仅是公务员，凡是“有编制”的工作都具有稳定这个特点。这与中国长期以来的单位体制有着密切的联系。杨光斌在《当代中国政治制度导论》中认为单位组织在社会结构中起着连接个人和社会的作用，事实上拥有政治统治性质。国家通过

单位组织实现政治统治、分配社会资源，使得经济“强制”和政治强制结合起来，国家基本取代社会，个人基本缺乏自主空间，只能依赖于集体和单位①。单位需要个人的依赖以维持统治，个人需要依赖单位而实现生存，单位和个人的关系必然呈现一种强连接的状态，这种强连接状态体现在日常语境中就是“稳定”。但是改革开放以来，市场经济改革为社会创造了空间，也就为人们提供了替代性资源，资源不再被完全垄断，单位体制也因此受到冲击。再加上体制本身也在不断变革，体制内工作的稳定性不断下降。但是改革永远不可能一蹴而就，长期的单位体制很大程度上影响了中国的社会治理模式，在路径依赖的影响下，国家权力对于社会的干预和挤压不会完全消失，体制内工作的稳定性依旧高于体制外。

我们也无法忽略路径依赖对于处在制度中的个体的影响。政治领域提供的公共物品区别于经济领域，具有四个相互关联的特征：“一是集体行动的核心地位；二是制度的高度密集；三是能够运用政治权威来提高权力的非对称性；四是内在的复杂性和不透明性。”② 这四个特征会强化政治制度的路径依赖。而从中我们也能窥见作为择业价值取向的“稳定”的产生原因。

第一是集体行动的核心地位，任何一项决策或政治活动都依赖于与他人的合作，在集体行动的压力下，个体也只能选择和集体一致的行动以降低行为成本。第二是政治制度的高度密集，个体的选择受到制度的约束，在密集的政治制度下，个体无法退出，只能在制度的框架内做出最有利于自己的选择。第三是政治权威和权力的不对称性，政治活动中的个体权力是不对等的，权力的拥有者们可以通过对权力的使用将自己的意志加于他人以巩固权力和既有制度。第四，政治过程内在的复杂性和不透明性，制度的缺陷和运转不灵无法在短时间内被察觉到，从而使得存在缺陷的制度长期维持。这四个特征决定了在长期的单位体制下，个体必然以进一个单

① 杨光斌．当代中国政治制度导论［M］．北京：中国人民大学出版社，2015：108—109.

② 何俊志．结构、历史与行为［D］．上海：复旦大学，2003.

位谋一份稳定的工作作为最优选择。正如在我国古代“士农工商”的等级体制下，必然出现“万般皆下品，唯有读书高”的论调。即便我国已经经历了四十多年的市场经济改革，这种价值取向依然根深蒂固地存在于人们的思维中，影响人们的择业结果。

（二）基层公务员的“稳定陷阱”——工作的弱激励性

虽然稳定性上差距不大，但是相较于中央和省级，县乡基层公务员工作激励性要更弱，甚至可以说对于积极性是有挫伤的，而这一点在晋升机制上体现得尤为突出①。在问卷中，基层公务员满意度最低的就是“发展前景”，平均分为 3 分，其次是“考核机制”和“薪资”，平均分均为 3.08 分②，其中“发展前景”和“考核机制”都与晋升机制直接相关。“稳定”可以带来保障，但是也同时意味着激励机制的低效。这就是对于基层公务员而言的“稳定陷阱”。

1. 基层晋升空间小

从宏观上看，公务员体系的“稳定”是个人和单位的深度绑定。公务员工作是某种意义上的终身职业，这意味着淘汰机制不能充分发挥作用，不合适的人极少被降职或者清除出公务员体系，另一方面编制体系也无法不受限制地扩张，所以相当大的一部分晋升空间被浪费。晋升空间挤压的压力向下传导，基层的晋升空间是牺牲最为严重的。

从微观上来讲，县乡两级的级别低、职数少，同时职数主要由上级地

---

① 此处与薪资和福利待遇相比较。结合表 2－10 问卷第 9 题对于工作各方面的满意程度和表 2－11 问卷第 14 题为什么要选择公务员作为自己的职业，可以看出无论是择业原因，还是对工作的满意程度，薪资/福利待遇都是一个评价较低的指标，我们可以合理推断，基层公务员对于较低的薪资/福利待遇是有心理预期的，同时由于长期来看薪资/福利待遇不会有较大变化（即使在不同层级，基层公务员的薪资和福利待遇差距也不大），所以笔者认为在这方面虽然对基层公务员的工作无法起到激励作用，但是也不至于挫伤积极性。发展前景这个指标在两个问题中也有类似特征，但长期来看晋升是有可能的，所以如果晋升欲望受到各种限制而无法满足，相对而言则更加挫伤积极性。

② 参见表 2－10 问卷第 9 题对于工作各方面的满意程度。

级市政府划定分配，基层缺乏自主权。较少的职数对于人口少、规模小的县乡而言或许是充足的，但是对于类似A市这种规模较大的县，职数的规模就显得捉襟见肘。只有在上级有职位出缺时，基层的公务员才有被提拔的机会。对于优秀的基层公务员而言，即便有领导属意，如果没有合适的机会，也只能一直等待，晋升无法成为工作成就的正面反馈。例如访谈对象李黛谈到的她在乡镇时的工作经历，她工作积极努力，也受领导赏识，第一次遇见提拔机会时由于工作年限不足而错失，后来的三年就一直没有晋升的名额，晋升不顺成为她参加遴选离开乡镇的一个重要原因。“没有合适的机遇”在职业发展的限制因素中被选比例为31.84%，排行第三高（见表2-12），虽然机遇的含义不仅仅包括上述情况，但是也在一定程度上说明了问题。

晋升空间小这一问题对于机关单位事业编制人员尤为严重。即使工作内容一致，工作能力相当，在提拔时，大部分单位和乡镇会优先考虑行政编制人员。那么对于许多事业编制的工作人员而言，可能很多年都无法等来一个合适的晋升机会。简言之，相对而言在基层公务员中，事业编制工作人员的晋升空间受到了更大程度的压缩。他们如果不能成为参照《公务员法》的管理人员或转为行政编制，在县乡的事业单位系统中最高也只能升到乡科级副职，职业天花板也更低。在问卷中，超过50%①事业编制的基层公务员都认为事业编制是晋升的限制因素。

表2-12 问卷第15题限制自身在所在单位发展的因素

选项	小计	比例
缺乏人脉背景	125	51.02%
人际交往能力不足	111	45.31%
没有合适的机遇	78	31.84%

① 结合表2-9问卷调查对象的编制结构看，事业编制共有137人，比例由此计算得出。

续表

选项	小计	比例
事业单位编制	74	30.2%
工作能力或专业知识不足	69	28.16%
工作成果未被准确评价	37	15.1%
资历不足	32	13.06%
学历不足	28	11.43%
得不到领导赏识	27	11.02%
年龄过大	26	10.61%
无	18	7.35%
道德素养不够	3	1.22%

2. 基层晋升机制的公平性不足

虽然自1993年，国务院公布《国家公务员暂行条例》以来，我国公务员的相关制度在不断改进完善。但是在基层，晋升机制依然呈现出一定程度的人治色彩。从表2－12可以看出，“缺乏人脉背景”和“人际交往能力不足”是A市基层公务员认为限制自身发展的最重要的因素。可见在基层，工作能力、工作绩效等显性因素并不是最为关键的，而人脉、情商等隐形因素对晋升的影响则更大。我们当然不能完全否认这些因素对于工作执行和单位运作的作用，但是这些隐形因素无法直接反映在日常考核中，一定程度弱化了考核在奖惩和晋升上的重要性，同时也使得上级在晋升问题上拥有更多话语权。郑成在访谈中介绍了自己办过的一个案子，当时他问落马的某市委书记是如何提拔干部的，这位市委书记表示首先是安排提拔自己的领导和上级领导安排的人，其次是平衡班子成员的势力，最后才是提拔一些会做事的人以维持政府运转。不过他表示“整个风气在慢慢扭转，现在是凭资历凭能力的人多，走关系的人少”。吴敏也表示，在她的印象中，有能力同时情商没有硬伤的人在体制内早晚也还是会升上去的。但是这也不能否认缺陷的存在，毫无疑问，在基层，晋升机制的人治色彩一定程度地破坏了机制的公平性。

不公平性还体现在基层吃大锅饭、平均主义倾向明显。虽然有《公务员平时考核办法》，但是只要还过得去领导往往不愿做“恶人”。这种倾向也是“稳定”的表现之一。在问到对目前工作有什么不满意之处时，孙玥和李黛都表示，在工作中“付出和回报不成正比”，在她们各自所处的单位（李黛主要指在 A 市时的工作经历），她们都属于承担单位事务较多的，或许同一单位的其他同事向来清闲不用加班但是在工资待遇晋升机会上却不差多少，这种状况一定程度上打击了她们工作的积极性。

越基层和越不发达的地方上述问题会更加严重。层级越高、发展状况越好的地方，由于发展前景和薪资待遇方面更为优越，招聘考试竞争激烈，招聘来的公务员来源更为广泛，能力也有一定保证，在晋升问题上公务员受人脉背景等因素影响就会大幅减少。其次这些地方的工作内容专业性也更强，对人员要求更高，很难忽视对于能力和绩效的考察，日常考核的作用更加凸显。总体而言，在晋升机制上制度化水平和公平性都更高。

（三）基层政府运行方面的“稳定陷阱”——效率低下和资源冗余浪费

公务员是一种特殊职业，需要承担更多的社会责任，但是也不能因此忽视公务员作为个体的自利本能和理性人特征。这一点在表 2 – 13 中也可见一斑。即便是被放在问题选项的第三个，还是有近一半的人将“为自己谋生”选为工作的第一动力。这自然也会影响基层政府的运行。“稳定”导致了退出机制的缺位。部分没有进取心和责任心的基层公务员利用制度缺陷得过且过。在劣币驱逐良币的效应下，部分基层单位人浮于事，工作效率低下，同时造成相关资源的冗余浪费，这就是“稳定”带来的基层政府运行方面的陷阱。

表 2－13　问卷第 13 题工作中的第一动力

选项	小计	比例
为人民服务	129	52.65%
为领导服务	5	2.04%
为自己谋生	111	45.31%

曼瑟尔·奥尔森在《集体行动的逻辑》一书中提出了“搭便车”效应，即个体作为理性经济人，自然而然会进行成本最低化和收益最大化选择，因此会期待他人为公共产品付出更多而自己付出较少或不作为①。为了抑制“搭便车”行为，则需要有明确的奖惩机制鼓励贡献同时惩罚不作为。而基层的工作环境易于催生“搭便车”行为。在上文所提到的“吃大锅饭”现象和平均主义下，工作是单位的，成果也是单位的，单位的成员相对平均地享受工作成果带来的效益。这种情况下，工作成果带有了一定的公共物品特征，即非竞争性和非排他性。基层县乡党政单位往往分工上不甚明确，更增加了“搭便车”的可能性。部分基层公务员出于各种原因，只完成考核的最低标准，在日常工作中怠工推诿。这些消极工作态度影响基层政府运作和形象的情况也并不少见。在访谈中，吴敏、孙玥、李黛、赵清、王瑶都或多或少地提到过类似现象。典型如赵清提到的，被其他领导喊去协助非本职工作，慢慢地协助工作就变成自己全部负责。吴敏提到的例子则更为极端，她分管的一个二级单位风气懒散，二级单位的一把手也没有约束能力，她分派下的任务几乎无法保质保量完成，某个简单的文件，临到截止日期也无人去做，最后竟然是作为副局的她和办公室同事完成的这份文件。这种“搭便车”行为在基层的政府运行中会带来两个直接后果，即基层公务员结构性不足和基层公务员人才的流失。

基层公务员结构性不足指的是相对于很多基层单位的工作量而言，并不是实际的人员不够，而是真正做事的人不够。一部分积极有责任心的工

① ［美］曼瑟尔·奥尔森．集体行动的逻辑［J］．陈郁，等，译．上海：上海人民出版社，1995．

作人员承担单位的大部分工作，另一部分人在工作岗位上则是得过且过，分内能推则推，分外一概不管。为了弥补人手结构性不足问题，一些单位会选择向下级单位借调或遴选工作人员。借调或遴选来的工作人员往往是能做事的，这种做法就可能变相加剧下级单位基层公务员结构性不足的问题。所以越基层，做事的人越少，出现人浮于事的现象就越多，效率低下资源浪费也就随之发生。

基层公务员人才流失也是后果之一。在"搭便车"行为下，认真负责的基层公务员成为弱势，一方面可能承担的工作越来越多，另一方面负责的工作越多，工作中出现纰漏的可能性也会增大。得不到来自晋升或薪资待遇方面正向激励的同时，甚至还可能因为做多错多而受罚，基层公务员的积极性就会被挫伤。劣币驱逐良币的效应由此产生，被挫伤积极性的基层公务员要么干了几年后混成"搭便车"的"老油条"，要么在体制内或体制外另谋出路。这两种情况都会造成实际意义上的基层公务员人才流失。而最基层的乡镇在晋升空间、薪资待遇等方面都不尽如人意，乡镇也因此成为人才流失的重灾区。"强者流失、弱者易留，'逆淘汰'现象严重"①，从而破坏整个基层的公务员体系和氛围。

基层公务员结构性不足的问题和基层公务员流失的问题相互影响，使得基层官僚系统陷入恶性循环，最后的结果就是基层政府工作效率低下和资源冗余浪费②。

---

① 梁文懋，杨龙兴．我国公务员职业生涯规划支持体系建设刍议［J］．江西社会科学，2006（8）：129—132.

② 这些问题在中央和省级的党政机关和基层部分单位并不那么突出。中央和省级由于层级高，所以人员素质高，分工明确，工作专业性强，工作量相对于人员数量饱和，这些都减少了"搭便车"的可能性，这一点在李黛对省直单位的评价中也可以看出。基层部分单位如市委办公室、党委办公室、党委组织部、纪委、团委，也较少有这些问题。部分原因是这些单位的发展前景更好，激励作用强，更重要的原因是上述除团委以外，工作都十分繁重，工作量相对于人员数量是超负荷的。赵清在描述组织部的工作时说："晚上10点前下班算早了，加班到11点、12点甚至凌晨一两点都是常态。"这种工作环境下显然也很难"搭便车"。团委的情况较为特殊，据陈延分析，主要是因为单位规模小，且工作人员普遍较为年轻。

（四）“稳定陷阱”导致晋升困境

通过上文论述，我们发现，作为基层公务员职业特征的“稳定”导致了这份工作对于基层公务员的弱激励性，而作为择业价值取向的“稳定”又导致了基层政府工作效率低下和资源冗余浪费。

这两方面在实际生活中也是互相影响的。例如，由于基层公务员中劣币多于良币，为避免陷入“彼得困境”① 同时降低选拔成本，提高选拔质量，在确定某单位领导职务人选时，上级可能会较少考虑直接提拔单位中的基层公务员，而更多考虑通过调任、选调或者遴选来确定人员。这种选拔来源上的倾向进一步压缩了基层公务员的晋升空间，也降低了职业天花板，基层公务员的工作积极性可能被进一步打击，从而导致整体工作氛围进一步恶化。实际情况未必如推演一般极端，但是基层公务员的整体晋升环境不佳却是事实。

“稳定”导致的基层公务员晋升困境的核心在于，在晋升空间受到大幅压缩的情况下，在晋升问题上个体能决定的因素十分有限，它自然而然地限制了人的主观能动性，使人进入进退两难的困境中。

三、基层公务员的应对策略

在无可避免的晋升困境下，有着不同规划的基层公务员也会选择不同的应对策略。在笔者看来主要分为三种，分别是被动等待晋升机遇、主动争取上升通道和放弃追求晋升。下文逐一进行分析。

---

① “公务员晋升的‘彼得困境’是指公务员被晋升到自己不能胜任的岗位上，无法发挥该岗位应有的作用，这一方面使公务员自己陷入了一个进退两难的境地，另一方面容易导致公职人员出现效率低下、人浮于事等情况。”参见万孟琳. 基层公务员的晋升机制与彼得困境——以黑龙江省基层公务员职业发展为例［J］. 经济研究导刊，2019（28）：136—139，150.

（一）被动等待晋升机遇

1. 深耕所在单位

即便是晋升空间小，但是问卷显示，大多数基层公务员都表示愿意在目前的单位继续工作（见表2－14）。尽管晋升较为艰难，还是有很多人愿意付出时间和精力去为晋升努力。这意味着需要经年累月地深耕于自己的岗位，同时得到领导的赏识和同事的认可，那么在合适的晋升机遇出现时，才有可能得到晋升的机会。以笔者暑期实习的经历来看，从基层晋升至副科级及以上的领导大部分都有其过人之处。而在访谈中，访谈对象们对于晋升也持一种相当务实的态度，即尽力做好现下的事情，其他只能等晋升机遇来了再说。

近年来，国家还在持续推行公务员职务与职级并行改革，这也为基层公务员创造了更多的晋升机遇。2015 年中共中央办公厅、国务院办公厅印发《关于县以下机关建立公务员职务与职级并行制度的意见》，2019 年中共中央办公厅正式印发了《公务员职务与职级并行规定》。虽然目前受益的只有行政编制人员，且在职级的职数和配套资金上依旧存在诸多约束，但是相比于可望而不可即的职务晋升而言，职级晋升更像是一种可预期的正向反馈，让有能力者始终保持工作的积极性。同时《公务员职务与职级并行规定》文件在第七章附则中规定："参照公务员法管理的机关（单位）中，除工勤人员以外的工作人员，参照本规定执行。"结合前文提到的参照公务员法管理的机关单位审批办法的修改，这项改革在未来也极有可能惠及基层事业编制的公务员。所以从制度的长期发展方向来看，基层公务员的晋升空间会有一定扩大。

表 2－14　问卷第 17 题是否将目前的岗位和其后续发展视作事业规划上长久的选择

选项	小计	比例
是	198	80.82%
否	47	19.18%

2. 借调

借调是指党政机关单位在某些特殊时期，为了应对人手不足的局面，向其他机关单位或企事业单位短期借用工作人员的现象。借调期间，借调人员在借调单位工作，但编制和福利待遇等都还在原单位。借调并不是一种正式制度，但是在党政机关的实际运作中长期存在。相关研究也较少，但潘进良认为，借调是一种规则而不是制度，借调现象出现的表层原因是临时性工作激增、编制紧缺和专业性人才缺乏，深层原因是政府职能转变不到位和政府机关管理体制落后①。从积极的方面来看，借调有助于缓解借调单位的工作压力，能为借调人员增加工作经验，也有助于改进原单位的相关工作。

但是在具体实践中，借调成了基层公务员可能的上升通道之一。由于在借调现象中大部分都是上调，所以如果在借调过程中得到借调单位领导的赏识，在借调期结束后正式调入借调单位，对于借调人员而言就是变相晋升。但是借调其实是一把双刃剑，一方面，由于人事关系等还在原单位，借调单位的相关福利奖金与借调人员无关，又因为借调人员并不在原单位工作，所以原单位的评优或晋升机遇借调人员一般无法参与。另一方面，如果长期借调后，借调人员没能留在借调单位，回到原单位后就失去了一部分人脉，同时还可能会被轻视。在访谈中，吴敏和孙玥都提到了自己的借调经历，结果不尽相同。吴敏最初被分配到城管大队，后来被借调到人社局，她的描述是："如履薄冰地认真工作了两年，然后调入了人社局。"这是比较典型的成功将借调变为上升通道的例子。孙玥的经历就没有这么顺利，她最初在乡镇工作，因为在市直部门借调，她错过了乡镇换届时的晋升机会。同时又因为借调单位换届，她被新领导退回原单位，而同乡镇的另一位工作人员在借调两年后成功调入了借调单位。对她来说，这段借调经历反而让她错失不少机遇。

---

① 潘进良．政府机关借调现象探析：从规则到制度［J］．中山大学研究生学刊：社会科学版，2009（1）：54—61.

但是借调作为一种非制度化的手段，显然存在着不小的权力寻租空间。所以近年来，制度层面上对于借调现象的约束越来越严格。2016 年就有指导意见规定："机关事业单位一般不得以日常工作为由借调人员，因完成专项工作或者重点任务确需借调工作人员，须经借出、借入单位领导集体研究，并按照干部管理权限履行审批程序，明确借调期限，借调期满后继续借用的，须重新履行审批手续。"① 据李黛介绍，目前省直机关单位已经禁止借调人员直接调入，"逢进必考" 成为一条重要原则。王瑶也表示，虽然在县乡两级，借调仍存在一定的空间，但是相关规定也将借调时间限制在一年以内，否则需要重新向组织部报备审批，这也减少了通过借调调入一个更好的单位的可能。虽然借调作为一种上升通道的可能性越来越小，但是它曾经很大程度地影响了基层公务员的流动，因此在此对其进行了介绍。

（二）主动争取上升通道

如果说借调处于被动等待和主动争取之间，那么继续参加遴选/录用公务员考试/事业单位招聘考试则是典型的主动争取方式。而这些考试，为基层公务员提供了几乎不受限的上升通道。

在表 2 - 15 中，有约 20% 的基层公务员表示不愿在现有单位继续发展。但是根据表 3.2（考虑到本题多选，不适合进行选项的比例累加，因而只考虑单一选项），其中也有近一半的人有继续留在体制内的意愿，所以他们选择继续参加遴选考试或公务员考试以改变自己所处的境况。参加这类考试本质上就是体制内的跳槽，对于一些有能力，但是对现有单位不满，或长期得不到晋升机会的基层公务员来说这是不错的选择。

① 参见 2016 年 12 月 23 日人力资源和社会保障部、中央组织部、中央编办、财政部联合印发《人力资源和社会保障部、中央组织部、中央编办、财政部关于建立机关事业单位防治"吃空饷"问题长效机制的指导意见》第四条。

表 2-15　问卷第 22 题不在目前单位长期发展的规划选择

选项	小计	比例
考入别的地区或单位的行政/事业编制	23	48.94%
提升自我竞争力（如考研考证）	17	36.17%
参加遴选	14	29.79%
还没想好	14	29.79%
创业经商	11	23.4%
进入企业工作	9	19.15%
继承父母家业	2	4.26%
待业在家	2	4.26%

遴选指的是上级单位在公务员体系内公开招聘所需的行政编制人员。遴选机会不多，且仅限于行政编制，所以通过遴选实现上升的情况总体而言不多。遴选与录用公务员考试类似，笔试与面试结合，但考试内容更贴近于工作实务。遴选的制度化和规范化程度都明显高于借调，虽然借调和遴选都源于上级单位补充人手的权宜之计，但是与借调空间被压缩不同，遴选在长期实践中得到官方认可，从规则变为制度。在 2018 年发布的《中华人民共和国公务员法》中就增加了“上级机关应当注重从基层机关公开遴选公务员”① 的表述。

录用公务员考试和事业单位招聘考试的受众更大。对于基层事业编制的公务员而言，参加中央或者省级录用公务员考试是转变编制类型最可行的方式，否则即便晋升到乡科级副职也不一定能将事业编制转为行政编制。事业编制人员由于积累了体制内的工作经验，参加考试相对于体制外人员更加得心应手，同时事业编制人员参加录用公务员考试时也不用辞职，即便没考上也有原工作作为保障。

---

① 参见全国人大常委会 2018 年 12 月 29 日公布的《中华人民共和国公务员法（2018 修订）》第十一章第七十二条。

李黛的经历就同时包含了上述两种选择。她在体制内工作 8 年，她最初通过事业单位招聘考试进入 A 市行政服务中心，工作两年后通过省考成为 A 市某乡镇公务员，工作几年后参加遴选考试考入省直机关。对于很多县乡的基层公务员而言，8 年可能也不过可以晋升到股级，如李黛这么大程度的跨越基本上无法实现。参加类似考试实现上升相对于被动等待晋升机会有更强的正向反馈，是可以通过努力达到的。

（三）放弃追求晋升

放弃追求晋升也分两种，一种是放弃体制内的工作另谋出路，另一种就是留在体制内得过且过。前者毋庸多言，后者包括一些因为年龄过大基本升迁无望的工作人员，还有一些因为家庭等原因追求晋升的动力较弱的工作人员。这类人员在基层公务员队伍中并不少见，他们依赖于体制内的稳定，同时也不愿意投注更多资源在晋升上，对工作也多是应付的态度。在访谈中，访谈对象们或多或少都会提到单位里那些完全不做事的人，或者是没有心思在工作上的人，例如在自己岗位上打了三年游戏的游戏迷、偷偷搞副业的工作人员①、什么事情都做不好的工作人员等。这些人很难被清退出公务员体系，但是会慢慢被本单位边缘化，而他们的工作量就只能由其他工作人员分摊。

总体来看，基层公务员的选择还是与上文提到的“逆淘汰”现象相符，基层公务员的职业发展状况不容乐观。

四、结论：一点制度变迁上的思考

基层公务员的晋升困境不仅不利于基层公务员的职业发展，同样不利于基层政府的运行和整个官僚体系的生态。然而在实践中，我国的制度呈现出了生命力和灵活性，可以不断调整试错以适应现实需求。就像流动的

① 虽然《中华人民共和国公务员法》相关规定禁止公务员从事经营类活动，但是现实中仍可以通过一些方式回避这项规定经营副业。

水一样，制度创新不断适应环境的同时也在改造环境，使整个体系朝向更为健康的方向发展。不断规范和完善的公务员录用和考核制度就是例证，郑成和吴敏在访谈中都表示，基层的工作风气较之十年前有了极大的改善。再如前文已经提到过的借调与遴选的此消彼长、职务与职级并行制的发展、机关事业编制人员定位的不断明晰，这些都是公务员制度上的有益探索和尝试，也是推动国家治理体系和治理能力现代化的举措之一。

路径依赖带来的制度惯性是强大的，也就意味着改革永远不可能一蹴而就，也不可能完全消除之前制度遗留的影响。在现有的制度框架内不断进行探索就是路径依赖和制度变迁之间的张力所在。在基层公务员的晋升困境中，我们可以看到基层公务员、基层政府和制度惯性之间的博弈，博弈的过程同样是磨合的过程，也正是在博弈和磨合中，我国的制度才能不断完善，不断迸发强大的生命力。

附件：对基层公职人员职业规划与升迁激励的调查问卷

亲爱的女士/先生：

您好，非常感谢您在百忙之中抽空填写此问卷！我是武汉大学的一名大四学生，正在开展关于基层公职人员规划与升迁激励等方面的相关研究。请您根据自己的实际情况和真实想法做出相应的选择。本调查仅供毕业论文撰写，我们会严格保密，相关信息绝不外泄。问卷完成后可以领取一个小红包，感谢您的参与和支持！

注：本问卷所提基层公职人员包括各党政单位中的行政编制人员和事业编制人员。

一、基本信息

1. 您的性别______

A. 男

B. 女

2. 您的年龄______

A. 18 ~22 岁

B. 22 ~35 岁

C. 35 ~45 岁

D. 45 ~55 岁

E. 55 岁以上

3. 您的最高学历______

A. 高中及以下

B. 大专

C. 二三批本科或独立学院

D. 普通一批本科

E. 硕士及以上

4. 您在您所在的单位的编制为______

A. 公务员编

B. 事业编

5. 您最初进入公务员体系的途径______

A. 分配

B. 委任（通过公务员或事业单位招聘考试进入）

C. 聘任

D. 军人转业

E. 选调

F. 人才引进计划等专项计划

6. 您的工作年限______

A. 5 年以下

B. 5 ~ 10 年

C. 10 ~ 15 年

D. 15 ~ 20 年

E. 20 年以上

7. 您目前的行政级别为______

A. 普通职员

B. 股级

C. 科级

D. 处级

8. 您的工作单位是______

A. 党务机关

B. 政府机关

C. 人大机关

D. 政协机关

E. 司法机关

F. 其他

二、对目前工作的评价

9. ［矩阵量表题］对工作各方面的满意程度：

	非常不满意	不满意	一般	满意	非常满意
稳定性	1	2	3	4	5
薪资	1	2	3	4	5
福利待遇	1	2	3	4	5
专业匹配度	1	2	3	4	5
成就感	1	2	3	4	5
发展前景	1	2	3	4	5
能力提升	1	2	3	4	5
工作氛围	1	2	3	4	5
考核机制	1	2	3	4	5

10. ［矩阵量表题］您在何种程度上同意以下说法：

	非常不同意	不同意	中立	同意	非常同意
我热爱我的工作	1	2	3	4	5
我愿意认真完成交给我的任务	1	2	3	4	5
在接到我的工作的时候，我会努力尝试用创新的方式来完成它	1	2	3	4	5
我愿意冒一些承担责任的风险来做我认为有必要的事	1	2	3	4	5

11. 您对职务与职级并行制改革是否有了解（仅行政编制人员作答）？

A. 是

B. 否

12. ［量表题］职务与职级并行制改革在多大程度上对您起到了激励作用，或者提高了您对本岗位未来发展的期待（仅行政编制人员作答）？

非常弱	弱	一般	强	非常强
1	2	3	4	5

13. 您认为在您的工作中，第一动力是什么？

A. 为人民服务

B. 为领导服务

C. 为自己谋生

14. ［多选题］为什么要选择公职人员作为自己的职业（至多选择五项）?

A. 父母期待

B. 工作稳定

C. 工资水平高，福利待遇好

D. 社会地位高

E. 社会责任感强，希望为国家和社会奉献

F. 个人理想和抱负

G. 公务员/事业单位招聘考试较为公平，限制小

H. 认为公务员可以有更好的发展

I. 认为公务员工作的竞争压力小

J. 可以在特定地方（如自己家乡/离家乡近的城市）就业

K. 有相关背景人脉可以助力职业发展

L. 分配/转业的结果

15. ［多选题］您认为什么因素限制了自己在所在单位中的发展（至多选择五项)?

A. 无

B. 工作能力不足或专业知识不足

C. 人际交往能力不足

D. 道德素养不够

E. 缺乏人脉背景

F. 没有合适的机遇

G. 得不到领导赏识

H. 工作成果未被准确评价

I. 事业单位编制

G. 年龄过大

K. 资历不足

L. 学历不足

三、个人未来规划

16. ［量表题］您认为您目前的工作是否能完全满足您对未来的规划和期待？

完全不能	不太能	一般	大体能	完全可以
1	2	3	4	5

17. 您是否将目前的岗位和其后续发展视作长久的职业选择？

A. 是（回答18～20题）

B. 否（回答21～23题）

若是：

18. ［多选题］为什么您愿意将目前的岗位和其后续发展视作长久的职业选择（至多选择五项）？

A. 热爱这份工作，它能够带来成就感

B. 薪酬水平和福利待遇好

C. 对其后续发展充满信心

D. 相信自己的工作能力和知识水平

E. 有一定的背景人脉支持未来职业发展

F. 只求一份稳定的工作

G. 赡养家庭的压力下无法承受高风险的其他选择

H. 习惯于现有体制内的生活

I. 缺乏一技之长，没有信心走出体制或放弃当前工作

19. ［量表题］您认为在可以预见的年份内（如五年内），职务/职级和薪资方面您是否能够得到更好的发展？

完全不可能	不太可能	不清楚	有可能	一定
1	2	3	4	5

20. ［矩阵量表题］您在何种程度上同意以下说法：

	非常不同意	不同意	中立	同意	非常同意
为了可见的晋升前景，我希望更加努力工作	1	2	3	4	5
为了未来发展和晋升，我有提升自我的压力（加工作能力、技能、学历等）	1	2	3	4	5
为了可见的晋升前景，我需要和领导同事搞好关系	1	2	3	4	5
我只是需要一份稳定的工作，缺乏强烈的晋升动力	1	2	3	4	5
我可以通过公务员这份工作获取有益于生活各方面的社会资源	1	2	3	4	5

若否：

21. ［多选题］出于什么考虑，您不打算把目前的工作作为长久的事业（至多选择四项）？

A. 相关政策改革，工作的不确定性增加

B. 晋升空间有限

C. 薪资水平不高，福利待遇不佳

D. 人际关系复杂

E. 工作繁忙压力大

F. 难以适应体制内的如形式主义、官僚主义、酒桌文化等氛围

G. 难以得到自我提升

H. 工作缺乏成就感

I. 与个人理想不符

22. ［多选题］若您没有在现有单位上长期发展的规划，您有何打算（至多选择三项）？

A. 进入企业工作

B. 继承父母家业

C. 创业经商

D. 提升自我竞争力（如考研考证）

E. 考入别的地区或单位的行政/事业编制

F. 参加遴选

G. 待业在家

H. 还没想好

23. ［矩阵量表题］您在何种程度上同意以下说法：

	非常不同意	不同意	中立	同意	非常同意
我已经非常想要离开岗位走人了	1	2	3	4	5
我已经做好了改变现状的心理准备	1	2	3	4	5
我为改变现状正在积极谋划和准备	1	2	3	4	5
我有信心在离职之后也能获得很好的生活前景	1	2	3	4	5

第三篇章

03

地方治理与安全建设

各地政府引留人才新政的实施效果评估

——以杭州、武汉、西安为例

陈子旋 徐书凝

摘要：随着我国“人口红利”向“人才红利”的转变、高等教育的迅速发展，以及一线城市人口流入政策收紧，武汉、杭州、西安、成都等“准一线城市”的经济社会发展面临着工业、服务业发展结构失衡等一系列困境，但也因“一带一路”的建设和长江经济带的扩展而迎来新的机遇。而能否抓住机遇，关键在于这些城市能否引留人才。本研究报告基于对武汉、杭州、西安三市相关政策文件的文本分析及实地走访调研，横向比较三地人才引留政策，研究三地政策差异；纵向比较三地人才政策在时间维度上的变化，研究其发生发展的原因及趋势；同时对三地人才新政的实施效果进行评估。在透彻的政策文本分析及深度调研的基础上，本次调研试图透析不同地域的人才政策差异、大学生的实际考量、地方人才新政的实施效果如何等，并最终基于上述研究对三地及未出台相关政策的地区提供针对性的政策建议。

关键词：人才政策，实施效果，杭州，武汉，西安。

一、研究背景

（一）经济背景

1. 我国经济发展进入新常态

2013 年 12 月 10 日，在中央经济工作会议上，习近平总书记首次提出“新常态”的概念，强调“我们注重处理好经济社会发展各类问题，既防范增长速度滑出底线，又理性对待高速增长转向中高速增长的新常态”。习近平总书记提出的“新常态”重大战略判断，正是基于对当前国内外宏观经济形势的正确分析和准确研判，深刻揭示了中国当前经济发展阶段的新变化，准确研判了中国未来一段时期的宏观经济形势。

2. 我国经济正经历转型升级期

当前我国经济已由高速增长阶段转向高质量发展阶段，正处在转变发展方式、优化经济结构、转换增长动力的攻关期，建设现代化经济体系是跨越高质量发展关口的迫切要求和我国发展的战略目标。在新常态的形势下，我国经济要实现转型升级，就得坚持依靠创新，以创新引领创业，创业推动创新，着力通过供给侧结构性改革破解矛盾，创造新供给，满足新需求，点燃经济增长新引擎，在稳增长、调结构、惠民生和促改革间找到发展之平衡点，走出经济发展低迷现状，力促我国经济发展行稳致远。

（二）社会背景

1. “人口红利”向“人才红利”的转变

李克强总理指出：“中国过去 30 年取得的巨大成就，很大程度上是靠‘人口红利’，也就是中国人的勤劳。”然而，随着老龄化社会的到来和经济发展新常态的到来，人口红利正在衰减，产业结构不合理、创新不足的现实已不适应时代要求。因此，必须从分享“人口红利”转化为释放“人才红利”，这是应对我国人口老龄化社会挑战的有效举措，是促进我国经济结构转型升级的必然要求，体现了经济新常态下经济社会发展的特征和要求。

2. 高等教育的迅速发展

近几十年来，特别是在新世纪以后，中国高等教育实现了“井喷式”、跨越式发展，对中国经济社会翻天覆地的历史性变化起到人才和智力方面的决定性支撑作用。2015 年，我国高等院校的在校生规模达 3700 万人，位居世界第一；全国各类高校共计 2852 所，数量位居世界第二；毛入学率 40%，高于全球平均水平。高等教育发展与国民经济发展基本同步，并适度超前，高校在国家创新体系中的地位日益凸显，高等教育综合实力和国际竞争力有了较大提高，对国家创新体系建设的贡献度显著提升。

3. 一线城市人口流入政策收紧

2014 年，国务院印发《关于进一步推进户籍制度改革的意见》。意见提出，合理确定大城市落户条件，严格控制特大城市人口规模。其中，城区人口 300 万～500 万的城市，要适度控制落户规模和节奏，可以对合法稳定就业的范围等做出较严格的规定，也可结合本地实际，建立积分落户制度；城区人口 500 万以上的城市，则要建立完善的积分落户制度。

（三）城市背景

1. 城市发展面临困境

中国城市经济发展的困境主要表现在三个结构失衡：一是三大产业间结构失衡，服务业发展明显滞后于工业发展，降低了城市居民生活体验和满意度，也不利于城市工业转型升级；二是工业产业内结构失衡，传统制造业转型困难，战略性新兴产业发展缓慢，高新技术产业发展动力不足；三是服务业结构失衡，目前主要以高劳动密集、低技术投入、生存型的服务业为主，高技术、个性化、发展型的现代服务业发展明显不足，阻碍了城市经济创新突围和城市形象整体提升。

2. 城市未来出现机遇

目前不少二线城市正在迎来发展的新机遇，这为它们释放“政策大礼包”吸引广大人才增加了底气。得益于国家的一些优惠政策，东部沿海地带的部分产业正在向中西部二线城市转移，而“一带一路”的建设和长江经济带的扩展也为这些城市带来了发展机遇，种种契机之下，不少二线城市的就业需求得以增加，此时大力引进人才适时且必要。

3. 城市步入高维竞争

如今二线城市开启的“抢人大战”，由此前主要针对农民工为主体的产业工人，转向高学历、高收入、高技术人才群体。这不仅是“人口红利”转向“人才红利”的时代要求，还是经济转型升级的现实需求。目前，二线城市纷纷制订发展规划，大都以金融业、科技产业、信息技术、游戏娱乐业等为主，这些产业的技术含量高、专业性强，对人才的综合素质要求高，每年全国毕业的数百万大学生因此成为各地“抢人大战”的主要目标。

二、研究现状

我们的调研旨在研究各地引留人才政策的差异，并对它们的实施效果进行评估。由于学界分析各地政策差异及其实施效果的研究相对缺乏，因而我们将着重关注政策报道。虽然多数报道解读皆出自官方机构、社会媒体、经济界人士，但其间仍有学者对这一具体现象及其成因、本质、可能存在的问题做了深入而透彻的解读。迄今为止的相关报道、解读、研究可大致分为以下三类。

第一类是对相关政策本身的解读。具体如柳可、何怡蒙、程鹏的《武汉城市圈创新创业人才政策研究》，崔丽红的《武汉东湖新技术开发区创新人才体系建设对策》，李紫宸的《互联网+时代：“抢人大战”已经开启》等，相关媒体亦有不少深度报道和解读，如《透视“1+N”——武汉创新人才政策体系的前前后后》《武汉书记陈一新，“一号运动员”非虚名》《新一线城市抢人大战有奇招成都全国巡回招揽创新人才》等，这些解读、报道使我们对相关政策有了更明确、清晰的了解，为以后相关研究奠定了基础。

第二类是对政策出台的原因、背景，亦即对“抢人大战”现象本质的研究。其代表有江德斌的《“抢人大战”折射城市步入高维竞争》，谭浩俊的《“抢人”大战的背后》等，这些文章较为深刻地剖析了新一轮“抢人大战”何以迅速发展，席卷主要二线城市。

第三类是对政策具体实施过程中面临的困难及可能存在的隐患的研究分析。包括邓运双的《在“抢人大战”中就业比落户更重要》，史经基的《二线城市“抢人大战”中缺什么》《二线城市开启“抢人大战”求贤容易留贤难》《二线城市“抢人”后还须设法“留人”》等，这些分析帮助我们以更客观、公正的态度进行研究。

从上述三个视角去考察已有文献，能够得到很多有启发性的观点，但其中也不乏问题。一方面，上述文献大多未经过实地调研，对于地方人才新政的制定和完善的指导意义不大；另一方面，由于2003年12月26日国务院办公厅印发了《中共中央国务院关于进一步加强人才工作的决定》，而地方政策皆为2015—2017年最新出台，故对于地方间人才政策的比较分析和政策实施效果的评估研究，存在一定的时效性不足。

三、研究设计

（一）研究思路与目的

本研究通过对杭州市、武汉市和西安市三地关于引留大学生人才的相关政策内容和实施效果进行横向比较，以及在纵向的时间维度上跟进三地人才政策的更新情况，力图全面地、客观地研究杭州、武汉和西安三地的相关政策制定、实施及影响。(见图3－1)

1. 横向：比较分析各地人才吸引政策差异

各地在人才资源、社会环境、地区文化等方面存在着显著不同，这就导致各地所制定的人才政策具体实施细则会有很大的差别。我们会综合各种比较研究方法来分析各地相关政策的差异，进行横向的比较分析。通过对武汉、杭州、西安三个地区的人才政策进行比较分析，以人才培养机制、人才激励机制、人才服务机制、人才吸引机制等方面为切入口，结合地区的政策背景及人才现状，研究各地政策的根本性区别，了解政策的制定限制条件，得出相关结论，为各地人才政策的完善提供建议，并为尚未出台政策的地区提供经验参考。

2. 纵向：比较分析各地对中央政策的贯彻与执行情况

在2003年12月26日国务院办公厅印发的《中共中央国务院关于进一步加强人才工作的决定》的基础上，我们将对三个城市的人才政策进行分析和比较，深入了解该地在贯彻中央政策的过程中是如何制定地方性政策的，并探究影响各地政策制定的因素及限制条件。另外，我们还将从地方政策制定与中央政策执行中，分析中央政府解决各地大学生人才落户问题的机制及其有效性、可行性等。

3. 纵向：比较分析各地人才政策衍变进程

社会环境不断发生着动态变化，人才政策也因此具有一定的时效性，同一个地区在不同的时间内，会根据不同的社会状态制定不同的发展政策，人才引留政策也是需要不断变化与发展的。另外，一项具体政策的贯彻与改变，可以从侧面反映该政策的实施难度，以及该政策所取得的效果。从时间维度上对新旧人才政策进行比较分析，也有利于各地人才政策的更新和完善。

4. 评估：评估各地人才新政实施情况

各地因地制宜制定本地区的具体实施细则，必然会在各地产生不同的实施效果。为此，我们有针对性地选取了三个调研地进行实地考察与调研，通过对本硕博大学生进行问卷调查，对政府相关部门的人员、大学生、人才指导中心的相关负责人进行访谈，获取相关数据，深入了解各地区对政策的贯彻程度，各项制度是否匹配完善，政策是否真正落到实处，以及在政策实施过程中的限制条件。同时我们还进行了对比分析，综合各地区的调研结果，横向比较政策落实效果。

5. 建议：对其他地区提出参考性建议

通过对各地政策差异的横向比较分析、各地对中央政策贯彻的纵向比较及各地大学生人才新政实施效果的评估研究，我们将总结本次调研的结果，再根据此结果，对国家及地方关于人才政策的制定以及如何真正落到实处提出较为科学、真正有效的建议，创新和完善关于引留大学生人才的相关政策制度。

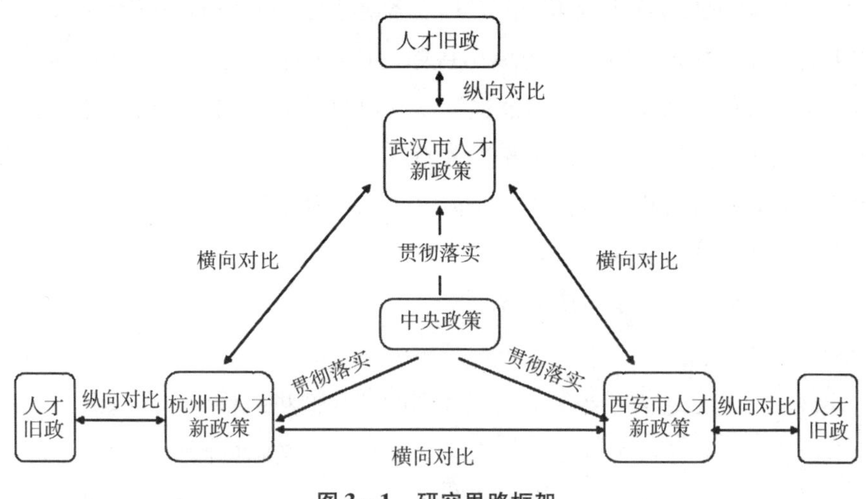

图 3－1　研究思路框架

（二）研究意义

1. 理论意义

（1）分析地方人才政策差异。本研究选取的杭州、武汉和西安三座城市分别是东、中、西三大区域典型城市代表，三座城市因其不同的区域位置、经济发展状况和文化传统各有其特点，而人才政策正是需要结合本地实际的政治经济发展状况来综合制定。不同于以往“一刀切”的研究方式，本研究通过对三城进行实地考察，找出三地人才政策的差异所在，分析导致政策实施效果差异的原因。

（2）丰富地方人才政策内容。许多学者在研究二线城市“抢人大战”时指出，吸引人才不能仅仅靠房子、户口、高福利等“硬件措施”，舒适宜居的环境、广阔的发展前景、更多的创新创业机会等“软件”才是重中之重。目前，尽管杭州、武汉和西安三地都颁布了关于人才的相关政策，但是颁布时间均不长，而且均属于首次颁布，缺乏相应的经验。我们将综合国内知名学者的相关理论和国内外关于人才吸引方面的政策先例，结合目前三地人才的相关政策实施的效果进行研究，总结出其中有效的经验和不足之处，提出建议以丰富和发展地方人才的相关政策。

（3）填补地方人才政策研究空白。各地人才新政颁布时间皆不长，其效果显现需要一定时间，而对各项相关政策的解读、比较分析并不具有太高的学术价值，因而大多数的报道解读皆出自官方机构、社会媒体、经济界相关人士。这个问题尚未引起学者们广泛的兴趣与关注，其间虽有学者对地方人才新政进行过研究与解读，但学术性理论研究仍存大片空白。本研究通过实地调查深入分析各地关于人才的政策，致力于使研究既更具学术性，又在实证研究上有所突破。

2. 实践意义

（1）分析三地人才政策的缺陷和问题。我们将对杭州、武汉和西安三地出台的人才相关政策进行分析研究，结合大量文献的阅读，得到不同地方关于人才的相关政策发展现状的资料，然后通过分析这些政策对当地大学生创业和吸引人才的影响，来探讨人才政策方面存在的问题，并分析政府在引留人才方面扮演的角色。

（2）分析各地人才政策的实施现状。本课题组将通过中国知网、维普、万方等数据库进行资料检索、文献分析，同时在政府官方网站及新华社、人民日报社等官方网站查阅政府提出的官方文件和资料，并在充分了解杭州、武汉和西安三地政府关于人才政策及相关评论分析资料的基础上，寻找大学生创业的实际案例，结合政策，综合分析各地人才的相关政策实施现状。

（3）为杭州、武汉和西安三地制定和完善人才政策提供建议。我们将对各类文献进行综述，同时进行实地调研，将所得数据信息进行处理分析，也会将杭州、武汉和西安三地关于人才政策的内容进行对比，并将三地的人才政策同中央相关的大学生创业政策进行纵向对比。同时，我们还会将三个城市人才政策的实施效果进行对比，找出差异以及造成这些差异的原因，得出结论，为各地政府制定相关政策提供参考。

四、调研结果

（一）政策梳理部分

1. 政策比较分析表

笔者从人才培养、人才激励、人才服务、人才吸引、人才标准及侧重特点六方面对杭州市、武汉市、西安市三地人才政策进行了梳理并绘制成表3－1。

表3－1　各地人才新政策比较分析表

杭州	武汉	西安
在创业引导基金中设立总规模为1亿元的成长型大学生创业子基金；组建杭州人才猎头专业委员会；加大各类人才工程项目对青年人才的支持力度，提高青年人才入选比例；组建青年人才举荐委员会	增加实习（训）见习机会，开展创业教育培训；成立青桐学院，提供免费创业培训；打破身份学历等制约，技能人才可进机关事业单位；预备技师的待遇等同于本科生；拔尖高技能人才可获事业编制；部分技能人才评职称率先免试英语和计算机	构建多层次人才培养体系；每年评选10名有突出贡献企业家，20名优秀新星企业家，给予一定金额的资金奖励；实施人才培养三大计划；未来5年加快培养“西安工匠”
设立最高20万元的大学生创业资助；设立5万～20万元的项目资助；设立50万元的专业人才资助；新办创业企业给予房租补贴优惠；对年税收100万元以上、带动就业100人以上的，可给予10万元资助；对从事电子商务经营并通过网上交易平台实名注册认证的，可给予5000元资助	设立不低于1亿元的大学生初创企业扶助资金；对大学生初创科技企业给予税收优惠	下放市级职称和高技能人才评审权；创新薪酬绩效机制；建立高层次人才荣誉制度

续表

杭州	武汉	西安
硕士及以上学历人才享受先落户后就业政策；本科学历人才实行先在杭落实工作单位并办理社会保险，再办理落户手续；对紧缺专业高技能人才按现行政策办理；对特殊人才采取“一事一议”的办法办理落户	创立“武汉人才创新创业超市”；整合创新创业资源要素，为人才和企业全程提供“全链条”服务	建立健全领导机制；建立健全考核机制；建立健全保障机制；强化人才创新创业“两个清单”“四个帮办”；对海外高层次人才创新创业提供停居留和往来便利；提供优质生活服务“绿卡通”
实行“人才新政27条”；实行“人才新政22条”；出台人才新政优惠，提高对本、硕、博、专业技术人才和海外留学人才的吸引力度	制定“5年留住100万大学生”目标；实行留汉就业创业大学毕业生购房租房优惠；启动建设“长江青年城”	实施丝路英才计划；完善多元化引才机制；实行动态支持机制
“5+1”人才范围： 国内外顶尖人才（A类）、国家级领军人才（B类）、省级领军人才（C类）、市级领军人才（D类）、高级人才（E类）； 对产业发展急需、社会贡献较大、现行人才目录难以界定的“偏才”“专才”	本、硕、博以及专业技术人才、创新创业人才、海外留学人才等高素质、高水平人才群体	A类：国内外顶尖人才； B类：国家级领军人才； C类：地方级领军人才； D类：产业发展与科技创新类人才； E类：产业发展与科技创新类实用型人才
1. 早在2015年就率先提出人才政策 2. “5+1”人才范围，“偏才”“专才” 3. 建立人才制约退出机制	1. 创新设立招才局 2. 侧重大学生 3. 侧重创新创业	1. 打造“一带一路”人才高地 2. 优质生活服务“绿卡通” 3. 下放市级职称和高技能人才评审权 4. 人才范围更广

2. 政策时间推进表

以时间为尺，笔者在纵向上比较了杭州市、武汉市、西安市三地人才政策的演变情况并绘制成表 3－2。

表 3－2　三地政府人才政策时间推进表

年份	杭州	武汉	西安
2013		8 月，“青桐计划”《市人民政府关于实施青桐计划鼓励大学生到科技企业孵化器创业的意见》	
2015	11 月，《关于杭州市高层次人才、创新创业人才及团队引进培养工作的若干意见》，又称“杭州人才新政 27 条”		
2016	11 月，《关于深化人才发展体制机制改革完善人才新政的若干意见》，即“人才新政 22 条”，27 条升级版		
2017	5 月，《杭州市新引进应届高学历毕业生生活补贴发放实施办法》； 5 月，又收紧落户政策； 12 月，发布《杭州市大学生创业三年行动计划（2017—2019 年）》	2 月，武汉正式提出“百万大学生留汉创业就业计划”系列宣讲活动； 6 月，关于支持百万大学生留汉创业就业的若干政策措施（留汉九条）； 10 月，《关于进一步放宽留汉大学毕业生落户试行政策》《关于加强大学毕业生安居保障的实施意见》《武汉市大学毕业生在汉工作指导性最低年薪标准》	1 月，《进一步吸引人才放宽我市部分户籍准入条件的意见》； 2 月，《进一步吸引人才放宽部分户籍准入条件户口登记工作规范》； 5 月，《关于深化人才发展体制机制改革，打造“一带一路”人才高地若干政策措施》； 6 月，西安市人民政府办公厅发布关于调整户籍新政中本科及以上学历人员落户年龄限制的通知

续表

年份	杭州	武汉	西安
		11月，“百万大学生留汉创业就业工程”大型校园巡回招聘会	12月，西安市人民政府办公厅提出关于进一步鼓励吸引高校毕业生在西安就业创业的意见
2018	2月，《杭州市大学生杰出创业人才培育计划(2017—2019)》；3月，《杭州市人民政府办公厅关于做好杭州市区人才专项租赁住房建设工作的通知》；4月，《杭州市萧山区“金梧桐”人才安居计划实施办法（试行)》；7月，《杭州市新引进应届高学历毕业生生活补贴发放实施办法》《杭州市技能人才自主评价办法（试行)》《杭州市高技能人才直接认定办法》《杭州市成长型大学生创业企业投资引导基金管理办法（试行)》《杭州市外国高端人才服务“一卡通”实施细则》；9月，《杭州经济技术开发区人才专项租赁住房试点分配办法》《杭州市领军型创新创业团队引进培育计划实施细则(2018—2020)》《杭州市大学生企业实训实施办法》《杭州市人民政府关于做好新形势下就业创业工作的实施意见》	3月，武汉市招才局发布“百万大学生留汉创业就业工程”2018年度任务清单；4月，印发《武汉市就业培训补贴实施细则》；11月，《市人民政府关于做好当前和今后一段时期就业创业工作的意见》《关于做好高校毕业生一次性求职创业补贴发放工作的通知》；通知印发《武汉市人才中介机构有关许可制度》；通知申报《2019年度高层次留学人才回国资助试点工作》；通知申报《2019年度中国留学人员回国创业启动支持计划》；召开武汉人才创新创业服务中心建设工作现场推进会	4月，《关于进一步加强就业创业工作的实施意见》；9月，《西安市人民政府关于支持西安国家自主创新示范区聚集创投机构和创投人才的若干意见》

续表

年份	杭州	武汉	西安
2019	5月，《杭州市大学生创业项目评审资助管理细则》《杭州市科技企业孵化器认定和管理办法》； 6月，《关于杭州市“雏鹰计划”企业培育工程的实施意见》； 7月，通知规范《杭州市留学回国人员工作证》办理工作； 9月，《杭州市人民政府关于推动创新创业高质量发展打造全国“双创”示范城的实施意见》	2月，《关于做好武汉市创业孵化示范基地奖补工作的通知》； 6月，《市人社局关于进一步优化大中专毕业生在汉就业手续的通知》	8月，《西安市加快推进科技创新型企业科创板上市扶持政策》

（二）调研问卷部分

1. 初期问卷分析结果

初期调研共获得324份有效问卷，其中92位来自武汉，占比28.4%；118位来自杭州，占比36.42%；63位来自西安，占比19.44%；其余地区51人，占比15.74%。根据问卷分析结果，可初步得出如下结论。

（1）从学生的主观考量来看，选择生活工作的城市时，比较看重经济发展水平和自我发展空间（培训机会、深造平台等），而对就业创业政策保障机制的看重则比较低。这说明城市引留大学生时不应该仅关注于本市的人才政策，而应从城市自身出发，重视提升城市经济发展水平，提供更多的发展机会。

（2）从政策本身来看，学生更关注于购房、住房优惠和子女成长保障，而较少关注落户门槛；因此，政府可以加大前两方面的优惠力度，以吸引更多的大学生。

（3）从宣传力度来看，仅有4.94%的大学生非常了解本地的人才政策，而5.25%大学生完全没有听说过本地政策。因此，政府应加大人才政策的宣传力度，从多方面增强大学生对人才政策的了解度。

在初期调研中，我们还对问卷数据较多的西安交通大学的学生进行了分析。数据表明，该校学生对人才政策的了解度较低，人才政策对该校学生的吸引力也较小，因此政府可以针对具体的大学进行人才政策的宣讲，以增加大学生对相关政策的了解。在西安交大，有更多的同学选择继续深造，因此人才政策可以关注于深造后的大学生，以吸引到更深层次的人才。同时，该校大学生的选择更侧重于自我发展（培训机会、深造平台等），因此，政府的人才政策可以针对他们的需求提供更大的自我发展空间。

2. 终期问卷分析结果

终期调研共收获455份有效问卷，杭州市问卷86份，占比18.90%；武汉市问卷259份，占比56.92%；西安市问卷110份，占比24.18%。其中，2015年及以前入学的大学生有71人，即已毕业的学生占比15.60%；2016年入学的大学生有148人，即应届毕业生占比32.53%；2017年以后入学的大学生有236人，即非应届在校学生占比51.87%。

表3－3至表3－5为三地具体人才政策对大学生的吸引程度，笔者认为无论是各个城市还是整体而言，城市的发展潜力成了大学生选择就业创业地的主要考虑因素之一。因此，人才政策的制定应该与城市发展相结合，只有全面推进城市的发展，给大学生更多的发展空间，才能吸引更多的大学生参与到该城市的建设和发展之中。

（1）杭州

表3－3

具体政策	占比
对具有全日制普通高校硕士研究生以上学历者（50周岁以下），享受先落户后就业政策；对全日制普通高校大学本科学历者，先在杭落实工作单位并办理社会保险，再办理落户手续；对杭州市紧缺专业的全日制普通高校大专学历人才和高技能人才落户，按现行政策办理	77.91%

续表

具体政策	占比
对 A 类人才采取一人一议的方式解决住房问题。对 B、C、D 类人才分别给予 100 万元、80 万元、60 万元的购房补贴。对 E 类人才提供人才租赁房或 1200 元/月的租房补贴	95.35%
鼓励在杭注册的独立企业法人向在校大学生及毕业 5 年以内高校毕业生提供创业实践服务。对创业见习项目孵化成功的，给予创业见习基地每个项目最高不超过 5 万元的补助	76.74%
在校大学生、毕业 5 年（含）以内高校毕业生由创业担保基金或受托担保机构提供担保并免除反担保要求；个人创业担保贷款一般项目贷款额度最高为 30 万元；科技成果转化、研发或文化创意类项目最高额度为 50 万元	90.7%
加强高校创业学院建设，提升高校毕业生创业就业能力，依托互联网，构建政府、企业、学校联动的“线上 + 线下”创业就业实践服务体系	69.77%
原籍不在杭州六城区的具有全日制大学毕业学历及以上的单身者，拥有杭州市的常住户口，在杭州六城区内没有住房，可申请人才公寓	95.35%
在校大学生、毕业 5 年以内高校毕业生在市区创办企业或个体工商户，依法连续缴纳社会保险费 12 个月以上的，可享受 5000 元的一次性创业社保补贴	79.07%

（2）武汉

表 3 –4

具体政策	占比
毕业 3 年内的普通高校大学生，凭毕业证、创业就业证明可申请登记为武汉市常住户口	53.36%
“人才住房券”制度，根据吸纳大学生就业数量、缴纳税收等情况，由政府以奖励形式发放“人才住房券”，用于企业人才和大学生购、租住房	77.73%
5 年内组织在汉企事业单位建设 3000 个以上大学生实习（训）见习基地	44.96%

续表

具体政策	占比
设立大学生创业贷款担保基金，为在校或毕业5年以内的大学生创业企业提供无抵押担保贷款，担保贷款额度最高可达200万元	58.4%
依托在汉高校，支持社会力量建成50所以上公益性创业学院，每年提供不少于10万人次的大学生创新创业培训机会	47.48%
在校或毕业5年内的大学生免费使用创业工位，免费使用期最长可达到1年	53.36%
毕业3年内的普通高校大学生，在汉创业就业且家庭在本市无自有住房的，均可申请人才公寓，人才公寓租金要低于市场租金标准，最长可租用至毕业3年期满	81.09%
毕业生指导性最低年薪标准为：大学专科生4万元，大学本科生5万元，硕士研究生6万元，博士研究生8万元	56.72%

（3）西安

表3-5

具体政策	占比
设高校毕业生“就业奖”：应届高校毕业生在西安就业落户，给予1000元一次性奖励补助，并发放西纳英才、安心乐业大礼包	40%
设西安高校“留才奖”：凡西安地区应届高校毕业生在西安就业落户，按照每人200元标准，给予学校一次性奖励	26.36%
提供全额灵活就业补贴：高校毕业生离校2年内在西安灵活就业的，全额给予期限不超过2年的社会保险补贴	71.82%
高水平大学硕士“免笔试”招聘：事业单位招聘急需紧缺的高水平硕士研究生，可不参加笔试，采取直接考核招聘	80.91%
提升引才用才安居保障：西安市属单位公开招聘博士研究生，安家补助费每人由5年10万元提高为5年15万元	80%

续表

具体政策	占比
进一步下放人才评审权：向大型企业下放高、中级职称和高、中级技能人才评审权，鼓励行业学、协会等社会力量参与人才评价工作	69.09%
扩大人才认定范围：将公务员、文化创意人员、自由从业者等更多领域人才纳入 D、E 人才分类认定范围	65.45%

（三）实地访谈结论

1. 武汉访谈

综合文本分析、实地调研访谈及问卷数据等资料，笔者认为，武汉相较于西安、杭州等其余“准一线城市”，在引留人才方面具有如下显著优势。

第一，在汉百余万大学生是武汉市最宝贵的财富。

第二，秉持“敢为人先，追求卓越”的城市精神，从时间维度上看，武汉在引留大学生人才方面走在了全国前列。武汉的人才政策是起步最早的，且起步执行时政府领导站台支持之类推动的力度也是最大的，所以其前期产生的效果较好，影响很大。

第三，近年来武汉的创业环境得到了很大的优化，一方面是政府的大力支持，另一方面优秀的创业团队也使得武汉的创业环境得到优化，产生了良性循环。

然而，看到这些比较优势的同时也应思考武汉市人才新政存在的问题：一方面，政府总体工作思路中对于龙头企业、大企业的特别关注与扶持，可能不利于中小微企业的生存、发展，进而打击大学生留汉就业、创业的信心与积极性；另一方面，因武汉市人才新政而产生的“虹吸效应”，吸引了大量湖北省其余地市州的各类型人才，可能影响到省内经济社会的整体发展。

2. 西安访谈

作为“一带一路”沿线重要节点城市，西安市委、市政府敏锐抓住“一带一路”倡议深入推进、全面扩展所带来的机遇，以放权、松绑、激励、服务为重点，从目标要求、人才引进、人才培养、奖励激励、服务保障五大方面着手，最大限度吸引“高精尖缺”人才，激发各类人才创业创新活力。

尤其值得关注的是以下两点，作为国防科研重地以及航空航天工业重地的西安，恰好坐拥西安交通大学、西北工业大学、西安电子科技大学三所理工科985名校，因此，整个城市的科研创业气氛、相关工业基础、配套产业链与大学高等教育相当契合，对于有志于在大学专业领域内就业、创业的大学生而言，这些软硬件条件具有极强的吸引力，大大有助于其事业的开展、社会认可及尊重的获得。高等教育与支柱产业的无缝对接，这是西安较之于武汉、杭州两地所独具的地域优势。此外，作为六朝古都，西安文化底蕴深厚，具有极强的城市吸引力，而且作为一个“准一线”城市，工作、生活的压力较之于北上广深小一些，而享受到的资源又比三四线城市多得多，处于这样一个位置的西安在引留大学生人才方面大有可为。

3. 杭州访谈

杭州人才政策自2008年前后已经出现并逐步完善，伴随产业结构调整，下城区渐渐形成五大产业：金融、商贸、健康、信息、文创，以产业园区为政策实施载体，为毕业生创业团队提供住房、水电等补贴，并提供各类比赛、奖项平台，由区政府支持用以鼓励创业团队。产业园以3年为节点、500万元流水账目对入园企业进行考核，利用各类机制及时腾笼换鸟、筑巢引凤，保持园区甚至下城区产业活力，达到70%的企业成活率这样的优秀成果。而如此优惠的政策和科学的园区机制，吸引了大量本科毕业生来园区创业，园区自创立以来入驻率持续保持100%，在增强园区活力、竞争力的同时也展现出下城区、杭州市人才政策的优越性，为全国各大城市人才吸引政策提供了一个优秀参考。

五、问题分析

（一）政策本身的缺陷

通过对三个城市政府推出的“人才新政”内容比较分析，结合调查中收集的受众反馈，并综合考虑时代背景、地域文化、城市硬件、教育资源等条件，笔者将当前各个城市“人才新政”存在的共性问题归纳如下：

一是“宽度”不足，政策内容尚需完善。通过分析我们所收集的各地政府公开文件，我们发现当前“人才新政”内容还有待充实，政策“宽度”稍显不足，具体体现为政策涵盖群体有限、政策覆盖行业较少、政策优惠涉及方面不全等问题，如杭州市起初仅就五类人才和其他“专才”出台了相关吸引措施，2016 年方才降低落户门槛，但至今都没有做到从专科到博士的全覆盖。政策“宽度”不足，一方面可能让个别人才在选择城市时因其政策优惠方面不够全面而放弃前往该城市；另一方面也可能会使得政府“人才新政”所面向的人才群体范围缩小，引留人才数目有限，最终无法实现人力资源的规模效应。

二是“精度”不高，政策结构亟待调整。当前各地政府在制定人才新政时偏重于强调吸引人才落户，无论是覆盖群体还是优惠力度，人才落户的优先级都是最高的。更重要的是，我们在走访和发放问卷过程中收集当地人才反馈时发现他们也有同样的感受。因此，我们认为当前各地政府政策的“精度”不高，甚至有过分追求落户人数的倾向，这属于粗放型的施政，需要在今后的政策过程中加以矫正，优化当前政策的结构组成，真正实现人才进得来门、落得下根。

三是“强度”不够，政策优惠力度有待加强。随着各地政府“抢人大战”的持续升级，一个城市吸引人才的政策优惠力度就成了成败点。然而，受制于财政收入、预算安排等客观因素，一些地方政府的优惠政策力度不大，在发放问卷时也能明显感受到一些大学生对于当地“人才新政”某些项目优惠力度的不满意。例如，西安市的高校“留才奖”规定凡西安地区应届高校毕业生在西安就业落户，按照每人 200 元的标准给予学校一次性奖励，无论是 200 元的奖金数额，还是资金最终流向学校的规定，都在很大程度上存在着优惠力度较轻的问题，在问卷分析中，也只有不到三成的同学表示这一规定对其有吸引力。

四是“维度”较少，政策同质化严重，具有地方特色的引留人才政策不足。结合各个城市的“人才新政”内容，我们不难发现政策中较多出现的有降低落户门槛、一次性就业（创业）补贴、租房（购房）补贴、免费就业创业技能培训等，可以说各地政府在制定引留人才相关政策时对城市本身的特色考虑较少，主要还是从人才这一端出发，考虑其需求进而制定相应的政策，而较少结合城市的产业基础、历史文化、地域环境等因素制定具有城市特色的引留人才政策。在调研过程中有受访者表示，尽管各地政策不断出台，但其内容“乱花渐欲迷人眼”，最终不少人还是根据其原有的薪资待遇、发展潜力等考虑选择城市就业创业，“人才新政”并没有对一些人的城市选择产生实质性的影响。

五是“信度”有待检验，政策持续时间和施政效度仍须观察。虽然各地政府多年来都在坚持引留人才，但“抢人大战”爆发于2016年，因此时间并不长。各地政府时有新的政策出台，但人才群体对于政府政策是否可能“朝令夕改”，施政过程中是否可能“阳奉阴违”等问题存在着疑虑。一种较为普遍的心理是：落户的确变得简单了，但买房、就业、医疗、子女教育、父母养老等一系列问题才是更关键的，何况这些新政颁布不久。这样看来，各地政府需要在政策的“信度”上下功夫，以让人才在踏足一个城市时对当地政府政策充满基本的安全感和信任度。

（二）政策实施的不足

总的来说，我们所调研的三个城市的人才政策在其实施过程中存在着以下六方面的局限。

一是领导责任制未落实。在我国现行体制下，公共政策的强力推行必须有相应的政治领导力量推动，在政治实践中一般表现为“领导挂帅”。然而，实地调研发现，除了西安市委领导每月进高校宣传西安市引留人才政策外，武汉市和杭州市的领导班子多是在会议上进行强调，并没有直接推动政策的施行。

二是政策宣传不到位。问卷分析报告显示，三地大学生对于当地的人才新政了解程度不高，某些政策甚至无人知晓。各地政府在政策宣传上的投入不足可能是主因，这直接导致了宣传渠道较少、宣传密度较低、宣传强度较小、宣传创新度不足等问题。

三是部门协调不流畅。人才新政这一公共政策涉及的政府部门众多，部门之间的协调统一就成了政策实施的一个重要保证。就三地的政策实践来看，政府部门协调水平仍有很大的提高空间，如西安市大力推行一站式落户，但由于一站式服务中部门协调不足，被引进人才仍需要付出较多的时间和精力去完成复杂的行政流程，该问题的出现主要是由于“放管服”改革和电子政务建设的滞后，因此需要加以重视。

四是政企、政校合作不充分。在国家治理现代化的整体要求下，政府的施政可以适当地吸引其他社会主体进入政策制定过程。人才新政的推行不应只有政府单主体，企业和学校是连接个体与城市的重要桥梁，因此政府有必要加强与企业、高校的合作。但在现阶段的人才新政实施过程中，当地企业尤其是明星企业并没有积极配合政府去引留人才，吸纳人才方式局限于校园招聘，显然力度不足。另一方面，省会城市所占据的高校教育资源也没有在引留人才政策实践中得到很好的运用，政府和高校就引留人才的合作少之又少。

五是政策反馈收集少。人才新政的内容设置和实施方法是一种“理想型”，在实践中必然会遇到各种各样的问题，这也需要政府投入部分资源尽可能地收集政策反馈，但现阶段并没有公开资料显示各地政府在收集政策反馈，更谈不上反思其前期政策。

六是动态跟进不及时，这一问题是和前一问题即政策反馈收集工作较少紧密相关的，可以说当前的人才新政颁布后的稳定性是比较高的，这一方面能够体现政府公信力和施政的稳定，但另一方面也反映了政府动态跟进的严重滞后。

六、政策建议

基于对武汉、杭州、西安三市相关政策的文本分析及实地走访调研，针对三地人才新政实施过程中凸显的普遍性问题，笔者的政策建议有以下三方面。

（一）强基固本——完善人才政策体系

首先，着眼于保障人才新政的有效性和可持续性，建议加强对人才政策的评估和绩效评价。一方面，全面细致地评估已付诸实施的人才政策的整体效益和实际效果，及时调整和完善财政支持方式，提高财政专项资金的使用效率，保障人才政策的针对性和有效性。另一方面，应紧紧围绕城市的财政中长期预算编制人才引进中长期规划，做到量力而行和尽力而为相结合，同时对人才政策的进展及其效果进行动态评估，保障人才政策的可行性和可持续性。

其次，强化人才政策设计的问题意识与系统思维。目前，大部分城市的人才新政均抛出一系列令人眼花缭乱的“政策大礼包”，主要是解决如何“招得来”的问题。而如何“留得住”“用得好”引来的“凤鸟”，使其真正服务于城市发展，才是政策制定者更应关注和思考的问题，也是政策设计更为关键的问题。此外，部分政策设计没有充分预估到政策影响，也没有和城市整体经济社会环境、产业及就业岗位需求结合，过分宽松或偏激，导致政策“朝令夕改”，大大影响了人才新政的整体效果。因此，统筹全局，以系统思维协调人才政策与经济、政治、社会各项政策之间的关系，是影响人才新政得失成败的又一关键因素。

（二）落地生根——推动政策贯彻落实

首先，加大宣传力度，创新宣传方式。政策宣传是连接政策与政策对象的桥梁，得当的宣传方式能够提升政策知晓度，对于发挥政策效应具有不可替代的作用。反之，政策宣传不到位，宣传效果乏力，会直接影响人才政策的实施。政府应该创新宣传渠道，善于借助网络媒体的作用，例如，建立专门的人才政策公众号，实时更新，方便相关人群实时了解。同时，政府应大力推动政策进高校、进社区，与社区高校建立制度化沟通渠道，联合宣传，最大限度地减少因不了解政策而造成的人才损失。

其次，强化人才政策落实制度。构建稳定的招才、留才、用才制度体系，在人才引进、使用、评估考核、流动管理、激励保障等方面形成具有整体性、可操作性的政策体系，是人才新政实施过程中关键的一步，而强化人才政策落实制度，事关政策条文是否能够顺利落地见效，同样重要。一方面，政府应把人才政策作为年度绩效考核的重要内容，督促工作落实；另一方面，政府人才管理部门需优化制度安排，进一步明确人才管理责任，科学设计人才考核和评估体系，强化人才权利与义务对等，用好人才。同时，应积极引入第三方评估，发挥社会组织功能，及时追踪人才政策落实情况，及时发现问题并给予解决。

（三）兼顾公平——基于整体性反思的再审视

愈加宽松的落户条件及不断强化的政策福利体现了各城市对人才工作的重视，人才政策也“更加积极、更加开放、更加有效”。然而，城市人才政策的“溢出效应”及城市人才竞争存在一定的风险，特别是对特定人群的政策性支持和福利可能出现对其他群体的不公平性，会加剧城乡之间及不同城市之间人才竞争的非均衡性。而一个城市人才政策性支持力度越大，人才的虹吸力越强，地区和城市之间的失衡度和差异性就越大，最终导致整个社会人才资源的错配，损害社会整体利益和人才利用效益。不仅如此，如果“抢人大战”陷入优惠政策的恶性竞争，不仅会导致政府财政力所不及而不可持续，也会进一步加剧不同群体和不同地区人才竞争的矛盾，造成整个国家人才资源的错配及人才的低效利用。因此，必须妥善处理城市局部利益和社会整体利益的关系，将城市人才政策和人才竞争置于整个国家经济社会发展总体战略和目标之中，通过制订国家专项人才支持计划，加大对“老少边穷”地区以及薄弱城市的人才政策支持力度，提升薄弱地区人才的竞争力及整个国家人才资源利用的整体效益。

（指导教师：陈刚、陈柏奇）

参考文献

[1] 中共中央国务院. 关于进一步加强人才工作的决定 [R/OL].

（2003－12－26）［2013－04－17］．http：//www. gov. cn/test/2005－07/01/content_ 11547. htm.

［2］中共中央国务院．关于大力推进大众创业万众创新若干政策措施的意见［R/OL］．（2015－06－11）［2021－04－18］．http：//www. gov. cn/zhengce/content/2015－06/16/content_ 9855. htm.

［3］中共中央国务院．关于深化体制机制改革加快实施创新驱动发展战略的若干意见［R/OL］．（2015－03－13）［2021－04－18］．http：//www. gov. cn/gongbao/content/2015/content_ 2843767. htm.

［4］中华人民共和国教育部高等教育教学评估中心．中国高等教育质量报告［R/OL］．（2016－04－07）［2021－04－18］．http：//www. moe. gov. cn/jyb_ xwfb/xw_ fbh/moe_ 2069/xwfbh_ 2016n/xwfb_ 160407/160407_ sfcl/201604/t20160406_ 236891. html.

［5］中共中央国务院．政府工作报告［R/OL］．（2015－03－16）［2021－04－18］．http：//www. gov. cn/guowuyuan/2015－03/16/content_ 2835101. htm.

［6］中共中央国务院．政府工作报告［R/OL］．（2016－03－05）［2021－04－18］．http：//www. scio. gov. cn/ztk/dtzt/34102/34261/34265/Document/1471601/1471601. htm.

［7］中共中央国务院．政府工作报告［R/OL］．（2017－03－05）［2021－04－18］．http：//www. china. com. cn/lianghui/news/2019－02/28/content_ 74505911. shtml.

［8］中共西安市委．西安市深化人才发展体制机制改革打造“一带一路”人才高地若干政策措施［R/OL］．（2017－05－03）［2021－04－18］．http：//www. xa. gov. cn/web_ files/attachment/202005/20/20200520181155166712729334292549632. pdf.

［9］中共武汉市委．关于支持百万大学生留汉创业就业的若干政策措施［R/OL］．（2017－06－26）［2021－04－18］．http：//www. nwccw. gov. cn/2017－06/26/content_ 163538. htm.

[10] 中共杭州市委. 关于深化人才发展体制机制改革完善人才新政的若干意见 [R/OL]. (2017-10-15) [2021-04-18]. http://www.hztyzx.org.cn/article/8424.html.

[11] 中共西安市委. 关于进一步鼓励吸引高校毕业生在西安就业创业的意见 [R/OL]. (2017-12-15) [2021-04-18]. https://jyzx.chd.edu.cn/2017/1215/c5389a69034/page.htm.

[12] 中共杭州市委. 杭州市高层次人才、创新创业人才及团队引进培养工作的若干意见 [R/OL]. (2015-01-28) [2021-04-18]. https://www.hzrc.com/gg/gcc.pdf.

[13] 赵承, 陈二厚, 车玉明, 赵超, 刘铮, 王宇. 树立发展信心坚定改革决心——以习近平同志为核心的党中央引领中国经济发展新常态述评 [N]. 人民日报, 2014-12-09 (1).

[14] 中共中央国务院. 关于进一步推进户籍制度改革的意见 [R/OL]. (2014-07-24) [2021-04-18]. http://www.gov.cn/zhengce/content/2014-07/30/content_8944.htm.

[15] 崔丽红. 武汉东湖新技术开发区创新人才体系建设对策 [J]. 中国商论, 2016 (23): 178—179.

[16] 朱志敏. 透视"1+N"武汉创新人才政策体系的前前后后 [J]. 中国人才, 2013 (13): 40—42.

[17] 柳可. 武汉城市圈创新创业人才政策研究 [D]. 武汉: 华中农业大学, 2017.

[18] 李华. 西安市人才吸引力评价及比较研究 [D]. 西安: 西安理工大学, 2010.

[19] 王桂霞. "抢人大战"折射城市步入高维竞争 [J]. 师道, 2017 (8): 13.

[20] 江德斌. "抢人大战"折射城市步入高维竞争 [J]. 就业与保障, 2017 (8): 17.

[21] 邓运双. 在"抢人大战"中就业比落户更重要 [J]. 民主,

2017（10）：60.

[22] 史经基．二线城市“抢人大战”中缺什么［N］．中国联合商报，2017-09-25（1）．

[23] 黄文政，梁建章．二线城市“抢人大战”中缺什么？［J］．21世纪经济报道，2017（9）：13.

[24] 江德斌．从“抢人大战”看城市竞争趋势［N］．湖南日报，2017-07-05（6）．

[25] 王红茹．主流二线城市上演“抢人大战”［J］．中国经济周刊，2017（31）：32—35.

[26] 李紫宸．互联网+时代：“抢人大战”已经开启［J］．商学院，2015（10）：15.

[27] 吴红梅．现阶段我国农村公共服务体系的问题分析与创新探讨［D］．武汉：华中师范大学，2006.

[28] 李中斌，涂满章，赵聪．我国城市人才争夺战的比较与思考［J］．中国劳动关系学院学报，2018（32）：32—41.

[29] 孟凡坤，欧阳晨浩，吴倩．城市人才政策的困境与突破［J］．全国流通经济，2018（18）：55—57.

[30] 李学明．社会资本视角下的青年人才择业价值取向研究［J］．第一资源，2014（6）：82—88.

[31] 贾凌民．政府公共政策绩效评估研究［J］．中国行政管理，2013（3）：20—23.

[32] 罗依平．地方政府公共政策制定中的民意表达问题研究［J］．政治学研究，2012（3）：89—96.

[33] 梁丽萍．公共政策与公民参与：价值、困境与对策［J］．山西大学学报：哲学社会科学版，2008（4）：108—114.

中西部乡镇食品安全治理的特征及其困境

——以峨眉山市S镇为例

甘璐　冯川

摘要： 基于对峨眉山市S镇的个案考察，从市场监管人员的治理实践过程中展示基层政府在食品安全监管中的治理逻辑。在食品安全监管的法律法规相对完善的条件下，最关键的环节在于政策的执行和落实。首先，基层政府自身存在的执行动力不足、部门协同配合不充分以及人员流动频繁导致执行效率大打折扣，此外，后疫情时代下的地摊经济因其流动性等特点加大了政府执行食品监管的难度，而政府缺乏与食品安全检验的第三方机构的合作也导致食品安全在技术治理上存在短板，综合因素导致食品安全治理陷入执行之难的困局。

关键词： 食品安全治理，基层政府，流动摊贩，技术治理。

一、问题的提出

随着我国经济稳步增长，人民生活水平日益提高，民众对日常饮食的要求也随之提高，同时食品安全的监管与治理直接关系到国计民生。然而实际上，自20世纪80年代以来，我国食品安全重大事故频发。“毒豇豆”“地沟油”“毒奶粉”“毒豆芽”“瘦肉精”等食品安全问题事件不断见诸报端，进入公众视野，导致人们对国内的食品安全产生了一定程度的质疑。因此日趋严峻的食品安全问题不仅对作为监管主体的政府部门提出了巨大的挑战，社会各相关主体都应该做出调整和改变以更好应对我国食品安全治理中的执行之困。

目前从社会科学的视角主要分为两类：从治理主体的角度研究各主体在食品安全监管中应承担的责任和以“食品安全治理”为出发点探讨相关的法律制度、行为模式和具体的监管策略。

从治理主体的角度研究，比较常分析的三大主体是基层政府中的相关部门、食品从业者和广大消费者，也有研究将食品安全检测仪器和设备的生产商作为一个独立主体或将基层政府抽象为监管者的角色。目前相关文献的主流研究思路主要从宏观角度论述这三个主体各自在食品安全治理领域的影响、其中两个主体或三个主体之间的互动状况。邵俊平从监管者的角度进行分析，以政府机构作为食品安全监管的主要落实者，指出政府相关机构存在立法不健全、机构配置不合理、人员队伍建设落后等问题，并提出通过健全法律规范标准、构建食品安全监管整体运行机制、理顺内部机构关系、引导各方力量参与等方式改善政府的监管效能。① 蒋熠从食品从业者的角度进行分析，认为食品生产、加工企业与贸易企业等在食品供应链中的主导者在食品安全治理中未充分发挥主体作用。王扬从消费者的角度进行分析，以公众参与在食品安全治理中的作用作为切入点，通过实地调查指出由于缺乏对公众参与食品安全治理过程的规范化引导，兼之治理机制中公众参与环节的缺失，普通民众难以实现合理有序的参与。其倡导通过引导公众参与食品安全监管立法的制定、提升其参与食品安全监管决策方面的能力等来提升公众参与度。② 张曼、唐晓纯等人基于行为法经济学相关理论对转型期的中国食品安全治理进行了分析，同时分析了食品生产者和除政府以外的第三方监管机构在其中的影响，他们指出在食品领域，部分企业的“短视认知偏差”使得企业着眼于造假产生的短期利益而忽视了造假行为被发现后带来的长期损失。同时，随着企业造假次数的增

① 邵俊平．我国食品安全监督管理体制现存问题及对策研究［D］．西安：长安大学，2015.

② 王扬．我国公众参与食品安全监管问题研究［D］．长春：东北师范大学，2016.

加，其形成了“自我强化效应”，而将其代入市场竞争中则容易产生“劣币驱逐良币”的现象。由于此时市场内参与造假行为的企业较多，监管部门面对法不责众的执法困境，导致监管失效。①

从食品安全治理措施和体系的角度研究，则主要从相关法律的实施、食品安全治理中的行为模式以及治理过程中运用的具体举措等方面进行分析。王悦和白雪洁都是从法律法规的实施角度展开研究。王悦研究了我国食品安全的法律监管模式和制度体系，明确指出法律制度应该保证监管模式有效运行，法律应当从明确政府责任、制定行业自律、加强检验监测和信息交流等维度进行强调，同时应当重视通过司法救济制度应对重大食品安全突发事件。② 而白雪洁则基于国际相关法律的实施情况对《食品安全法》的实施效果进行了评估和推断，得出了该法在短期内对食品安全事件具有较强规制作用，但威慑力将随着时间的推移而削弱的结论。研究者由此呼吁，要通过提供食品安全技术标准与食品安全违法惩戒标准的方式形成长期的法律威慑力。③ 陈恺对食品监管中的食品安全预警手段进行研究，认为现有信息来源主要是通过抽样监测提供的，来源较为单一，制约了食品安全监管的有效进行。基于这些问题，研究者提出食品安全预警数据的来源不应该单纯依靠政府监测，同时也应该包括与食品产业链密切相关的个人、社会组织和第三方检测机构等。④

随着时代的发展，我国学界对食品安全治理方面的研究渐趋深入。从最初强调政府机构单一主体的防控发展到寻求激发多元主体潜力，实现共同治理。部分研究者从不同的学科角度对食品安全治理提出了建议，构建

---

① 张曼，唐晓纯．食品安全社会共治：企业、政府与第三方监管力量［J］．食品科学，2014（13）．

② 王悦．我国食品安全法律监管模式与制度体系研究［D］．武汉：华中农业大学，2007．

③ 白雪洁，程于思．《食品安全法》是否保障了食品安全？——基于国际比较回归合成控制法的规制效果推估［J］．财经论丛，2019（4）：104—112．

④ 陈恺．基于数据驱动的食品安全预警分析方法与应用［D］．北京：北京化工大学，2015．

权责统一、高效合理的食品安全监管体系是大多数研究的主要目的。有的研究有利于人们对目前的食品安全治理现状形成整体性的认识以及了解各个主体在治理中的特点、表现以及不同主体之间存在的差异，各主体之间在治理动力、利益诉求上存在的矛盾和张力。可是现有的研究大多停留在对食品安全治理的现状的呈现上，部分研究者所提出的一些建议也没有完全凸显食品安全治理中的重点和难点，因而难以对食品安全治理产生深刻的影响。而食品安全监管不仅体现了政府公共政策的治理效能，也是衡量社会和谐与发展水平的重要指标。因此，食品安全治理研究具有现实的紧迫性。笔者认为食品安全治理的法律已经相当完备，而更关键的部分在于法律的实施和政策落实，本文基于峨眉山市S镇的个案考察，从食品安全治理中的执行之难探讨其中的基层治理逻辑。从食品安全监管的政府部门切入，分析治理过程中的执行困境，同时论述村镇中普遍存在的流动摊贩在其中的不利影响以及食品安全监测技术中存在的问题。此外，通过S镇的个案考察旨在了解中西部乡镇食品安全治理的一般性特征以及普遍困境，以便对中西部乡镇的食品安全治理针对性地提出对策。

二、S镇经济社会现状和食品安全治理特征

峨眉山市是四川省辖县级市，位于四川盆地西南边缘，全市辖区面积1183平方千米，辖12个镇、6个乡、245个行政村、19个社区。其中，S镇的农业产业形成了“茶、菜、药、畜”四大农业主导产业，建成了全国无公害茶叶示范基地和省级蔬菜、黄连、食用竹笋等农产品无公害基地。竹叶青“论道”等荣获全国驰名商标，峨眉山茶、峨眉山藤椒列入国家地理标志保护产品；食品加工业具备相当规模，代表企业为农夫山泉、华润啤酒、竹叶青茶业等；市内各色餐饮发展蓬勃，接待顾客以游客为主。做好该市的食品安全治理工作，无疑对其相关产业持续健康发展、人民安居乐业有着至关重要的意义。

根据党的十九届三中全会审议通过的《中共中央关于深化党和国家机构改革的决定》《深化党和国家机构改革方案》和第十三届全国人民代表

大会第一次会议批准的《国务院机构改革方案》，2019 年 3 月 4 日，峨眉山市市场监督管理局（峨眉山市食品安全委员会办公室）举行挂牌成立仪式。自成立以来，市场监督管理局严格按照要求，综合开展多项食品安全监管专项检查工作，共开展了联合执法行动 8 次，检查食品生产经营单位 450 户次，县级抽检生产流通餐饮食品 260 批次，15 批次不合格；对 116 所学校食堂进行了全面检查，并下发《监督意见书》30 余份，下达《责令整改通知书》16 份，抽检 20 个批次；对全市保健食品经营单位进行了全面摸排，初步掌握问题线索 5 条；开展了农产品质量安全（重点是生猪屠宰和猪肉销售）整治，抽检农产品 188 批次，8 批次不合格，快检 401 批次；共立案查处食品类案件 17 件、药品当场处罚案件 4 起，处理食品药品投诉 57 件。

在峨眉山市政府的指导下，S 镇于 2020 年多举措落实食品安全常态化监管：一是强化制度建设，健全食品安全监管职责。成立由主要领导为组长，分管领导为副组长，相关部门单位负责人为成员的食品安全工作领导小组；制定了《S 镇食品安全事故应急预案》，分级启动突发案件应急处置程序；对农村集体聚餐专业加工服务者实行登记管理制度，明确举办者、承办者的法律义务和责任，严格落实《四川省农村集体聚餐食品安全管理办法》。二是强化重点监管，提升食品安全监管水平。S 镇利用学生返校这一关键时期，联合镇食安办、综合执法办以及教育、卫生等相关职能部门，开展校园食品安全专项检查，检查覆盖率 100%。三是强化信息联动，拓宽食品安全监管渠道。S 镇把食品安全监管纳入正常议事日程，逢会必讲，强化镇、村上下食品安全监管意识，实现信息联动。

可见，目前峨眉山市 S 镇的食品安全治理体系和相关政策较为完善。但是实际上，该地区的食品安全治理体系和相关政策无法充分发挥其应有的效能，普遍存在执行难的问题①，主要体现在三方面：基层政府监管困

① 邵俊平．我国食品安全监督管理体制现存问题及对策研究［D］．西安：长安大学，2015.

难、流动摊贩治理困难和技术治理困难。

三、食品安全治理困境的形成机制分析

在普遍的认知中，基层政府在S镇的食品安全监管中承担了大部分的责任，而通过调查我们发现政府在监管食品安全的过程中除了自身存在一些不足以外，流动摊贩和散销经营户也给执行带来了巨大困难，而不够完善的技术治理对食品安全的检验也有重要影响，从隐性上阻碍了政府政策法规的执行与落实。

（一）基层政府

经过问卷调查，我们发现在食品安全的治理中，人们多半认为基层政府也存在不足之处。由表3－6可知，基层部门落实政策不力、现有治理方式过于单一而未能充分激发主体活力是基层政府监管食品安全的一大难点。结合文献分析和实地调查我们认为基层政府的问题主要有以下三点：执行动力不足、政府各部门之间的协同配合不充分、机构改革过程中人才流动性太大。

表3－6　S镇村民关于食品安全治理存在问题的看法

变量	项目	数量	百分率（%）
您认为本地区食品安全治理主要存在的问题	相关法律法规不健全	106	51.46
	执法部门过多，权责不统一	94	45.63
	现有治理方式过于单一，未能充分激发主体活力	122	59.22
	基层部门落实政策不力	126	61.17
	违法违规经营（如流动摊贩）治理监管困难	144	69.9
	其他	17	8.25

1. 执行动力不足

通过对峨眉山市S镇的调查，我们发现当地除了日常监管和定期抽检以外，还会根据特殊情况组织专项整治。从结果上看，专项整治效果极为突出，而实际上进行专项整治的目的并不纯粹，这也涉及基层政府在食品安全的治理中的动力问题。就国际经验以及我国国内的实际情况来看，政府绩效评价指标最主要的仍然是经济指标，且绩效的测度更侧重结果，而非政府的活动与投入。而食品安全的治理在绩效考核中所占的比例又非常小，因此基层政府在食品安全治理方面的投入程度往往不足，另一方面部分政府部门为了拉动当地的经济发展，甚至会放松对相关企业的监管。由于峨眉山市近年来在争取文明城市的称号，对下辖的乡镇的食品安全管理相对严格，因此S镇也会频繁进行专项整治活动，其中以“春雷行动”的开展最具代表性，但是整治效果并不尽如人意。因此由于外生的执行动力欠缺导致政策落实大打折扣，政府缺少对食品安全治理的激励机制，影响了从事食品安全监管者的积极性。

2. 协同配合不充分

食品安全监管是一项复杂的监管工作，它涉及食品生产加工、运输、储存、销售等环节。在监督的过程中，还包括质量检测、食品安全信息发布、违法案件处理等内容，需要食品药品监督管理局、市场管理局、畜牧局、农业局、公安局以及法院等部门的通力协作才能进行。正因食品安全治理的复杂性，过去食品安全监管“九龙治水”的治理局面常常出现，这在2013年的机构改革中得到一定程度的改善，然而“部门之间协作程度不足”仍然是亟待解决的事实。事实上我们的调查和访谈也进一步印证和说明了政府部门之间协同配合之难，我们发现当前的食品安全监管部门间合作联合共治内容相当丰富，涉及范围也相当广泛：与商务局配合整治酒店经营、与城管配合整治市场、与公安机关联合执法、与教育部门配合整治校园食品安全……而在联合整治的背后，笔者认为促成这些部门间合作的有两大必要性：首先，市场监管局作为食品安全治理的牵头单位，其在实际执法过程中有必要借助执法部门及人员的力量。在下沉至基层的执法实践当中，具备更加丰富的基层执法经验的公安人员以及城管能够促使治理行动具备更高效率。同时，客观上存在的食品安全监管人员不足也是促成此类合作的重要因素。其次，在其他部门主管的领域内，市场监督管理局在整治食品安全时有必要同牵头部门进行合作。从实践当中看，要保证各部门间合作更加有序规范，还需要更为明确的权责范围划分来加以维持和保障。

然而实际上政府各部门本身存在“信息不对称”的情形，导致行动和治理步调难以保持一致，且公安机关、商务局等其他部门的职能并不限于食品安全的治理，市场监管局虽然是牵头单位，但对其他部门也没有明显的上下从属关系，难以整合政府的监管资源。且目前“整体政府”仍然在建设过程中，在食品安全领域构建涵盖上级和下级政府、平级政府之间以及公共和私营部门之间的系统性管理主体具有很大的挑战性。

3. 人才流动性大

在调查过程中，我们了解到，当前机构改革仍在持续发挥影响。而机构改革带来了大范围的人才流动，这种人才流动为当前的食品安全治理带来新的可能的同时也在催生着新的问题：政府部门之间的人员整合与分散在为食品安全治理注入全新的活力和血液的同时，也带来了相关人员不足、人员专业性欠缺的问题。与此对应，我们调查了样本对现有市场监管、卫生部门的人员配置和机构设置的看法（如表3－7）。这些内容属于食品安全治理的制度设施和硬条件，然而更多的人认为其现有配置不能满足治理食品安全的需要，这也是导致食品安全治理成效不佳的重要原因。

表3－7　S镇村民对食品安全监管机构配置效率的认识

变量	项目	数量	百分率（%）
现有市场监管、卫生部门的人员配置和机构设置能否满足食品安全监管需要	能	68	33.01
	不能	138	66.99

相关人员不足和专业性欠缺大都源于机构人员的频繁调动。原有的食品安全监管人员被调离原有岗位，有的被划出去担任全新的岗位，有的则在现在的部门内从事与食品安全监管关联较少的工作。而新加入的工作人员大都还未熟悉食品安全监管工作，尚还需要更多的培训和实操加以磨炼。机构间的人员调动本是创新、焕活之举，然而在实际中存在的种种操作却反而导致食品安全监督效率不升反降，这也影响了食品安全治理的政策法规执行落实的效率。

（二）流动摊贩

随着新冠肺炎疫情的缓解，后疫情时代受此重大危机重创的经济亟待复苏，国家也号召鼓励地摊经济的回归与发展。流动摊贩是城市化进程过快的产物，在这个过程中大量人口拥入城市就业，劳动力供大于求，就业压力逐渐增大，产生众多下岗和无业人员，部分人选择了加入流动摊贩群体。此外，流动摊贩具有投资少、成本低、风险小、收效快的特点，因此它成为低收入家庭和外来流动人员的首选，加上其对市场的适应性强，经营内容调整快、无税收，又有一定的受众群体。加之疫情过后失业人群增多，政府对地摊经济的鼓励也使他们无须同城管周旋，导致流动摊贩遍地开花，但这的确给食品安全的治理带来了更多挑战。

1. 从流动摊贩方面来看

第一，流动摊贩具有相当大的流动性和灵活性，流动摊贩没有固定的销售地点，加大了执法难度。第二，流动摊贩人员普遍素质较低，流动摊贩的组成成员大部分来自无业人员，没有较高的法律素质，对于自己的违法行为没有自我意识，反而会认为执法人员故意找碴，甚至发生暴力抗法。第三，流动摊贩管理缺乏规范性，流动摊贩多半没有健康证明，又拒绝缴费，也无营业执照，销售商品难以保证质量，其食品安全几乎全凭流动摊贩群体自身的自觉。第四，流动摊贩人员具有复杂性，部分流动摊贩的组成人员是本地居民，和当地的执法人员较为熟悉，其中牵扯的人情关系影响执法的公正性。

2. 从监管人员执法方面来看

第一，监管人力资源有限。执法人员数量不能和流动摊贩相比，遍地开花的流动摊贩拥有庞大的基数，监管人员数量受限，不能面面俱到。第二，监管人员受执法时间限制。监管人员也需要休整，而流动摊贩则可以避开相应的时间段以逃避管理。第三，政策问题。国家和政府为了经济复苏需要依靠地摊经济，当执法遇到困难，执法人员处于两难境地时，大多不会为彻底解决流动摊贩中的食品安全治理付出努力，常常会采取“大事化小，小时化了”的方式去应对这些问题。

综合分析，流动摊贩作为各地的普遍现象，其流动性、缺乏规范性、人员构成的复杂性等特点会大大阻碍食品安全的治理。与此同时，政府监管资源的不足等问题又难以应对这一困境，导致政策执行异常艰巨。

（三）技术治理

技术治理一直是基层单位的痛点和难点。该难题主要体现在以下三方面：一是基层单位的检测人员不足；二是基层单位的检测手段和检测技术十分有限；三是分散的监测监管点难以应付广大的市场和消费群体。除此之外，笔者在走访时还发现，峨眉山市S镇的食品快检工作标准不同、程度不一，存在较大的监管漏洞。

事实上，并不是技术研发和技术治理本身困难，而是实施技术治理的主体存在权责和能力不匹配的现象。在很大程度上，这是由本文提到的第一个问题，即政府承担的食品监管责任过多过大引发的。我国的《食品安全法》将食品安全的监管责任主要设置在政府这一主体身上，即在政府、市场、社会这三种力量的监管资源配置方面，国家更加倾向于强调政府的主导和引领作用，将本应该、本可以由市场主体或社会主体承担的监管责任分配给政府。然而，政府并不是万能的、全能的，无法时时刻刻进行全方位的有效的监管，尤其是在专业性和技术性较强的技术治理领域，政府难免会出现“心有余而力不足”的情况，进而引发“政府失灵”，使食品安全治理效果大打折扣。虽然目前我国的治理模式正从政府主导向“社会共治”和“多元主体治理”等转型①，但在提高企业、公众等其他社会主体的治理参与度，增强其参与意识等方面仍有很长的路要走。

四、食品安全治理困境的对策分析

在食品安全治理方面，上海市浦东区可谓走在全国各个城市前列。作为食品安全治理的模板和榜样，其治理方法值得我们学习借鉴。

2017 年，《上海市食品安全条例》正式实施，该《条例》体现了“四个最严”，即最严谨的标准、最严格的监管、最严厉的处罚、最严肃的问责。据此，上海市一方面加大执法力度，另一方面加强新区各部门协作，尤其是深化“行刑衔接”等机制建设，积极与公、检、法等部门沟通协同，完善衔接工作机制和联席会议制度，形成严查快办、有效衔接的工作机制，增强全区依法打击食品安全领域犯罪行为的合力。同时，重点加强全区各街镇之间协同配合，夯实包括网络平台、小餐饮备案等食品安全网格化管理。此外，食品安全工作被放在更加突出的位置，比如纳入街镇考核指标，对推诿扯皮、执法不严等行为实行责任倒查与年度考核挂钩机制，以形成整治合力。街镇市场监管层面则包括强化执法意识、设置不定期全面摸底排查机制等，力求把各街镇食品安全纳入网格化管理。

上海市浦东区作为中国东部沿海城市的发达地区相较于其他地区来说有其独特的实施条件和优势，而峨眉山市 S 镇则反映了全国食品安全治理的最普遍现状。虽然峨眉山市 S 镇目前尚不具备推行以上条例的客观条件和社会环境，但可以将其作为学习的对象和目标，不断完善 S 镇的食品安全治理体系，提高其执行能力，使食品安全治理真正落到实处。

首先，食品安全治理的主体并不只是政府部门，消费者协会、生产者、企业和公众等都是食品安全治理的重要主体，都有责任和义务为食品安全治理贡献力量。S 镇只有做到多元主体共治，注重动员社会力量，使其各司其职、发挥各自所长，才能够提高食品安全治理的效率和质量，减

① 王扬. 我国公众参与食品安全监管问题研究［D］. 长春：东北师范大学，2016.

少行政成本，增强各主体的食品安全意识。

问卷调查的结果（表3-8）表明，公众迫切希望增强自身参与食品安全治理的意识和能力，这表明公众的主体意识和治理意识增强，渴望为食品安全治理贡献自己的一份力量。除此之外，公众的食品安全治理主体地位上升还体现在公众对相关法律法规、其他治理主体以及治理方式的期待、建议和要求。在问卷中，有不少公众建议：完善相关法律法规，并加大食品安全宣传力度；开展调研并采取有效措施，以增强基层执行力度；加强各部门分工协调合作等政府部门职责所在以及发展绿色农业，从源头保障食品安全。

表3-8　S镇村民对各食品安全治理措施的态度

变量	项目	数量	百分率（%）
保障食品安全最有效的治理措施	相关部门进一步加强执法监督力度	160	77.67
	开展调研并采取有效措施，以增强基层执行力度	131	63.59
	增强公众参与意识和能力	162	78.64
	加强各部门分工协调合作	115	55.83
	继续完善相关法律法规，并加大食品安全相关宣传力度	143	69.42
	发展绿色农业，从源头保障食品安全	141	68.45
	其他	12	5.83

此外，问卷调查结果（表3-9）表明除了社会公众，在企业和政府两个主体之间也有很多进步空间以改善食品安全治理现状。企业应当通过国家有关食品认证并且将原料来源及生产过程透明化，还要完善食品自检措施，在经营活动中坚持诚信原则和行业自律。政府部门对于食品安全事件发生后应及时有效地介入，在处理过程中做到公开透明，调查之后要对相关责任人采取严厉惩戒措施。除此之外，增加食品安全巡查力度也是重点之一。这些不仅是公众对于企业和政府部门在食品安全问题上的要求，更

是信息化时代纵深发展的结果。

表3-9　S镇村民对企业和政府主体的期待

变量	项目	数量	百分率（%）
企业采取什么样的措施能够增强消费者信心	通过国家有关食品认证	163	79.13
	开展诚信经营及行业自律	139	67.48
	完善食品自检措施	142	68.93
	采用最新防伪技术	102	49.51
	原料来源及生产过程透明化	163	79.13
您认为发生食品安全问题后，相关部门最应当加强的环节是什么?	相关部门介入处理的及时性和有效性	162	78.64
	处理过程中相关信息公开透明	159	77.18
	舆论的持续监督	118	57.28
	对相关责任人采取严厉惩戒措施	155	75.24
	增加当地食品安全巡查力度	134	65.05

其次，对于流动摊贩的治理和“地摊经济”需要基层治理具有灵活性和适应性。峨眉山市S镇可以根据当地实际情况和自身特点，结合以往食品安全治理经验对该地的地摊食品进行监管。在街头治理实践的过程当中出现的这些问题呼唤着上级部门更好地理顺街头治理的流程和部门之间的权责分配，呼唤着从业者的自律意识与社会人士的“火眼金睛”。

再次，通过购买第三方服务的方式弥补基层监管能力短板。当前，食品安全检测服务机构不仅仅局限于检测设备的研发和供应，还着眼于食品检测信息平台的开发，并在此平台的基础上做出了各种应用管理，包括追溯、展示、移动APP等系统应用，能够将所有的管理者、检测人员、检测设备、监管对象、检测数据以及下一步的决策分析应用，融为一个有机的整体，避免食品安全治理中的信息不对称，提高食品安全治理的效率和质量。越发丰富的服务项目在面向私营公司开放的同时，也向政府部门的食品安全检测部门敞开大门，为目前食品安全监管人手不足、手段有限的问题提供了有效的解决思路。因此，应当鼓励和推动政府与第三方服务平台开展技术治理合作，通过合作使两者各自的治理能力实现最大化，充分发挥出S镇食品安全技术治理的效能。

S镇的食品安全治理困境主要体现在食品安全治理体系难以充分发挥其应有的效力，即执行难问题。为了解决这一问题，S镇应当注重食品安全治理主体和治理过程的优化。在实行多元共治，调动各社会主体力量的同时，也要注重统筹规划，使得各社会主体各司其职、协同运作，在食品安全治理过程中发挥各自的相对优势，让食品安全治理效能实现最优化；治理主体在执行过程中应当注重灵活性和适应性，不可照搬照抄和“一刀切”，而是要根据实际情况改善执行方式。

五、结语

中国的饮食文化历史悠久，但食品安全立法的时间却相对较短。近十几年来以一系列备受世界瞩目的食品安全事件为导火索，社会对食品安全问题治理关注度普遍提升，中国的食品安全治理体系也得到了迅速发展，但如何确保各项食品安全治理措施得以有效执行和落到实处，充分发挥食品安全治理体系的效力，成了各方主体共同关心的问题。针对S镇食品安全治理困境，除了实现多元治理以外，还要因地制宜。向上海等先进城市和地区学习相关食品安全治理经验，完善食品安全治理体系和增强执行效力，真正实现食品安全。

（何诗雨同学对调研和报告写作也有贡献）

附件1　调查问卷提纲

尊敬的先生、女士：

您好！

我们是武汉大学政治学系本科生。为了更好地了解和应对食品安全治理困境，探索食品安全治理的发展方向，特别开展此次调查。您的建议将会是我们开展研究的宝贵信息，非常感谢您抽出时间填写这份问卷！

第一部分　被调查者基本信息

1. 您的性别：

（1）男　（2）女

2. 您的年龄：

（1）16岁及以下　（2）17~30岁　（3）31~50岁　（4）51岁及以上

3. 您的教育程度：

（1）小学及以下　（2）初中　（3）高中（或中专、大专）（4）大学本科及以上

4. 您所在工作单位的类型：

（1）党政机关或事业单位　（2）国有企业　（3）集体企业　（4）私营企业或个体工商户　（5）务农或其他　（6）学生

第二部分　对食品安全治理现状的认识

5. 您平时是否关注食品安全问题？

（1）非常关注　（2）比较关注　（3）一般关注　（4）不太关注（5）从不关注

6. 您主要通过什么途径了解食品安全知识和食品安全问题？（多选）

（1）报纸或新闻　（2）与他人交流讨论　（3）查找有关部门的食品检测报告　（4）讲座或课堂　（5）网络媒体　（6）其他

7. 您遇到的食品安全问题有哪些？（多选）

（1）食品过期销售 （2）食品添加剂（如色素）超量使用 （3）食品原材料质量低劣 （4）有毒有害物质高残留 （5）补充

8. 您了解的承担食品安全的责任主体有哪些？（多选）

（1）政府部门 （2）社会团体 （3）企业法人 （4）社会群体 （5）其他

9. 您了解食品安全法吗？

（1）比较了解 （2）听说过，但不太了解 （3）没听说过

10. 您对本地区食品安全治理工作的看法：

（1）非常满意 （2）基本上没问题，比较满意 （3）一般 （4）比较不满意 （5）非常不满意

第三部分 食品安全治理中存在的问题

11. 您认为食品安全最大的隐患在哪一个环节？（多选）

（1）种植养殖 （2）交通物流 （3）批发零售 （4）购买消费 （5）加工和再加工环节

12. 您认为食品安全问题产生的原因有哪些？（多选）

（1）政府监管和查处不到位 （2）食品检测部门失职 （3）现有法制不健全 （4）社会公众参与意识较弱 （5）体制不完善 （6）商家经济利益驱动、削减成本 （7）商家道德意识淡薄

13. 您认为现有的农业、市场监管、卫生部门的人员配置和机构设置能否满足食品安全监管需要？

（1）能 （2）不能

14. 您认为本地区的食品安全治理主要存在哪些问题？（多选）

（1）相关法律法规不健全 （2）执法部门过多，权责不统一 （3）现有治理方式过于单一，未能充分激发主体活力 （4）基层部门落实政策不力 （5）违法违规经营（如流动摊贩）治理监管困难 （6）其他

第四部分　对食品安全治理的建议

15. 为了保障食品安全，您认为最有效的治理措施是（多选）：

（1）相关部门进一步加强执法监督力度　（2）开展调研并采取有效措施，以增强基层执行力度　（3）增强公众参与意识和能力　（4）加强各部门分工协调合作　（5）继续完善法律法规，并加大食品安全相关宣传力度　（6）发展绿色农业，从源头保障食品安全　（7）其他

16. 您认为发生食品安全问题后，最应当加强的环节是（多选）：

（1）相关部门介入处理的及时性和有效性　（2）处理过程中相关信息的公开透明　（3）舆论的持续监督　（4）对相关负责人采取严厉惩戒措施　（5）增加当地食品安全巡查力度

17. 企业采取什么样的措施能够增强您的消费者信心？（多选）

（1）通过国家有关食品认证　（2）树立放心品牌　（3）开展诚信经营及行业自律　（4）严格食品检验检测　（5）采用最新防伪技术　（6）原料来源及生产过程透明化

18. 您对本次食品安全调查有什么建议？

附件 2 四川省峨眉山市 S 镇市场监管局食品安全监管人员的访谈提纲

1. 我们通过峨眉山市监管局官网可以看到，我们近期进行了春雷行动等食品安全卫生专项整治行动，那么，目前开展的多项食品安全专项整治行动执行的成果如何？

2. 你们开展这些专项整治行动的环节是怎样的呢？这几个环节中有没有出现相应的问题？

3. 我们市场监管局主要是采取了哪些主动的措施来对当地的食品安全状况进行监管的呢？

4. 你们在采取这些主动措施的过程中，被监管的主体的配合情况是怎样的呢？

5. 在采取这些主动措施的过程中，你们有没有和其他监管部门进行合作呢？这种合作的效果是怎样的呢？

6. 我们知道峨眉山的茶叶种植业、农业是比较有代表性的，比较有特色的。那么我们峨眉山当地的一些绿色农业的建设和发展对你们食品安全监管有什么样的影响呢？

7. 我们都知道，2018 年我们国家政府是有一个机构改革的，机构改革之后就建立了我们的市场监管局。在这个机构改革之后，我们从事食品安全监管方面的工作人员，他们的稳定性和他们的专业性如何？有没有提升呢？

8. 疫情之后，我们国家提倡地摊经济。疫情后这种地摊经济的快速发展，给你们的食品安全监管工作带来了怎样的影响呢？

附件3 与四川省峨眉山市S镇某食品安全监管服务提供商的访谈提纲

1. 请问您作为食品安全监管服务的提供商，相关的业务内容包括哪些？除了为监管部门提供服务之外，还有什么其他的客户对象？

2. 您能否简单跟我们介绍一下，目前在食品安全检验过程中常用的方法有哪些呢？

3. 作为食品安全监管服务的一线提供商，您想必已在长期的走访调查中，和许多基层的监管部门建立了联系。请问基层监管部门在日常工作当中有怎样的痛点？贵公司能够为相关的监管部门和机构日常工作提供什么样的便利呢？

4. 当前监管部门对于食品安全监管服务提供商的总体态度是怎么样的？贵公司在与意向客户进行对接的时候，会遇到什么样的困难和考验呢？

5. 我联想到上次去您公司拜访的时候，旁听了某地一家公司来访的两位员工进行的展示。那家公司是做第三方监管服务的，相当于把检测权下放给公司员工，或者说经过培训的所谓食品安全检查员。您对他公司的这种运营模式有什么样的一个观点？这种运营模式是否能够在食品安全新的监管改革当中起到一定的作用？

6. 您对市内当前食品安全检测的布局的了解情况如何呢？比如说他们在全市的全流通环节当中的布点情况，农贸市场的质检部门的建设，社区街道网格化监管模式的建设情况，您对此有没有相关的了解？

气候变化与武汉城市安全建设的实践探索

何诗雨　黄永晓　刘晓萌

摘要：气候变化是当前全人类普遍面临的全球挑战。近年来，伴随着快速的人口城市化进程，气候变化引发的灾害风险也日益突出，而作为人口聚集中心、经济活动中心和文明建设中心的城市，同样面临甚至已经遭遇了气候变化所带来的各类风险，气候变化影响并破坏城市安全的频度日益提高。许多国际城市开始制订和实施适应气候变化的规划，建设“韧性城市（Resilient Cities）”，提升城市应对灾害的韧性。以中国城市的气候适应性规划和政策制定为切入口，本篇调研报告选取长江中下游城市武汉作为案例，探讨武汉近年来在气候安全领域的探索和发展，进而归纳和提炼具有一定代表性和示范意义的中国城市气候安全的建设路径。

关键词：气候变化，武汉，城市安全。

一、气候变化与城市安全

气候变化是非传统安全中的一个重要议题，指“除在类似时期内所观测的自然气候变异之外，由于直接或间接的人类活动改变地球大气的组成而造成的气候变化”①，本质上属于生态环境领域。但随着人类活动的范围

① United Nations Framework Convention on Climate Change［R/OL］.（1992：3）［2021－04－09］. https：//unfccc. int/files/essential_ background/convention/background/application/pdf/unfccc_ chinese. pdf.

不断扩大，人类赖以生存的自然环境不断变化，气候变化问题产生的系统效应促使人们将其与安全、经济、能源等其他领域相联系，全球气候变化对人类生存与发展的影响日益凸显。具体而言，气候变化产生的广泛影响主要涉及边界冲突、移民、能源供应、社会压力、人道主义危机等方面。① 进入 21 世纪以来，通过国家采取的安全化的行为，气候变化问题成为非传统安全的一部分。

（一）气候变化问题的特性

气候变化议题具备两个典型特征：一是全球性。气候变化最大的特点是具有全球性，其作为当前一个颇为紧迫的全球性挑战正给全人类和世界上许多国家造成不同程度、难以规避的影响。如今，气候变化议题已经通过议程设置成为国际社会的重要议程之一，《联合国气候变化框架公约》《京都议定书》与《巴黎协定》等都是指导全球气候治理的重要文件。其中，《联合国气候变化框架公约》（下文简称《公约》）认为，气候变化对国家的环境与发展造成了威胁，理解与应对气候变化最有效的方式是在与科学、技术以及经济相联系的基础上，根据该领域新的发现不断对应对方式进行再评估。《公约》承认应对气候变化应该以一种整体的方式与社会及经济的发展相协调，避免损害经济发展。上述文件不仅确立了气候变化在国际议程中的地位，也建立了指导国际社会应对气候变化的逻辑框架——将气候变化视为事关可持续发展、维护全球相对稳定与安全的议题。

二是战略性。气候变化给国际社会造成安全威胁，某种程度上甚至威胁到了国家最核心的利益与安全，促使越来越多的国家开始强调从安全的视角来看待气候变化。英国是第一个将气候变化问题纳入国家安全范畴的国家，并推动了气候变化问题在联合国安理会大会上的讨论。早在 2007

---

① Energy, Security and Climate: United Kingdom Concept Paper for a UN Security Council Debate [J]. Population and Development Review, 2007, 33 (2): 422—423.

年，美国海军分析中心发布了题为《国家安全与气候变化的威胁》的报告。该报告指出，气候变化在世界上一些最不稳定的地区扮演了不稳定的“威胁倍增器”的角色，同时，其也对美国的国家安全造成了重大挑战。① 英国2008年通过《国家安全战略》文件指出：“气候变化是全球稳定与安全潜在的最大挑战，对国家的安全亦是如此。”②

（二）气候问题的安全化

气候变化所导致的安全问题，是一个经由自然现象引发社会问题的复杂演化过程。哥本哈根学派的安全化理论对这一现象提供了较好的解释力。在哥本哈根学派看来，“安全既不是一种客观现象，也不能任意解释为一种主观现象，而是一种主体间现象”③。换言之，安全是可建构的，“安全化”其实就是构建安全的过程。具体来看，一方面，国家作为安全的主体需要应对诸多领域凸显或潜在的威胁，而国家能够分配的资源是有限的。气候变化被构建为国家安全问题，其目的就是使应对气候变化在国家层面获得优先的物质资源和机制资源支持。④ 另一方面，气候安全是安全化实施者与公众之间互动的动态过程，需要动态性发展。若蓄意夸大气候变化的存在性威胁，过度占有国家和社会资源，会出现过度安全化；而若将明显的生存性威胁作为普通公共问题处理或置之不理，就是欠缺安全化。⑤ 在讨论气候安全的语境中，国家是实施安全化行为的主要行为体，

---

① CNA Corporation. National Security and the Threat of Climate Change [R/OL]. (2007: 3) [2021-4-9]. https://www.cna.org/cna_files/pdf/National%20Security%20and%20the%20Threat%20of%20Climate%20Change.pdf.

② The National Security Strategy of the United Kingdom: Security in an Interdependent World [R]. UK Cabinet Office, 2008: 18.

③ 叶晓红. 哥本哈根学派安全化理论述评 [J]. 社会主义研究, 2015 (6): 164—172.

④ 王硕. 哥本哈根学派安全化理论的缺陷及发展趋势研究 [D]. 长春: 吉林大学, 2018: 34—58.

⑤ 马建英. 从科学到政治：全球气候变化问题的政治化 [J]. 国际论坛, 2012 (6): 7—13.

气候变化问题被安全化，而在安全化产生的条件中，客观条件包括全球的气候治理主流趋势，如全球气候治理进程、安全环境及其变化以及相关行为体的实力等，主观条件则主要集中在行为体上，如行为体传统的安全文化，行为体对安全威胁、安全环境的认知等。奥意尔·布朗（Oli Brown）与安妮·汉密尔（Anne Hammill）等人认为，气候变化会造成安全影响，是因为它对造成国家间冲突的现存因素的恶化产生了助推作用。① 可以看到，安全化理论在气候安全的研究中发挥了重要作用，并在安全化的产生、构建及影响上取得了一定成果。

（三）气候安全化视角下的城市安全

在气候变化背景下，伴随着人口增长和城市化进程，现代城市发展过程中面临着日益加剧的气候风险，世界各国尤其是发展中国家的许多城市逐渐暴露出城市发展与应对气候风险能力之间的巨大差距。2010 年 6 月，联合国减灾委员会（UNISDR）在德国波恩发起了第一届"城市与适应气候变化国际大会"，提出建立"适应型城市（Resilient City）"。在 2011 年第二届大会的"市长适应论坛"上，来自五大洲的 35 位市长共同发表了《波恩声明》，旨在呼吁城市管理者自下而上地推动地方适应气候变化和防灾减灾，增进城市和社区的适应能力与气候恢复力，建立城市适应资金机制，并且将适应气候变化纳入城市规划与发展项目之中。② 在全球气候治理从集中到多元的总体发展趋势下，城市在气候治理中的重要性越发凸显。一方面，城市作为多元治理中的重要主体及国家气候安全政策的最终实施者，因其处于应对气候变化最前沿而发挥着日益重要的作用。另一方面，城市外交的发展也强化了城市在国际问题上的参与。城市在全球气候谈判中的参与日益加深，在 2015 年的巴黎气候大会上更是分设了"地方

① Oil Brown，Anne Hammill，Robert Mcleman. Climate Change as the "New" Security Threat：Implication for Africa［J］. International Affairs，2007，83（6）：1143.

② Local leaders leverage climate adaptation and urban resilience［R/OL］.［2021-04-08］. http：/resilient-cities. iclei. org/bonn2011/mayors-adaptation-forum/.

气候领袖峰会”探讨城市在应对气候变化中的作用。① 通过城市自下而上地控制气候风险成为全球气候治理的新思路、新共识。

气候变化带来的不确定风险，对城市气候安全管理、应对气候风险的能力提出了新的挑战。作为人类活动的主要聚集地，城市的建筑物高度集中，城市也是人口和财富最为集中的地区，气候变化导致的灾害风险对于城市管理和人居生活均会造成不同程度的安全威胁，直接影响了城市安全。发展中国家的城市由于人口众多、灾害管理能力较差、资金和技术有限，面临着比发达国家城市更显著的脆弱性。一项对全球沿海城市进行的气候风险评估研究更是表明，由于人口和经济总量的快速增长，许多发展中国家城市未来将面临较高风险，以中国为例，由于我国城市规划中的防灾基础设施严重滞后，许多城市在极端气候灾害面前不堪一击，其中上海、广州、宁波、天津、香港等地都属于高风险城市。②

作为经济发展和社会进步的集中表现之一，全球范围内的城市逐步参与到气候安全建设的过程中。欧洲国家的城市较早地开展了城市气候安全的建设进程。英国伦敦市 2001 年建立了“伦敦气候变化伙伴关系”，通过市政府、气候科学、规划、金融、健康、环境管理部门和媒体等机构之间的联系，建立起广泛的学术研究和信息沟通网络，为城市发展制定气候决策提供重要支撑。③ 2008 年，伦敦市政府在全球率先推出了《伦敦适应气候变化战略》，提出城市适应规划的主要内容，包括气候影响评估、脆弱性与风险评估、与气候变化相关的洪水、水资源短缺、热浪和空气污染

① 朱鑫鑫．城市在多元气候治理中的引领作用［D］．上海：上海国际问题研究院，2016.

② Nicholls R J，et al. Ranking Port Cities with High Exposure and Vulnerability to Climate Extremes：Exposure Estimates，OECD Environment Working Papers［R］．（2008：19）［2021 - 04 - 08］．https：//ideas. repec. org/p/oec/envaaa/1 - en. html.

③ London Climate Change Partnership［R］．［2021 - 04 - 08］．http：/ /www. london. gov. uk /lccp/.

等，敲响了气候安全治理的警钟。[①] 2011 年，伦敦再次以应对气候变化、提高市民生活质量为目标制订适应性规划——《风险管理和韧性提升》，规划提出，气候变化的趋势不可避免，应尽早采取适应性措施以降低灾害风险、促进城市可持续发展。纽约等美国城市也逐步加入气候安全建设行列。[②] 2007 年，美国纽约市发布了“规划纽约（Plan NYC）”的中长期政策，明确将应对气候变化纳入城市规划和发展战略之中，提出城市减排 30%的低碳发展目标。总体来看，欧美国家在城市气候安全领域的进展处于世界领先行列。

中国的自然生态系统和经济社会发展同样也被全球变暖所带来的一系列气候安全问题严重影响。近年来的中国《气候变化国家评估报告》详细阐述了气候变化对国家层面安全的影响，指出“应对气候变化，是中国国内可持续发展的客观需要和内在要求，事关国家安全”。2016 年发布的中国《第三次气候变化国家评估报告》中更明确提出：“气候变化对我国影响利弊共存，总体上弊大于利；我国自然灾害风险等级处于全球较高水平，对气候变化敏感性高，气候变化不利影响呈现向经济社会系统深入的显著趋势。”[③]

作为落实气候安全的具体措施，2015 年以来我国也先后启动了海绵城市、气候适应型城市的建设试点，致力于提升我国城市决策者关注灾害风险、应对气候灾害的能力。韧性城市注重城市系统应对经济风险、灾害风险等各种内外部风险冲击的能力；海绵城市主要针对暴雨和水资源利用的单一风险要素；气候适应型城市主要针对气候变化引发的多种短期和长期灾害风险。2016 年 2 月，国家发展和改革委员会联合住房和城乡建设部出台了《城市适应气候变化行动方案》，并于 2017 年年初公布了 28 个试点

---

① Greater London Authority（GLA）. The draft climate change adaptation strategy for London，Public Consultation Draft，GLA，London，Feb 2010. http：//www. london. gov. uk /climate change /sites/ climate change /staticdocs/ Climiate change adaptation. pdf.

② 张西．气候适应型城市的规划要素研究［D］．北京：北京建筑大学，2020.

③ 第三次气候变化国家评估报告编制专家组．第三次气候变化国家评估报告［M］．北京：科学出版社，2016：120—135.

城市地区。其中，气候适应型城市将通过开展城市气候变化影响和脆弱性评估并编制城市适应气候变化行动方案，针对不同气候风险和重点领域开展适应行动，提升城市适应气候变化的能力。到2020年，城市普遍实现将适应气候变化相关指标纳入城乡规划体系、建设标准和产业发展规划；到2030年，目标是城市应对内涝、干旱缺水、高温热浪、强风、冰冻灾害等问题的能力明显增强，城市适应气候变化能力全面提升。① 总的来看，气候变化问题及其引起的各类灾害逐渐引起各国关注，并在城市治理中有所体现，建设气候适应型城市在全球范围内有了一定的针对政策和初步实践。

二、武汉气候特征与安全建设

（一）武汉的城市气候及安全价值

武汉位于中国中部，是湖北省的省会城市，在湖北省境内的东部地区，此处是长江与汉江交汇处，具体的地理位置位于北纬29°58′~31°22′，东经113°41′~115°05′。

第一，武汉气候具有典型的研究价值。武汉市属于亚热带季风性（湿润）气候，四季分明、冬冷夏热，年平均气温15.8℃~17.5℃，极端最高气温41.3℃（1934年8月10日），极端最低气温－18.1℃（1977年1月30日）②。近年来武汉年平均气温有波动上升的趋势，极端气温出现的频率上升。武汉一般情况下雨热同季，降雨主要集中在每年6—8月即高温的夏季，夏季降雨量约占全年降雨量的40%，但夏季也容易出现极端降雨的情况，同时伏旱天气也时有出现，但出现的频率较低。春、秋、冬三季虽

① 郑艳，翟建青，武占云，李莹，史巍娜．基于适应性周期的韧性城市分类评价——以我国海绵城市与气候适应型城市试点为例［J］．中国人口·资源与环境，2018(3)：31—38.

② 武汉市人民政府官网．走进武汉/武汉概况/自然资源［R/OL］．［2021－02－09］．http：//www.wuhan.gov.cn/zjwh/whgk/202003/t20200316_976485.shtml.

然降雨量与降雨的天数相对较少，但是一般情况下仍处于湿润气候的范围之内。

第二，武汉的极端气候事件具有典型性。武汉地处南北气候过渡带，气候复杂多变。在全球气候变暖的背景下，武汉超过或严重偏离气候平均状态、造成较大社会和经济影响的极端天气气候事件如强降水和高温热浪明显增多且危害趋重。① 例如，1998 年的特大洪水，2000 年历史罕见的严重春旱，2007 年的多段异常高温天气及 2008 年的雪灾，均给人民的生命和财产造成重大威胁。此外，影响武汉的极端气候事件具有很突出的研究价值，对了解和增进城市建设、保障城市安全有显著的支持作用。

第三，气候变化对武汉城市发展有重大影响。作为湖北省省会、副省级城市、新一线城市及特大城市的武汉，是国内、国际知名的工业化城市，也是我国中部地区重要的交通枢纽站和经济中心。2016 年武汉地区 GDP 为 11916 亿元，综合经济实力位居国内百强城市前列。随着武汉的发展，城市人口集聚、建筑物增多、运输量增加、生产规模不断扩大以及人为影响加剧，由城市气候效应所带来的各方面影响将会更加显著。此外，武汉作为世界上大学生人数最多的城市，拥有雄厚的科研力量和人才资源，在气候安全研究领域能够提供更多的武汉经验和方案。

（二）武汉气候安全重大案例

1954 年长江特大洪水是新中国成立后武汉经历的第一次特大洪水，由于海洋上的南方湿暖气流与北方的冷空气长时间在江淮流域交锋，梅雨季节在江淮流域延长了近一个月，由此产生了比常年持续时间更长、强度更高的降雨。此次高强度长期的降雨具体表现为梅雨季节到来的时间早，暴

---

① 刘敏，向华，陈正洪．武汉城市圈极端天气气候事件变化特征和防灾减灾对策［G］//武汉区域气象中心城市群发展气象服务工作论坛优秀论文汇编，2008：35—38.

雨频繁，降雨笼罩的面积广，长江干支流洪水汇集导致枝城①以下1800千米河段最高水位全面超过1954年之前的历史最高纪录。长江中上游地区持续暴雨，武汉地区降雨总量更是超过了1400毫米。长期的暴雨导致一个又一个过境洪峰，由于武汉处于长江和汉江的交汇处，武汉所面临的洪峰规模更大，面临的威胁也更大，历史数据显示，当时武汉关的最高水位29.73米，已经达到武汉防洪警戒水位的最高级别，因此1954年的这次洪水灾害的规模被定为特大。不仅如此，由于1954年是新中国刚成立不久的时期，各类生产生活活动方兴未艾，基础设施不完善，武汉只有136千米的堤坝，且堤坝残破不已、参差不齐，不能有效地抵御洪水的危害。此时，武汉的城市建设也不够完善，武汉城内还出现了不同程度的内涝，城市内部地面径流不能及时引导泄洪，出现了城市内部划船出行的场景。

1998年是中国洪水灾害极为严重的一年，湖北便是其中受灾最严重、经济损失最惨重的省（区、市）之一。此次长江特大洪水也是武汉曾面对过的一次特大危机，几乎覆盖了长江的整个流域地区，气候异常导致强降雨，洪水总量极高，但同时人为因素相较于1954年的特大洪水更为凸显。各类生产生活活动比如乱砍滥伐给长江流域带来了负面的影响，使得生态受损，洪涝灾害更易产生。泄洪大幅减少、湖泊面积减少、调节能力下降等诸多因素加剧了水位的升高，使得大洪峰过境频繁。但同时，1998年长江流域的水利设施相较于1954年又发挥了强大的作用。

2016年武汉所经历的洪涝灾害是21世纪到来之后发生的一次严重灾害。2016年5月4日开始，江南、华南及西南地区东部等地区出现强降雨，气候异常。江南、华南及西南地区东部等地区都遭受了不同种类的气象灾害，比如大风、冰雹、强对流、暴雨洪涝及引发的山洪、泥石流等灾害，这些灾害从2016年5月初一直持续到7月底。武汉也在受灾的区域范围之内，主要遭遇了洪涝灾害。武汉2016年洪涝灾害发生于6月至7月，

① 枝城是湖北省宜昌市宜都市下辖镇，古称丹阳，枝城境内长江水道连接东西，焦柳铁路横贯南北，枝城又与三峡机场隔岸相望，地理位置得天独厚，被誉为“楚蜀咽喉，鄂西门户”，枝城镇被交通部确定为全国九大水铁联运枢纽之一。

遭到了极高强度的暴雨，导致比较严重的城市内涝，直接、间接的经济损失巨大。

2020 年是一个特殊的年份，新型冠状病毒引起的肺炎疫情与洪涝灾害在同一年里威胁着武汉的城市安全。2020 年的洪涝灾害涉及 27 个省（区、市），南方地区发生多轮强降雨，造成多个省（区、市）发生较重洪涝灾害。2020 年夏季长江流域汛期降雨猛烈、持续时间长，江淮流域受灾比较严重，尤其是长江上游地区。此次洪涝灾害不是全流域性的，相对而言川渝地区与江西省受灾更为严重。2020 年武汉境内的洪涝相较于 1954 年特大洪水与 1998 年特大洪水的规模较小，而且更为完善的水利建设与城市基础建设更好地保护了武汉的城市安全。2000 年武汉市遭遇了严重的春夏连旱，春旱与夏旱相比更为严重，旱情延续的时间长、旱情严重、造成的经济损失更为巨大，对于武汉而言历史罕见。2000 年武汉春夏连旱期间，江夏、黄陂、蔡甸、新洲、汉南等区大量农田受到旱灾威胁，因旱灾而绝收的农田面积约 2103 公顷，武汉辖区内部约 90% 的塘堰干涸，水库塘堰蓄水仅为常年平均值的 1/3，42 个乡镇（农场）、388 个行政村约 50 万人和 15 万头牲畜饮水一度陷入困难，2000 年武汉市春夏连旱造成的直接经济损失逾 10 亿元①。

（三）武汉城市气候事件的变化规律

第一，气温整体上升明显。近些年来，武汉年平均气温呈现上升的趋势。《2018 年湖北省气候变化监测公报》显示，1961—2018 年，湖北省地面年平均气温呈显著上升趋势，湖北省对流层下层 850hPa 年平均气温呈上升趋势②。《湖北省 2019 年气候公报》显示，2019 年湖北省年平均气温较

---

① 张翠荣．武汉市 2000 年春夏连旱的特点与成因［J］．湖北气象，2001（3）：19—20.

② 湖北省气象局官网．2018 年湖北省气候变化监测公报［R/OL］．［2021－02－17］．http：//hb. cma. gov. cn/qxfw/qhyxpj/202012/t20201230_ 2548306. html.

常年偏高0.7℃①。从湖北省气象局公布的数据来看，武汉市整体年平均气温呈现波动上升的趋势，且最低气温与最高气温都有升高的趋势。

第二，气温变化幅度增加，季节变化剧烈。武汉是四季分明的城市，但是现在武汉四季的长度、四季转化的速度都在变化，有夏季延长、冬季缩短的趋势，春秋两季气温变化猝不及防，比如2018年春季气温高，在历史上居于同期首位，夏季先后出现两次持续的高温酷热天气，提前入春，夏季延长，相应地秋冬季节都延迟了；而2019年春季气温前期高后期低，日降温出现极端事件，夏季出现大范围的持续高温，秋季先后出现“秋老虎”和寒潮天气。异常的高温或低温、剧烈的升温或降温都给人带来不适的感觉，也影响人们的身体健康及其生产生活。

第三，极端天气增多。武汉的气候特征中本身就有夏季炎热的特点，而且武汉城市的一些特点也会加剧高温天气的出现。从地形上来看，武汉地处江汉平原，四周群山环绕，位于长江、汉江交汇之处，有众多湖泊，这样的地形特点会导致武汉城市蒸发大量水汽，但水汽却不容易扩散出去，导致武汉市闷热又潮湿，体感温度上升。另外，武汉作为一个特大城市，容纳常住人口1000多万，各种生产行业比较发达，导致城市热岛效应明显，城市高温化。近年来武汉极端天气出现的频率上升，冬季和夏季尤其是夏季更容易出现极端天气，夏季炎热极端高温天气频发。武汉较同纬度其他城市的年最高温度更高，一年中日最高气温超过35℃的日子达20天以上，并且出现过40℃以上的高温天气。《2018年湖北省气候变化监测公报》显示，1961—2018年，平均年降雨日数呈微弱减少趋势，但年累计暴雨日数呈增加趋势，这表明包括武汉在内的湖北省强降水或暴雨更容易出现。武汉近年来大气降水以短时间的强降水方式为主，强对流、强降雨容易伴随雷电、大风、冰雹等天气，也容易造成局部地区山洪地质灾害和城市渍涝灾害。武汉历史上出现的几次洪涝灾害对武汉市经济发展和人民

---

① 湖北省气象局官网．湖北省2019年气候公报［R/OL］．［2021－02－17］．http：//hb. cma. gov. cn/qxfw/qhyxpj/202012/t20201230_ 2548295. html.

生命财产安全都带来负面的影响。

第四，生态破坏与气候变化关联明显。由于武汉所处的地理位置以及自然气候条件，城市内涝始终是武汉城市化进程中的“顽疾”。随着城市化的推进，城市发展填充大量湖泊湿地，使得城市本身可消纳雨水的绿地湖泊减少，加之武汉本身气候多雨，雨水在市区形成地表径流，不仅严重影响了城市的生活秩序，也极易导致经济损失。

（四）武汉在全球城市气候安全中的代表性

1. 全球气候变化的基本规律

全球变暖是现如今世界普遍公认的趋势。自工业革命开始，人类的生产生活活动就开始对地球大气圈产生剧烈的影响。使用化石燃料，产生温室效应，导致全球变暖。全球变暖又导致了极端天气增加、海平面上升、生态系统改变、旱涝灾害增加等多种结果。2020 年 1 月 13 日美国国家海洋和大气管理局发布报告，报告显示全球陆地和海洋表面气温比 20 世纪的 1 月平均气温（12 摄氏度）高 1. 14 摄氏度，超过 2016 年 1 月创下的纪录。连续第 44 个超过 20 世纪 1 月平均气温的 1 月份，有气象记录以来最热的 10 个 1 月份均出现在 2002 年以后①。

另外，全球范围内降水的格局也在发生变化。各个地区的降水变化趋势是具有差异性的，中纬度地区降雨量增加，北半球亚热带地区降雨量有所下降，但是南半球的降雨量却呈现增大的趋势。2013 年，联合国政府间气候变化专门委员会第一工作组第五次评估报告预测，在全球持续变暖的趋势下，中纬度大部分的陆地区域与热带区域的湿润地区，极端降水事件将很可能变得更加剧烈并且更加频繁，从全球整体来看，受到季风系统影响的区域可能会增加，季风强度可能会减弱，但是季风降水可能更加

① 新华网. 美机构：今年 1 月史上最热［J/OL］.［2021 - 02 - 18］. https://baijiahao. baidu. com/s? id = 1658484431888031969&wfr = spider&for = pc.

剧烈。①

2. 武汉气候安全的代表性

武汉的气候变化在全球的范围内是具有代表性的，武汉城市所具有的代表性来源于本身城市气候安全问题具体表现的多样性以及其中的规律性。

首先，武汉每年所面对的气候事件是多样且多变的。武汉作为典型的中国中部城市，四季分明，其表现的气候特征在北半球亚热带区域具有代表性，每年内各个不同的季节可能会出现多样的气候事件，且每年武汉城市所需要面对且解决的气候事件也是多变的。从气候安全的具体表现来看，武汉的气候安全问题是多样的，从而使得武汉在解决这些气候事件乃至灾害时的经验是充足的，具有相应的推广价值。

其次，武汉气候变化乃至于气候安全问题是具有规律性的，而不是突发偶然的。武汉的气候变化特征是符合全球气候变化的规律的，而且武汉的气候变化是具有长期性、持续性的，其气候变化受到自然、人为等多种因素的影响。也正因为如此，武汉与世界上其他大型城市所面临的气候问题具有相似性，因而也具有一定的代表性。

三、城市气候安全与武汉城市发展

（一）国际气候治理的主要发展趋势

当前国际气候治理体系和国际气候安全规划主要是通过一系列国际会议及其签订的国际公约制定和形成，包括《联合国气候变化框架公约》《京都议定书》和《巴黎气候协定》等。

《联合国气候变化框架公约》于1994年3月21日正式生效，是第一个全面控制二氧化碳等温室气体排放的国际公约，旨在应对全球气候变暖及

---

① 沈永平，王国亚．IPCC第一工作组第五次评估报告对全球气候变化认知的最新科学要点［J］．冰川冻土，2013（5）：1068—1076.

其对人类经济和社会带来的不利影响。更重要的是，《联合国气候变化框架公约》构建了具有普遍指导意义的基本合作框架，规定了具有普遍指导意义的基本原则，分别是共同但有区别原则、预防原则和可持续发展原则，这些基本原则在当今全球气候治理和国家气候治理中仍发挥着重要作用。其次，将《联合国气候变化框架公约》的基本原则以法律机制予以确定和进一步发展的是《京都议定书》，于2005年2月16日正式生效。与《联合国气候变化框架公约》相比，《京都议定书》更具实践性和可操作性，主要体现在以下六方面：第一，明确了量化限制和削减温室气体排放的共同政策和措施；第二，确定温室气体削减总量目标、量化限制数量及其承诺期限；第三，“全球升温潜能值”的引入；第四，建立保证发展中国家履行义务的资金机制；第五，提出联合履约机制；第六，推行清洁发展机制。事实上，《京都议定书》是人类历史上首次以国际法的形式对特定国家的特定污染物排放量做出具有法律约束力的定量限制，并首次规定了温室气体排放控制的时间表，其中的联合履约机制、清洁发展机制和排放交易机制也为各国增加了履行承诺的新途径。因此，《京都议定书》可以说是气候问题安全化的一大里程碑，它不仅为国际气候安全治理指明了道路和方向，也为国家气候安全治理提供了可供参考的范本。第三个国际公约即《哥本哈根协议》。虽然哥本哈根气候大会和《哥本哈根协议》谈判进程暴露出气候安全治理所面临的困境与挑战，并且该协议只是各国的政治声明，并不具有法律约束力，但是《哥本哈根协议》毕竟是一份与会各国予以通过的书面政治声明，它表明了全球同气候变化斗争的决心，为建立更加广泛和具有法律约束力的谈判奠定了坚实的基础①。

进入新时代以后，中国在国际舞台上发挥着越来越重要的作用，在气候安全领域则表现为积极参与相应国际活动，倡导人类命运共同体和新安全观，在国际气候安全领域中更多地担当建设者角色，主动承担国际义务和大国责任。《巴黎协定》是2015年12月12日在巴黎气候变化大会上通

① 梅傲. 气候安全困境下的全球治理［J］. 天津行政学院学报，2013（15）：4.

过的，2016 年 4 月 22 日在纽约签署的气候变化协定，该协定为 2020 年后全球应对气候变化行动做出安排。从环境保护与治理上来看，《巴黎协定》的最大贡献在于明确了全球共同追求的“硬指标”；从人类发展的角度看，《巴黎协定》将世界所有国家都纳入了呵护地球生态、确保人类发展的命运共同体当中，协定涉及的各项内容摈弃了“零和博弈”的狭隘思维，体现出与会各方多一点共享、多一点担当，实现互惠共赢的强烈愿望。

除了以上国际会议和国际公约达成的气候安全治理共识和规划以外，部分发达国家之间也达成了战略共识。在 2007 年 4 月 17 日安理会第 5663 次会议上，英国阐明立场，认为安理会负有维持国际和平与安全的责任，能够为应对气候不稳定对各国安全和集体安全带来的影响做出独特贡献，因此必须让安理会处理气候变化问题。德国认为，没有任何一个机构可以声称，只有它有权处理气候变化这种交叉问题，安理会可以与其他联合国机构携手努力，相互合作。在 2011 年 7 月 20 日安理会第 6578 次会议上，美国认为，安理会在气候变化问题上应跟上时代步伐，安理会根据其职责必须处理气候变化问题，也完全有能力像处理其他新安全问题一样处理气候安全威胁。法国认为，气候变化是一种新型的威胁，它们形式多样、复杂并且扩散蔓延，安理会按照各国授权必须在此问题上负起责任，这“并没有侵犯其他联合国机构的职能”，也不会取代《联合国气候变化框架公约》下的谈判机制。①

越来越多的国家认识到气候安全治理的重要性和必要性，并主张在联合国安理会的引导下，由各个层次的治理主体共同构建气候安全治理体系，即气候治理不仅需要全球层面和国际层面的规划，还需要国家之间的观念共识、战略共识和合作协调。除此之外，每一个国家的各个区域、城市和个人的作用也同样必不可少。

① 董勤．气候变化安全化对国际气候谈判的影响及中国的应对［J］．阅江学刊，2018（10）：7.

（二）国际气候治理与武汉城市气候安全的对接

在这方面，湖北省武汉市提出的“三化”大武汉就体现了城市气候安全治理和国际气候安全治理的接轨和契合点。随着武汉城市化的发展和知名度的提升，“三化”大武汉的口号越来越响，武汉也在切实践行着“三化”，即努力建设成为现代化大武汉、国际化大武汉和生态化大武汉。

首先，“三化”中的国际化是中央和湖北省赋予武汉市的一项重大战略使命。国际化不仅体现在提升武汉的国际通达能力和扩大国际经贸往来，使武汉成为联通世界、连接“一带一路”、连贯长江经济带的重要枢纽城市，将武汉打造成为国际交往中心，还体现在城市理念、生活环境、生态环境、科学技术等各方面都要与国际先进城市接轨，关注有关气候安全治理的国际会议和国际条约，积极响应国际气候安全治理的倡导和规划，将国际社会和先进国家提出的气候安全化和气候治理目标主动拿过来作为本城市的重要发展目标之一，学习借鉴国际先进城市的气候安全治理经验。武汉市只有将城市眼光扩展至全球，放眼国际社会，才能真正走在国际前沿、国家前沿，真正建设国际化大武汉，全方位大幅提升武汉的国际竞争力和影响力，充分展现武汉作为国际化大都市的魅力。

其次，三化中的“现代化”不仅需要科学技术的现代化，更需要城市观念和人民观念的现代化。事实上，这与国际气候安全治理同样具有交集。在国际层次和国家层次，气候问题已然实现现代化，但是在城市层面和市民层面，气候问题是不是一个安全问题仍然存在争议，这很大程度上是由思想观念上的落后闭塞导致的。如果武汉市能够更频繁、更深入地与国际接轨并学习借鉴，向广大市民宣传气候安全理念，不仅能够实现城市观念和人民观念的现代化，也有利于生态环境建设的推进和武汉气候安全治理的实施。另外，现代化还意味着物质技术层面的先进。因此，武汉要努力建设成为国家创新型城市和智慧城市，提高科技创新能力，向其他国家的先进城市看齐，并将先进技术切实运用到城市气候安全治理的实践之中，提高武汉的城市功能品质，改善武汉的生活环境和生态环境，为武汉的生态化建设做出实质性贡献。

最后，关于建设生态化大武汉。众所周知，武汉市拥有丰富的自然资源，其中水资源尤为丰富和优质。因此，生态化不仅意味着武汉要积极改善、优化和保护生态环境，还意味着武汉要在自然资源丰富、生态环境优质的基础之上，学会依赖和充分合理利用自身自然资源，将其与未来的城市发展紧密联系起来，即武汉的生态文明建设要全面融入经济社会发展，实现生产生活生态统筹发展，处理好经济发展环境和自然生态环境之间的关系，将武汉建设成为“美丽中国”典范城市和国际知名宜居城市。另外，生态化的范围十分宽泛，包括江河湖泊的水质净化、空气质量改善、自然灾害减少、建设海绵城市等，其中，城市气候安全也是“生态化”的应有之义。由于地理位置、地形和水文及城市化等要素叠加引致的复杂性，武汉市气象灾害频发且极端天气较多，因此，武汉气候安全治理和生态化建设十分必要。

在湖北省武汉市2017—2021年的政府工作报告中，建设现代化、国际化和生态化大武汉一直被作为复兴武汉的重要目标和实现途径，在武汉市的各项工作和规划中发挥着指导作用，在武汉气候安全治理领域亦是如此。例如，《武汉市气象事业发展“十三五”规划》将加快推进生态文明建设，建设美丽武汉，促进人与自然、经济与环境和谐发展作为武汉市“十三五”发展的重要内容；《武汉市国民经济和社会发展第14个五年规划和2035年远景目标纲要（草案）》则锚定2035年远景目标，紧紧围绕国际化大都市目标定位，努力建设现代化大武汉，实现城市能级更加强大、创新动能更加强劲、改革开放更加有力、文化魅力更加彰显、生态环境更加优美、人民生活更加美好、城市治理更加高效的愿景。

从中我们可以看出，武汉的“三化”发展理念不仅与国际气候安全治理规划兼容和接轨，“三化”与武汉市气候安全亦是紧密联系、相互促进的，国际化、现代化和生态化之间更是相互依存、共同致力于城市气候安全。与此同时，气候安全治理过程也能够助力武汉在实现国际化、现代化和生态化的道路上迈出重要的一大步。事实上，在武汉的“三化”之中，国际化在国际气候安全治理和城市气候安全治理之间充当着联结纽带的角色，现代化则类似于实现手段和实现途径，生态化则是武汉市的发展目标，三者协同运作方能实现复兴武汉的远景规划。

（三）国家气候治理体系中的武汉定位

近年来，中国越来越多地参与到国际气候安全治理之中：在国际层次，中国倡导人类命运共同体和新国家安全观，积极参与国际会议和签订相应国际条约，在相关国际活动中担任建设者和领导者角色，主动承担国际义务和大国责任；在国家层次，中国与世界多国建立战略共识、进行技术研发和经验交流、开展协同合作，还积极援助较落后的发展中国家进行气候安全规划和治理；在国内方面，中国的国家气候治理体系也在不断完善，致力于将全球气候安全治理规划切实落实到国内各个区域和城市。其中，武汉市被作为国家气候治理的典型代表案例和研究模范，在整个气候安全治理体系中充当着不可替代的重要角色。

关于我国实施应对气候安全的国家战略，习近平主席于 2020 年 9 月 22 日在第七十五届联合国大会一般性辩论上发表讲话，承诺“中国将提高国家自主贡献力度，采取更加有力的政策和措施，力争二氧化碳排放于 2030 年前达到峰值，努力争取 2060 年前实现碳中和”。事实上，我国的气候安全治理体系主要是通过“十一五”“十二五”“十三五”和“十四五”等规划逐步形成的。受到武汉的气候特点、地理位置和战略地位等因素的影响，武汉被视为国家气候安全治理的研究模型和代表案例，武汉市也积极响应国家号召，积极推进武汉市气候安全治理。

2016 年，经国务院批复同意，国家发改委发布《促进中部地区崛起“十三五”规划》，明确支持武汉建设国家中心城市。2020 年 10 月 29 日，党的十九届五中全会审议通过《中共中央关于制定国民经济和社会发展第十四个五年规划和二〇三五年远景目标的建议》，而经中央批准的《武汉市海绵城市系统方案》使得武汉市成为首批 16 个试点城市模板之一，武汉市的海绵城市项目也入选全球 100 个应对气候变化案例。另外，武汉于

2017 年成为中国首批气候适应性试点城市，成为我国研究气候适应性城市气候安全治理的重要案例。不仅如此，在 2017 年 9 月 12 日于武汉举行的“第二届 C40 城市可持续发展论坛”上，武汉与 C40 城市气候领导联盟签订备忘录，C40 将在气候变化脆弱性评估、气象灾害监测预警平台建设等方面提供支持。C40 城市集团是一个致力于应对气候变化的国际城市联合组织，包括来自中国、美国、加拿大、英国、法国、德国、日本、韩国、澳大利亚等各国的城市成员。① 武汉与 C40 展开一系列国际交流与合作，不仅有利于武汉学习借鉴其他城市的先进经验和成果，还有利于提升武汉在我国的国家气候治理体系中的地位和作用。

如果说国际气候安全治理和国家气候安全治理为武汉市提供了先进理念、科学技术、实践经验以及方针政策，那么武汉市的城市气候安全治理政策规划则是将全球层面和国家层面的气候安全治理真正付诸实践、真正落到实处。事实上，武汉市长期以来十分重视城市气候安全，并采取了一系列指导意见和具体政策规划，主要包括应对气候变化、国土规划、创新型城市建设、治理主体和治理机构改革等。

在应对气候变化方面，早在 2013 年，武汉市人民政府就已制定了《武汉市低碳城市试点工作实施方案》，加大节能减碳力度，有效控制温室气体排放和减少环境污染，坚持走一条对环境友好、可持续的绿色低碳发展之路，积极应对气候变化。为了落实《省人民政府关于推进更高水平气象现代化助力湖北高质量发展的意见》，武汉市人民政府提出诸多方案，包括健全“平安武汉”气象防灾减灾体系、提升“美丽武汉”气象保障能力、提升“智慧城市”气象服务能力和提高气象监测预报预警精准化水平。这一系列工作的目标是到 2025 年，基本建成适应武汉经济社会高质量发展需要的气象现代化服务体系，气象现代化水平位居全国副

① 武汉市城乡建设局．武汉市建成区 20% 面积已建成海绵城市［R/OL］．（2020－12－28）［2021－02－08］．http：//www. wuhan. gov. cn/zwgk/xxgk/zdjsxm/ssqk/202012/t20201229_ 1572424. shtml.

省级城市前列。①

在国土规划方面，主要涉及处理湿地、森林、湖泊河流等自然资源占地和绿化用地与住房地、城市建设用地等之间的矛盾。在《武汉市园林和林业局2015年度部门决算情况说明》中也能发现，武汉十分重视全市园林绿化和林业生态建设工作，力图通过保护森林资源和湿地资源来减轻“热岛效应”等气候异常。

在建设创新型城市方面，主要表现为实现科技创新要素驱动，加快相应科学技术的研发及其在气候安全治理领域的实践运用。2020年12月出台的《武汉市加快推进新型智慧城市建设实施方案》就提出，要强化生态环境各领域物联感知应用，在2021年构建全面的环境监测网络，实现符合安装条件的重点污染源自动监控全覆盖，并依托城市大脑，实现生态环境数据的汇聚、共享与利用，显著提升生态环境预测预警与决策辅助能力。

在治理主体和治理机构改革等方面，2015年4月，武汉市人民政府办公厅发布了《关于清理和调整市人民政府领导同志担任市级非常设机构领导职务的通知》，根据城市气候安全治理的工作需要调整情况，对其领导职务做相应调整。例如，对市破损山体生态修复工作领导小组等3个与其他市级非常设机构工作相近的机构予以合并，并设立了市节能减排（应对气候变化）工作领导小组、市低碳城市试点工作领导小组和市三环线绿化工程建设指挥部等专门机构，实现专人专管，提高了城市气候安全治理的效率和质量②。

武汉的城市气候安全治理规划和政策是在国际气候安全治理的指引下，在中国气候安全治理的框架内，结合武汉市自身特点、发展理念和发展目标，形成的具有指导意义和实践价值的城市气候安全治理体系。虽然

---

① 武汉市人民政府办公厅．市人民政府关于推进更高水平气象现代化助力武汉高质量发展的意见［R/OL］．［2021－02－09］．http：//www.wuhan.gov.cn/zwgk/xxgk/zfwj/szfwj/202008/t20200828_1438825.shtml.

② 武汉市人民政府办公厅．关于清理和调整市人民政府领导同志担任市级非常设机构领导职务的通知［R/OL］．［2021－02－09］．http：//www.wuhan.gov.cn/zwgk/xxgk/zfwj/bgtwj/202003/t20200316_974629.shtml.

目前武汉市的城市气候安全治理与国际先进城市相比仍有待完善，但有目共睹的是，武汉市已经在城市气候安全治理领域走在我国其他城市前列，并取得了显著成果。

四、武汉的城市气候治理政策实践

近年来，武汉市因气候异常以及极端气候灾害而遭受的城市安全威胁让更多的市民认识到，气候变化问题不仅是环境问题，更是安全问题，关乎着整个城市的安全和人民生产生活的稳定，而市民自身在城市气候安全保障行动中理应承担相应的责任。

与此同时，武汉市政府也着重关注提升市民对气候安全认知的程度。首先，在各方组织与动员方面，武汉政府近些年来充分发挥企业、媒体、社会组织等各方面的联动作用，传播气候变化与安全知识。企业积极承担节能减排责任；媒体大力宣传低碳环保理念、气候变化相关信息；社会组织积极组织、引导低碳活动，共同推进和形成气候变化的社会协同效应。同时，在官方信息的评估与公布方面，武汉地方政府借助居民对政府和当地企业的信任度评估，对气候问题的严重性予以客观评估，通过加深公众对气候安全的正确理解和认知，增强群众关注气候安全的风险意识，推动企业、社区、家庭乃至全社会关于气候变化的具体实践的开展。其次，在信息交流渠道层面，武汉市有意搭建有利于普通居民获取气候变化信息的多样化渠道。2015 年 1 月，湖北省气象局首次向社会公开发布了《湖北省公共气象服务白皮书（2015 年）》，向广大公众告知了 12 种可获取气候气象服务信息的渠道①，同时还通报了往年湖北省主要天气气候事件。手机客户端、微博、微信等多种新媒体网络平台面向不同的社会群体，以居民喜闻乐见的方式向居民阐明了气候变化的原因及气候安全面临的挑战，在使社会大众高效获取海外可靠气候变化信息的同时，提高了武汉居民对气

---

① 湖北省人民政府．湖北省公共气象服务白皮书［R/OL］．（2015－01－29）．http://district.ce.cn/newarea/roll/201501/29/t20150129_4465913.shtml.

候变化风险的认知。此外，在舆论引导与传媒推广上，武汉市还充分考虑众媒体对公众认知关注程度的影响，重视新闻媒体在报道气候变化中的频度和显著性，并通过此种方式向公众传达气候变化问题对于市民生产、生活安全的重要影响。

武汉市面对所处的经济发展和结构转型期，应继续高度重视气候变化和气象灾害的影响与风险，进一步加强相关气候安全法律法规和规划计划的设计、制定和实施，发挥行政管理在推动全社会共同应对气候变化和气象灾害实践中的作用，尤其是要加强对公众安全意识和能力的教育培训，通过巩固市民意识层面的“安全堤坝”以最大限度地保障武汉城市气候“软安全”。

通过梳理武汉市气候治理的政策及相关实践举措，我们发现，当地政府不仅紧抓气候“软安全”政策实施，重视当地市民的气候安全认知观念的提升，而且还着力加强城市气候“硬安全”治理政策落实。其主要表现在：以产业园区循环化改造长效机制促进产业集聚区节能减排、依托碳交易市场建设督促和控制武汉城区碳排放；将海绵城市生态建设理念融入城市基础设施建设以减少武汉内涝带来的安全隐患；通过落实水体保护政策达到涵养水土、维持当地气候稳定的目的。

（一）碳交易市场建设

碳交易的价格影响着国家制定的各类碳排放市场交易相关政策，同时在很大程度上影响着武汉城市气候的治理进程。我国“十二五”规划纲要中就曾首次提出建立碳排放交易市场。早在 2011 年，国家发改委就批准北京、上海、天津、重庆、湖北、广东和深圳开展碳排放权交易试点。2013 年 7 月至今，我国先后开放了北京、上海、广东、天津、深圳、湖北、重庆、福建共 8 个碳排放交易试点市场，而湖北碳市场交易自 2014 年启动试点以来，总开户数、市场参与人数、日均交易量、市场履约率等有效指标均排名全国前列。

国家发改委在 2018 年 1 月印发了《全国碳排放权交易市场建设方案

(发电行业)》，这标志着我国碳排放交易体系完成总体设计，并正式启动。中国地质大学教授李长安表示，武汉建设全国碳交易中心是要从政策和资金层面支撑实体经济低碳转型发展，实现“中部绿色崛起”，推动长江经济带绿色发展，助力美丽中国建设。① 当前，湖北获批牵头承建全国碳交易注册登记系统，这意味着湖北朝着“全国碳交易中心和碳金融中心”的目标迈出了至关重要的一步。

日前，武汉市政府印发了《武汉市碳排放达峰行动计划（2017—2022年)》，明确到2022年，全市碳排放量达到峰值，工业、建筑、交通、能源领域和全市14个区二氧化碳排放得到有效控制②，基本形成具有示范效应的低碳生产生活“武汉模式”。为确保《行动计划》得以有效落实，武汉市由市低碳城市试点工作领导小组统筹协调全市碳排放达峰工作，各区和市直各有关部门做好各自领域、各项工作任务的督促与落实，并规定每两年对各单位目标任务完成情况进行评估和督促整改，在2022年对目标任务完成情况进行考核，并将其作为对各区、各部门领导班子、领导干部综合考核评价的重要依据，以此实现对武汉全市碳排放量的有力控制。

武汉市在加大市、区财政资金对低碳领域支持力度的同时，还鼓励利用外国政府、国际组织等双边和多边基金，开展低碳经济领域的科学研究与技术开发。例如，通过深化中美、中欧气候合作机制和利用C40城市气候领袖群平台推进国际合作，同时开展对外宣传武汉低碳发展的相关成就。当前碳交易市场建设已成为武汉城市气候“硬安全”保障的重要依托。

（二）产业园区节能减排——以青山区工业园区为例

产业园区循环化改造是通过优化空间布局、调整产业结构、合理延伸

① 武汉市人民政府．湖北省武汉市谋划全国碳交易中心［R/OL］．（2018－01－15）［2021－02－04］．https：//www. sohu. com/a/216785532_ 743972.

② 武汉市人民政府．湖北省武汉市谋划全国碳交易中心［R/OL］．（2018－01－15）［2021－02－04］．https：//www. sohu. com/a/216785532_ 743972.

产业链并循环链接等措施，建立物质交换和循环利用的长效机制，实现资源高效、循环利用和减少污染物的排放，维持区域气候稳定和改善当地生态环境的目标①。国家从“十二五”初期便开始推进工业园区循环化改造工作。2012 年国家发改委《关于推进园区循环化改造的意见》中提出：到 2015 年，完成 50% 以上的国家级园区与 30% 以上的省级园区的循环化改造。② 2016 年，国家“十三五”规划纲要明确提出“按照物质流和关联度统筹区域产业布局，推进重点园区循环化改造，建设农工复合型循环经济示范区，促进企业间、园区内、产业间共生耦合”，要求推动 75% 的国家级园区与 50% 的省级园区开展园区循环化改造。③ 2017—2020 年，国家 14 个部委联合印发《循环发展引领行动计划》，并重点支持全国 100 家园区进行循环化改造。近年来，产业集聚区的不断建立带动武汉城市化，推动当地经济社会的发展，但与此同时也给武汉当地的资源和气候安全保障造成很大压力。因此，武汉市青山区以节能减排为主要目标，并从该领域着手规范城市气候治理政策落实，推进青山区产业园区循环化改造。

武汉市青山区工业园区位于武汉市青山区东部，东邻武汉化工区，南连武鄂高速，区内驻有武钢、武石化、青山热电、武汉科技大学等 10 多个大型企业和科教机构。2012 年，园区重化工业产值占比在 90% 以上，产业结构偏重问题比较突出；工业“三废”排放量占武汉市主要污染物排放总量的 60% 以上，环境约束日趋紧张。④ 在 2013 年 9 月，武汉市青山工业区获批为“国家循环化改造试点园区”。在园区循环化改造工作进展期间，武汉市青山区根据当地工业发展实况，采取了“政府主导、企业主体、市

---

① 鲍仁冬，等．园区循环化改造对节能减排贡献分析——以武汉市青山工业区为例［J］．工业安全与环保，2019，45（11）：103.

② 国家发展改革委，财政部．关于推进园区循环化改造的意见（发改环资〔2012〕765 号）［R/OL］．［2021 - 02 - 01］．http：//www. gov. cn/zwgk/2012 - 04/24/content_ 2121090. htm.

③ 国务院．循环经济发展战略及近期行动计划（国发〔2013〕5 号）［R/OL］．［2021 - 02 - 01］．http：//www. gov. cn/zhengce/content/2013 - 02/06/content_ 1631. htm.

④ 李习民，等．武汉市青山工业区循环化改造实例概述［J］．中国工程咨询，2013（12）：25—28.

场运作”的方式，形成政企“抓共建”的工作合力，创造了重化工业集聚区发展循环经济的“青山模式”。在 2019 年 4 月，青山工业区通过验收评审，荣升为“国家循环化改造示范园区”。

在企业层面，武汉市青山区工业园区通过推进工业领域节能、节水、节地、节材，构建和完善企业内部以及企业间的循环经济产业链，实现生产过程的多联产和耦合共生，变废为宝，物尽其用，改变传统、粗放的利用方式，大幅度降低园区的物质、能源和水资源消耗，可以最大限度地减少企业入园后集中生产的环境负荷，构建形成较高水平的清洁生产体系，强力推进清洁生产和节能减排，重点企业清洁生产水平达到同行业比较领先的水平。① 例如，自试点以来，园区积极引导武钢、武汉石化和青山热电厂等大企业寻找资源循环高效利用机会，武钢与武石化共同投资建设氮气回收利用项目，青山热电将富余蒸汽供给武石化、武钢等企业。目前，武钢投资建设了一批钢铁行业节能减排及资源综合利用重点工程，青山区热电厂全部机组实现了超低排放，达到了华中地区领先水平，武汉石化也因为对于气候安全的保障实践，成为国内绿色环保油品的生产商、清洁生产的标杆企业。

在社会层面，园区积极与周边区域合作，构建形成较为紧密的区域大循环格局。在生态建设方面，青山区园区则是因地制宜，运用先进生态修复理念技术，将严重影响城市环境的粉煤灰场、固废堆场、黑臭水体成功修复成城区居民乐于游憩的生态公园、湿地公园，高标准建成一批生态修复重大示范工程，形成可推广、可复制的生态治理“青山经验”，力图将“青山经验”转化成为改善当前城市气候现状的助力剂。

总的来说，青山区工业园区从多方面入手介入循环化改造工作，使园区空间格局明显优化，钢铁、石化、电力、节能环保四大循环产业链基本形成。园区资源产出与综合利用指标明显提升，资源消耗与污染物排放指

---

① 国家发展改革委，财政部．关于推进园区循环化改造的意见（发改环资〔2012〕765 号）［R/OL］．［2021－02－01］．http：//www.gov.cn/zwgk/2012－04/24/content_ 2121090.htm.

标显著下降。青山经济开发区因此获批为“国家低碳园区试点”，如今的青山区长江北湖生态绿色发展示范区也已获得国家发展和改革委批复，发展势头良好，其所倡导的低碳循环经济发展模式有效减少了武汉市青山区由于园区工业排放与资源用度对当地气候与环境造成的负面影响。

（三）建设滨水公园——适应生态的海绵城市模式

所谓海绵城市就是城市可以有和海绵类似的作用，能够在下雨天气吸水储水，以备不时之需，这是一种灵活的应对自然灾害的方式①，海绵城市的建设原理是通过自然与人力相结合的方式，构建“渗、滞、蓄、净、用、排”技术体系，确保雨水在城市区域的积存、渗透和净化的能力最大化，并促进水资源利用以及维持生态系统的完整性②，在生态修复的基础上有效减少城市内涝所造成的安全威胁。

为应对城市内涝这一城市化发展进程中的“顽疾”，保障武汉城市气候安全，武汉政府和相关部门着力推进武汉海绵城市建设，并出台了一系列的措施。在2016年，武汉市成功入选全国首批30个海绵型城市试点，目标建成区实现了将70%以上降雨就地消纳和利用。海绵城市建设项目集中在青山示范区和汉阳四新示范区，在生态优先和因地制宜的基础上正式开展。

自武汉入选全国首批“海绵城市建设试点城市”以来，武汉海绵城市建设在制度及实践领域都有重大进展。在此期间，武汉市建立了试点工作领导小组，在全面开展现状普查的基础上，科学编制建设规划，注重政府部门之间的相互配合。经过四年的建设实践，示范区内开展了大面积的海绵城市改造与新建工程项目，目前，示范区内青山区旧城改造与四新区新

① 中华人民共和国住房和城乡建设部．海绵城市建设技术指南——低影响开发雨水系统构建（试行）［R/OL］．［2021-02-09］．http：//www.mohurd.gov.cn/wjfb/201411/t20141102_219465.html.

② 袁丰，陈明轩．浅析海绵城市理念下城市滨水公园——以武汉倒口湖防汛主题公园为例［J］．大众文艺，2019（19）：63.

城建设的288个主体项目工程已全部建成。其中，滨水公园作为武汉常见的城市公园形式，深度融合了“海绵城市”的设计理念，使城市的生态功能性得到很好的强化。滨水公园及其周边辅之的基础设施建设是武汉市推行城市气候治理的典型示范。

武汉市滨水公园利用地形和相关的雨水收集装置以及水体，将三者有机结合，实现雨水的下渗、净化，并加以回收利用。公园的建设实际上就是起到“海绵体”的作用，其湖泊湿地本身就有对水体水质的净化作用，以此维持和促进城市的生态循环。鉴于传统园路道路铺装的不透水性，滨水公园广场使用透水砖，铺设沥青路面。此外，还在步道两旁设计了植草沟，既起到景观装饰作用，又可以作为地表的排水系统，在暴雨来临时有效减少道路上的雨水，进一步减轻可能给城市气候安全造成的威胁。雨水公园作为滨水公园重要的组成部分，担任了自然雨水净化以及生物滞留处理的任务。在整体地势较低的区域，蓄水层的设计给雨水提供了短期的储存空间，覆盖层选用树皮等自然材料进行覆盖，用来保持土壤的湿度和自身的渗透性。

总的来说，以滨水公园为例的城市雨水公园设施将海绵城市的生态建设理念充分融入，不仅提高了雨水系统的排水能力，减少内涝引发的民众生命健康和财产损失，也可以有效缓解武汉城内的热岛效应，改善市民居住环境。与此同时，滨水公园的建设还在很大程度上修复了目前由于自然或人为因素遭到破坏的水生态系统，一定程度上也属于通过水体保持的作用来增强武汉市气候安全的稳定性。

（四）中法生态城——国际合作的气候安全典范

注重湖泊湿地的保护与治理是武汉市生态文明建设的亮点与重点，其主要表现在改革湖泊管理体制、城市生态规划与开展湖泊湿地的治理修复方面。自2002年3月1日《武汉市湖泊保护条例》公布实施后，湖泊的管理体制从多部门管理转变为水行政主管部门负责全市湖泊的保护、监督和管理。此后通过深化管理体制改革，武汉市成立了湖泊保护管理局，专门负责湖泊湿地保护管理工作。从 2007 年开始，武汉市水务局、规划局、园林局三个部门联合组织编制《武汉市中心城区湖泊“三线一路”保护规划》，制定出台了 10 多部保护湖泊的地方性法规规章，并修订《武汉市湖泊保护条例》，围绕城市规划提出了湖泊湿地综合治理生态框架。

不仅如此，武汉市作为全国首批水生态文明保护与修复试点城市，关注到湖泊湿地生态的修复对于气候的调节作用，着力实施“两江四岸”综合整治工程和“大东湖水网”，以及“汉阳六湖连通”工程，以打造“四横七纵”的蓝色水道。在湖泊湿地的景观设计方面，武汉市按照“一湖一景”的思路，建成或正在建设水果湖等 29 个城市湖泊公园，建成沉湖等 9 个湿地自然保护区。①

在所建成的众多城市湖泊公园与湿地保护区中，中法武汉生态示范城将水体保护的理念融入武汉城市总体规划之中，通过营造和利用多种湿地水体类型，在打造多样化生态城景观的同时，运用人工生态修复的手法来更好地恢复湿地的水体环境，促进湿地的循环自净，进而借助湿地自身具备的水分调节和大气调节作用，为实现城市气候安全与稳定奠定基础。中法生态城是从水体保护入手，推行武汉市气候安全治理政策的典型实践。

中法武汉生态示范城位于武汉市蔡甸区，所在场地周边汉江、后官湖、什湖和高罗河等水系密布成网。2014 年 3 月，中法武汉生态示范城意向书正式签署，此后很长一段时间，中法生态城的建设都被视作湖北省可持续发展战略布局中的重要组成部分。虽然水域面积较大，但水域间连续性弱。针对这一现状，加之对当地生态敏感性的评估，中法生态城在建设过程中打通水系，并对场地进行了分区设计，包括管理服务区、生态游览区、湿地生态展示区和湿地核心保护区。其中，湿地生态展示区涵盖了湿地净化、湿地花园和湿地森林等多类型区域，将水体修复技术与人工自然结合。而湿地核心保护区以湖泊湿地为主要的保护对象，环湖周围打造的

① 陈立．武汉市湖泊湿地保护与治理面临的主要问题及其对策［J］．长江论坛，2016（2）：34.

植被缓冲带起到了缓冲雨水污染的作用，一定程度上减少了因气候异常导致的环境问题。

此外，中法武汉生态城充分利用当地水域分布面积大的特点，通过量化指标的方式控制私家车出行，并建设高密度的公交网络体系，进而实现远期绿色交通出行比例不低于90%，小汽车出行比例不高于10%的目标，在水体保护的基础上突出了“生态低碳发展”的特色。同时，其城市建设还贯彻了海绵城市的理念，结合现状特征打造海绵基底，通过最大限度地节约利用水资源起到水体保护和涵养的作用。

2015年12月1日至8日，全球气候大会在法国巴黎召开。与此同时，武汉市也召开了中法武汉生态示范城战略委员会第四次会议，并连续四年举办四届中法城市可持续发展论坛。此外，近年来还举办了中法武汉生态示范城国际旅游文化节、中法环境月等50多场国际规格的重大活动。在巴黎气候变化大会、里昂气候峰会、生态示范城招商引资招才引智（北京）推介会、第十三届国际绿色建筑节能大会等平台上，中法武汉生态城的建设以及对于气候治理的成效被广泛宣传推介。

中法武汉生态示范城项目有助于为应对国内乃至全球气候变化的挑战提供经验，而且能够挖掘城市可持续发展潜力，同时在增进中法双边气候安全合作方面具有非常重要的意义。目前，中法武汉生态示范城已经发展成为发展中国家应对环境保护问题的可持续发展示范区和长江经济带生态优先、绿色发展的宜居新城典范，是大武汉经济增长以及中法技术合作和文化交流的平台。① 未来双方还会努力将中法武汉生态示范城建设成为中国、法国和世界城市可持续发展项目的典范。

五、结语

自气候变化与安全问题成为各国的普遍共识以来，该问题就与可持续

① 宋洁，程望杰．生态文明视角下的生态城规划对策与实践——以中法武汉生态示范城总体规划为例［J］．规划师，2018（1）：74.

发展一起置于各国的可持续发展战略框架内。党和政府通过一系列的政策法规，推进经济发展模式转型和低碳经济的发展，将应对气候问题上升到关系到国家安全战略的高度，充分展示了我国政府对于气候安全问题的重视。而具体城市气候战略和政策的落地，城市气候治理的行径以及成效则与市民公众对气候安全的认知与安全观的提升密切相关。当前全球气候问题中的不安全因素对生存、发展构成了巨大威胁，城市气候安全治理已成为全球气候治理不可分割的一部分。武汉市根据自身气候条件及其在全球城市气候安全中的代表性地位，参与全球气候治理，践行国家气候政策，探索城市气候模式，推进了具有武汉特色的城市气候治理政策与实践，并已积累部分治理经验。在当下与未来，武汉市仍然要着力关注城市气候治理政策实施过程中面临的新问题与新挑战，把握城市气候治理的特色与亮点，汇聚多方合力，为推行更加高效、更具可持续性、更值得向全球推介的城市气候治理实践而不断蓄力。

（指导教师：冯存万；刘嘉祺同学对调研和报告写作也有贡献）

参考文献

[1] 李雪松，等．武汉城市土地利用变化与海绵城市建设研究［J］．华中建筑，2018（6）：91—94.

[2] 牛丽文，李丽娜．基于GM（1，1）模型的市场碳交易价格预测——以北京、广东、湖北为例［J］．中小企业管理与科技（中旬刊），2021（2）：106—108.

[3] 胡展．海绵城市建设在武汉园林绿地中的分析［J］．现代园艺，2017（20）：133—134.

[4] 袁丰，陈明轩．浅析海绵城市理念下城市滨水公园——以武汉倒口湖防汛主题公园为例［J］．大众文艺，2019（19）：63—64.

[5] 李敏．武汉市青山区海绵城市建设［J］．中国防汛抗旱，2018（2）：27.

[6] 季冬兰，等．武汉园林绿地中海绵城市建设的思考［J］．华中建

筑，2015（9）：125—127.

[7] 崔华燕．武汉市海绵城市建设中的政府职能研究［D］．武汉：武汉科技大学，2019.

[8] 陈立．武汉市湖泊湿地保护与治理面临的主要问题及其对策［J］．长江论坛，2016（2）：33—35.

[9] 黄玮．武汉市自然湖泊山体保护历程回顾与思考［C］//中国城市规划学会．城市时代，协同规划——2013 中国城市规划年会论文集（09 - 绿色生态与低碳规划）．中国城市规划学会，2013：37—48.

[10] 鲍仁冬，等．园区循环化改造对节能减排贡献分析——以武汉市青山工业区为例［J］．工业安全与环保，2019（11）：103—106.

[11] 宋洁，程望杰．生态文明视角下的生态城规划对策与实践——以中法武汉生态示范城总体规划为例［J］．规划师，2018（1）：71—76.

[12] 盛典，等．基于绿色经济发展的生态城市建设模式分析——以中法武汉生态城为例［J］．全国流通经济，2020（14）：123—125.

[13] 胡建明．我的中法武汉生态示范城记忆［J］．武汉文史资料，2018（Z1）：63—67.

[14] 赵琦．基于水生态恢复理念的城市湿地公园设计［D］．北京：北京林业大学，2020.

[15] 吴金甲．中国居民气候变化认知理论与实证研究［D］．兰州：兰州大学，2019.

[16] 岳飞鹏．我国应对气候变化政策的价值观分析［D］．青岛：中国海洋大学，2013.

[17] 郑国光．科学认知气候变化高度重视气候安全［N］．人民日报，2014 - 11 - 24（10）.

[18] 季玲．安全观与东盟气候变化认知及政策［J］．国际安全研究，2016（3）：114—130，154—155.

编后记

陈刚

武汉地区高校中，流传着一句半带调侃的话，即“玩在武大”。这句话当然不是说武大的学子不爱学习，而是指他们更善于在“玩中学”，喜欢通过参加各种活动去检验和巩固课堂上所学到的知识。虽然政治学传统上是个更带有基础理论性质的学科，但武汉大学政治学系和国际关系学系的教师们一直都在叮嘱学生要多去接触、多了解自己所身处的社会，要多去参与社会实践，亦即刘伟教授在序言中所说的“田野意义上的课堂”。在我校政治学与行政学专业入选国家级一流本科专业、外交学专业入选省级一流本科专业的背景下，全面振兴本科教育、加强对本科生各类调研活动的指导，应当是政治学科所有老师的共同责任。

近年来，伴随着教育部和各高校对“三创”教育的日益重视，武大政治学类同学参与暑期社会实践、大学生创新创业项目的积极性不断提高，也取得了一些突出的成绩，如有的国家级大创课题获评优秀，有的暑期社会实践项目获得表彰。同时，他们所提交的调研报告从选题上看有较强的现实意义，从内容上看也有较高的质量——其中有少数报告已经公开发表于学术期刊。为了激励学生和形成示范效应，刘伟老师和我产生了编选一个本科生调研报告集的想法，并很快得到了所属学院的支持。

这个报告集的编撰工作大致经历了前期编选、初稿撰写和修改完善三个阶段。2020 年 10 月中旬，我们向政治学系和国际关系学系的老师、同学发出编选本科生调研报告的通知，得到热烈响应，并最终确定收录九篇于近三年内完成的、有过扎实调研的高水平报告。接着，这些报告的作者在前期就已经成文的调研报告基础上，遵照学术规范的要求，重新整理和分析调研资料，开始撰写初稿，并于2021年3月中旬提交。之后，我们两位主编和五位博、硕士生对所有的报告初稿进行了交叉审读和校订，提出修改建议和意见，然后由作者据此进行修改和完善。

本书的编写，离不开所有参与其中的老师和同学的帮助。首先，我要感谢冯存万、朱海英、陈柏奇、冯川等两系教师。他们指导了这些报告的写作，也指导了报告写作之前的调研活动，然而在提交报告时却大多主动提出只做第二作者，甚至放弃署名。其次，我要感谢所有的本科生作者，是他们利用假期完成了主要的调研工作，撰写了报告的主体部分，并对主编提出的多次修改要求给予了配合。他们中绝大多数都是或曾是武大政治学类的本科生，包括2016级政治学与行政学专业的任欢仪、陈子旋，2016级外交学专业的徐书凝，2017级政治学与行政学专业的张津期、娄永力、李新玉、杨扬，2018级政治学与行政学专业的杨濡伊、章瑜益、吴明铮、陈湘芸、甘璐，以及2018级外交学专业的刘嘉祺、何诗雨、黄永晓、刘晓萌。

由于篇幅、选题等原因，有几篇同样质量较高的调研报告最终没被收录进本书，还有几篇调研报告的附录也未能保留，非常遗憾，在这里我谨向相关作者表示歉意，并感谢他们的理解。另外，虽然作为主编的刘伟老师和我，以及所有的师生作者，都为确保本书质量而做了一些应有的努力，但由于时间较紧且缺乏经验，纰漏难免，恳请读者给予批评指正。最后，我还要特别感谢责任编辑李月娥高效率、细致的工作。

2021年8月6日于珞珈山